Armin Püttger-Conradt, geboren in der Nähe von Hamburg, studierte Biologie an der Universität Konstanz. Seit 1980 lebt der Zoologe immer wieder in der Wildnis Afrikas, meist bei den Nashörnern. Püttger-Conradt ist Gründer und Vorsitzender des »Komitees zur Rettung der letzten Nashörner e.V.« und auch im heimischen Naturschutz tätig. Er schreibt für Zeitungen und Zeitschriften in Deutschland und hält Vorträge über seine Arbeit.

Bibliografische Information Der Deutschen Bibliothek

Die Deutsche Bibliothek verzeichnet diese Publikation in der Deutschen Nationalbibliografie; detaillierte bibliografische Daten sind im Internet über http://dnb.ddb.de abrufbar.

1. Auflage Januar 2006

Text und Umschlagfotos: Armin Püttger-Conradt
Umschlaggestaltung: Dorkenwald Grafik-Design, München
Herstellung: Caroline Sieveking, München
Druck und Bindung: Clausen & Bosse, Leck
Printed in Germany

ISBN 3-89405-270-8
www.frederking-thaler.de

Das Papier wurde aus chlorfrei gebleichtem Zellstoff hergestellt.

ARMIN PÜTTGER-CONRADT

DER FLUCH DES HORNS

Die letzten weißen Nashörner im Kongo

NATIONAL GEOGRAPHIC
FREDERKING & THALER

Gewidmet den Wildhütern
im Garamba Nationalpark
die ihr Leben dafür einsetzen
die wilden Tiere ihrer Heimat
der Nachwelt zu erhalten.

Inhalt

Anmerkung des Autors

Ein Text kann ein Roman sein oder hochwissenschaftlich. Und er kann ein Erlebnis sein. Der vorliegende Text ist Letzteres: ein Erlebnis, ein Tatsachenbericht über meine Aufenthalte im Garamba-Nationalpark, bei denen ich nach den letzten noch lebenden Nördlichen Weißen Nashörnern suchte.

Der Lebensrhythmus in der afrikanischen Savanne ist ein anderer als in Europa. Viel geruhsamer geht es da zu, es bleibt mehr Zeit für die vielen kleinen und großen Dinge, die am Wegesrand zu finden sind.

In diesem Buch habe ich versucht, diesen Rhythmus einzufangen. Weder die Schilderung haarsträubender Abenteuer noch die Aufzählung harter wissenschaftlicher Fakten war mein Ziel, sondern eine Beschreibung der Atmosphäre, in der unsere fernen Vorfahren einstmals lebten, als sie, mit Speeren bewaffnet, die gewaltigen Graslandschaften der Savanne durchstreiften und von hier aus die Welt eroberten. Niemals wussten sie, wer oder was ihnen im nächsten Moment begegnen würde – und genauso ging es mir. Ich habe niedergeschrieben, was ich erlebt und gesehen habe: weite Graslandschaften, ein paar Menschen darin, viele wilde Tiere, unter ihnen jenes, um das es geht, das beinahe ausgestorbene Relikt aus der Urzeit: das Nördliche Weiße Nashorn.

Prolog

Gerade noch rechtzeitig erreichte ich wieder den grasbewachsenen Termitenhaufen und war just oben bei meinen zairischen Gefährten angekommen, als das gewaltig große Weiße Nashorn auch schon dicht heran war. Wenige Sekunden dauerte es, und der Steppenkoloss war keine drei Meter mehr von uns entfernt. Den Kopf gesenkt, zog es ahnungslos an uns vorüber. Wie es so nahe war und ich auf das Rhino sah, ja direkt in sein kleines Auge blickte, stockte mir der Atem, mein Herz schlug laut, und es erschien mir unmöglich, dass es uns nicht bemerkte, aber der Wind kam direkt von vorn. Bei jedem Schritt, mit jeder Bewegung, die so locker und federnd erschien, faltete sich die dicke graue Haut zu Wulsten zusammen und zog sich wieder auseinander. Die beiden Hörner, eines ganz weit vorn auf der Nasenspitze verankert, und überhaupt die ganze Erscheinungsform gaben dem Tier das Aussehen eines Lebewesens aus der Zeit, als Saurier die Erde beherrschten. Ich war tief und nachhaltig beeindruckt von dieser fast hautnahen Begegnung mit dem Nördlichen Weißen Nashorn, und es war wunderbar, dass dieses nach dem Elefanten größte Landsäugetier existierte. Neben einem Gefühl der Dankbarkeit empfand ich vor allem einen Wunsch, dass diese heute seltenste Tierunterart überhaupt eine Chance zum Überleben auf der Erde hat. Diese Nashörner müssen leben!

Das Jahr zum Schutz des Weißen Nashorns und der Natur war 1980 in Zaire angesagt und wurde dementsprechend gefeiert. Aber als in der Hauptstadt die Gläser erklangen, stieß man damit gleichzeitig auf den Untergang eines Tieres an, das schon in wenigen

Monaten auf einen Bruchteil dezimiert und inzwischen zum seltensten Säugetier auf Erden überhaupt geworden ist: die erst 1900 entdeckte nördliche Unterart des Weißen Nashorns, des Kenge. Im fernen Garamba-Nationalpark an der Grenze zum Sudan begann zeitgleich das Abschlachten des Dickhäuters, ungehindert und ohne Wissen der Weltnaturschutz-Organisationen.

Als das Jubeljahr beendet war, war auch die Population der Rhinos nahe dem Ende. Der Grund war ein ungehemmter Wilderereinbruch, zunächst durch Rebellen aus dem nahen Sudan, die im eigenen Land den großen Beständen bereits den Garaus machten, und dann auch noch durch insbesondere einen einzelnen einflussreichen Zairer, der im Laufe von zwei Jahren über achtzig Weiße Nashörner mit einem geliehenen Gewehr erlegte und dann selbst beim Wildererausflug im Park vergiftet wurde.

1979 lebten noch über zweihundert der auch Breitmaulnashorn genannten Tiere im Garamba, noch größere Bestände in Nationalparks des Sudan und rund vierzig im Murchison Falls in Uganda. Zwei Jahre später waren sie im Sudan und in Uganda, wo Krieg herrscht, vernichtet und bis 1984 in Zaire bis auf vierzehn Tiere abgeschossen. Fast ist es schon Zufall zu nennen, dass ich 1981 nach Garamba kam und auf die erschreckende Situation aufmerksam wurde, die Zoologische Gesellschaft Frankfurt ZGF informierte, der sich bald auch die IUCN anschloss, um in Zusammenarbeit mit der zairischen Regierung, vertreten durch das zairische Naturschutzinstitut, ein Hilfsprogramm anlaufen zu lassen, das den Namen »Projekt zur Rehabilitation des Garamba-Nationalparks« trug und sich in erster Linie der Rettung der noch verbliebenen Rhinos verschrieb. Als weiterer Helfer kamen auch noch die UNESCO und FAO hinzu.

Dieser kunterbunte Zusammenschluss mühte sich nun, zunächst mit Erfolg, den ehemaligen Status des unmittelbar an der sudanesischen Grenze in völlig entlegener Gegend liegenden Parks wieder herzustellen. Dabei gab es bis 1979 im Garamba noch das Rhinoprojekt Nr. 14 des belgischen WWF, das man aber aus Geldmangel und sorgloser Voraussicht auslaufen ließ. Der von Besuchern überhaupt nicht frequentierte Park, der 1938 zum Schutz der Nördlichen Weißen Nashörner von der belgischen Kolonialregierung gegründet worden war, und fast bis zur Unabhängigkeit 1960 nur von Wissenschaftlern betreten werden durfte, blieb plötzlich sich selbst überlassen, und Verwahrlosung breitete sich aus.

Da die über zweihundert Wildhüter kein Geld mehr für ihre Arbeit bekamen, weil dieses, soweit es überhaupt abgesandt wurde, auf dem weiten Weg quer über den halben Kontinent durch Zaire regelmäßig »verloren ging«, gingen sie auch kaum noch auf Patrouille, blieben in ihren Camps oder zogen sich gleich nach Hause in ihre Dörfer zurück. Schon bald machte sich auch der Mangel an Treibstoff und Ersatzteilen für die Landrover bemerkbar. Ein kleines Parkflugzeug, zum Einsatz für die Tiere gespendet, fand seine neue Bestimmung sinnentfremdet im privaten kommerziellen Handel der leitenden Parkbediensteten zwischen den Städten Dungu und Isiro.

Alles in allem eine ideale Gelegenheit für die Sudanesen, nachdem sie im eigenen Land aufgeräumt hatten, im benachbarten Zaire, seit 1997 wieder Kongo genannt, gezielte Jagd auf Rhinohorn zu machen, das sich bei gutem Verdienst leicht an Aufkäufer verschachern ließ, um es nach Südostasien und in den Jemen zur Verarbeitung diverser Heilmittel oder Dolchgriffe weiterzuschmuggeln. Um die wehrlosen, leicht zu erbeutenden Dickhäuter zu erlegen, hatte man gleich die effektive Bewaffnung mitgebracht, Maschinengewehre, die die Rebellen zum Teil aus Uganda erhielten, um ihren Krieg gegen die Regierung in Khartoum zu führen.

Verständlich, dass das auf die zairischen Guards nicht ermutigend wirkte, mit ihren alten Karabinern dagegen einzuschreiten. Die Nationalparkverwaltung in Nagero zerfiel, das Dach des dortigen Museums begann, sich mitsamt dem jahrzehntealten Fledermauskot auf die Ausstellungsstücke im Parterre niederzusenken, die Besucherhäuschen verrotteten, und die Tonnenfähre eignete sich auch nur noch, ein kaputtes Fahrzeug gänzlich versinken zu lassen. Nur das über fünfzig Kilometer entfernte kleine hübsche Gästehaus bei der ehemaligen Elefantenzähmungsstation Gangala Na Bodio wurde erstaunlicherweise sauber gehalten und gepflegt.

Mittlerweile wurde im Rahmen der einsetzenden Re-Organisierung seit 1985 ein englisches Ehepaar aus Nairobi permanent vom *World Wide Fund for Nature* WWF im Garamba-Nationalpark eingesetzt sowie ein Pilot für das wieder seinem Zweck zugeführte Kleinflugzeug, welches inzwischen durch ein neues ausgetauscht wurde. Zur Wiederorganisierung der Wildhüter zum besonderen Aufbau einer speziellen Rhino-Schutzmannschaft, die neben den über zweihundert Wildhütern aus etwa fünfunddreißig Guards besteht, kam ein Abgesandter der FAO mit Ausrüstung wie Kleidung und Rucksäcken und dem nötigen Know-how für kurze Zeit nach Nagero, später dann auch zwei Forscher, Dr. Atalia Mbayma aus Kinshasa und ich.

Jetzt wurde auch die Bezahlung sämtlicher Wildhüter gesichert, ebenso wie die notwendige Treibstoffversorgung für Fahrzeuge und Flugzeug. Gerade die ZGF engagierte sich außerordentlich. Drei nagelneue Landcruiser fanden ihren Einsatz neben einem gebrauchten LKW und den nun wieder reparierten alten Landrovern. Wege und Gebäude wurden wieder instand gesetzt. Ständig mussten die Landepisten überprüft und in Ordnung gehalten werden. Aber auch die Anschaffung von Arbeitsgeräten und die regelmäßige Neuausstattung der verschlissenen Kleidung und Ausrüstung für die Guards waren nötig. Um möglichst zügig in die wichtigsten Bereiche des Parks gelangen zu können, hatten die Erneuerung und die ständige Pflege der Pisten Priorität. Später wurde die Flussfurt über den Dungufluss vom WWF finanziert und fertig gestellt. Auf gesicherter fester Betonstraße konnte man nun direkt per Auto durch den Fluss gelangen, so dass damit die Fähre ihre Aufgabe verloren hatte. Einziger Übergang war nun Nagero, der Standort der Nationalparkverwaltung.

Vor allem durch die regelmäßigen Patrouillen und der ständigen strengen Überwachung des Grenzbereichs zum Sudan ist ein wirksamer Schutz möglich geworden, so dass die vierzehn überlebenden Nashörner sich bis 1997 auf dreiunddreißig vermehren konnten. Nur alle zwei bis drei Jahre kann eine Rhinokuh ein Junges gebären, aber immerhin genug, um die Population merkbar anwachsen zu lassen. Trotzdem bleibt ein schwerwiegendes Problem bestehen. Wenn sich vierzehn Tiere als Gründergruppe auch weiterhin ständig miteinander paaren und vermehren, besteht verständlicherweise die Möglichkeit von Inzuchtproblemen mangels genetischer Vielfalt des bestehenden Genpotentials. Aber in einem Zoo in Tschechien lebt noch eine kleine Population, so dass eines Tagesein genetischer Austausch mit weiteren Tieren stattfinden könnte.

Ob es ausreicht bleibt dahin gestellt. Fest steht, dass die Nashörner im Garamba praktisch durch Wilderer innerhalb sehr kurzer Zeit völlig vernichtet werden können, sollte auch nur kurz der konsequente vom Ausland organisierte Schutz zurückstehen. So gibt es für die Hilfsorganisationen keine Möglichkeit, das Projekt auslaufen zu lassen. Noch einmal ließe sich die Ausrottung nicht in letzer Sekunde verhindern. Der durch den Sturz von Präsident Mobutu ausgelöste und noch immer nicht beendete Bürgerkrieg hat bereits bis zum Jahr 2005 etwa fünfzehn der Nashörner das Leben gekostet. Der aktuelle Zustand ist erneut äusserst desolat. Niemand kann derzeit sagen wie die prekäre Situation in Zukunft ausgehen wird.

I Mord in der Savanne

Der Tatort war unschwer zu entdecken. Zahlreiche Geier zogen ihre Kreise über der afrikanischen Savanne, daraufwartend, dass Löwen und Hyänen die Opfer aufrissen und sie ihre langen kahlen Hälse in die Kadaver stecken konnten.

Der Landrover holperte schaukelnd in kurzen Sätzen durch das dürre Gras der hitzeflimmernden Brousse, umfuhr graue Termitenhügel, die wie bizarre Burgen senkrecht gen Himmel ragten. Dann trat Marc abrupt auf die Bremse. Die Hyänen hatten auch bereits Wind erhalten und trollten sich nur widerwillig.

Und da lagen sie. Zunächst sah man nur zwei. Es war eine Nashornkuh, halb auf dem Rücken liegend, von der heißen Sonne aufgedunsen. Steif ragten die Beine in die Höhe, als flehten sie um Vergeltung dieser Gräueltat. Das Kalb lag gleich daneben, ebenfalls von mehreren Geschossen durchbohrt, die seinem jungen Leben ein rasches Ende gesetzt hatten. So wie dem weiblichen Tier fehlten auch ihm die Hörner. Sie konnten erst wenige Zentimeter lang gewesen sein, was jedoch die Wilderer nicht davon abgehalten hatte, auch diese zu entfernen. Mit Macheten wurden sie aus den Köpfen der Dickhäuter losgehackt und gänzlich abgebrochen, davongetragen, zurück blieben nur Kadaver, ein Mahl für Aasfresser.

Betroffen fielen unsere Blicke auf das schaurige Bild. Eine heiße Windbrise wehte in unsere erstarrten Gesichter, spielte in den Haaren. Es war kein Vogelgesang zu vernehmen. Es herrschte wahre Totenstille. Der Guard stieß uns an und zeigte vom Ort des Geschehens fort. Dort drüben lag das dritte Opfer, ein adulter Rhinobulle, niedergeschossen, in seinem verkrusteten Blut. Auch enthornt. Natürlich. Zwei große Wunden klafften dort, wo die Hörner gesessen hatten. Die Hand des Guards zeigte gen Norden. »Soudanais«, sagte er rau und machte die Gebärde des Schießens. Marc machte indessen die Fotos.

Eigentlich war Marc Colyn bereits vom Garamba-Nationalpark im Nordosten Zaires fortgefahren, als ihn ein Funkspruch mit der Meldung der gewilderten Nashörner erreichte und er sofort kehrtmachte und ein paar hundert Kilometer zurückfuhr, um sich selbst ein Bild vom Hergang zu machen. »Die meisten Wilderer kommen aus dem Sudan«, erzählte er mir. »Es ist ihnen egal, ob die Weißen Nashörner ausgerottet werden, solange nur das Geschäft läuft.« »Und es gibt bei denen drüben tatsächlich gar keine mehr?«, war meine Frage. »Nein. Vielleicht noch ein halbes Dutzend, die übersehen wurden, aber auch die werden über kurz oder lang gefunden werden.«

Während der Landrover sich wieder in Bewegung setzte, hing ich schweigsam meinen Gedanken nach. Wo war ich hier hineingeraten, was war das alles? Gerade noch waren derartige Geschehnisse fern meiner eigenen Wirklichkeit, etwas, was man aus dem Fernsehen oder Tierillustrierten kannte, und nun seit einer Stunde stand es lebendig vor mir. Mag sein, dass hier bereits die Vision der Fortführung meines Lebens in unklaren Zügen auferstand, der Kampf für die Nashörner, für bedrohte Arten, doch ahnte ich noch nicht die Ausmaße der Wilderei.

Später, zurück beim Nationalparkamt Nagero, erfuhr ich vom Chefkonservateur, dass die Situation bereits fast einem Krieg ähnelte. Tatsächlich jagten die sudanesischen Militärs gar mit Stuckern, kleinen wendigen Kriegsflugzeugen, die vorne im Bug automatische Maschinengewehre tragen, mit denen die Rhinos relativ leicht gefunden und in großer Stückzahl innerhalb eines kurzen

Zeitraumes mit Salven niedergestreckt wurden. Die im Kugelhagel sterbenden Dickhäuter wurden dann mit Jeeps die Tage darauf aufgesucht und ihre Hörner entfernt, um teuer an Zwischenhändler weiterverkauft zu werden. Auch bei den Rebellen des Sudans wird das Rhinohorn den Krieg finanzieren helfen, so wie es in Angola der Fall gewesen ist. So wurden sie in den sudanesischen Nationalparks ausgerottet, das lukrative Geschäft mit Rhinohorn war am Versiegen, und so griff man auf das Nachbarland Zaire über, wo ja noch große Vorkommen lebten. So ist das Nördliche Weiße Nashorn heute zum seltensten Tier der Erde geworden.

Wie es begann

Ich trat kräftig in die Pedale. Das Städtchen Dungu blieb zurück, und holpernd ging es in die Savanne hinein. Der größte Teil der Fahrt führte mich durch die wellige Graslandschaft, die locker mit kleinen Bäumen und Sträuchern bestanden war. Das Gras war nicht sehr hoch, dafür aber völlig trocken und verdorrt. Nicht eine Wolke befand sich am Himmel, und erbarmungslos brannte die Sonne herab, auf den kleinen Punkt in der Weite der Brousse, der sich mühte, die hundertfünfzig Kilometer zügig zurückzulegen, auf einer Piste, auf der das Laufen oftmals leichter fiel, als Rad zu fahren. Es war die Verbindung zwischen Dungu und Faradje, zweier Städte, an welcher der Garamba-Nationalpark lag, die letzte Heimat der Nördlichen Weißen Nashörner, die zu besuchen ich beabsichtigte.

Als ich als ganz junger Biologiestudent nach Zaire kam, um im Verlauf des Kongoflusses Schnecken sowie Frösche und Kröten für das Zoologische Forschungsinstitut und Museum Alexander Koenig in Bonn zu sammeln, um etwas über deren Unterartenbildung am über viertausend Kilometer langen zentralafrikanischen Strom zu erfahren, ahnte ich noch nichts von der Lage der Nashörner.

Nach mancherlei Schwierigkeiten und Abenteuern erreichte ich die Urwaldstadt Kisangani, von wo aus ich mich auf den Weg machte, sozusagen als Abstecher, den Garamba-Nationalpark mit seinen Nashörnern und der Elefantenzähmungsstation Gangala Na Bodio zu besuchen, wovon ich in Grzimeks legendärem Buch *Kein Platz für wilde Tiere* als Kind bereits gelesen hatte, und fast erschien es mir wie ein Traum, dass es dies alles hier in Wirklichkeit geben sollte.

Die Reise von Kisangani dorthin führte mich durch das Pygmäengebiet des Ituri-Waldes bis hin zur Okapi-Fangstation Epulu. Dann nach Norden in die Savanne zur deutschen Mission Poko und schließlich über den geografischen Mittelpunkt Afrikas, Niangara, zum Garamba, wo ich im Februar 1981 eintraf. Hinter Isiro war nur noch selten ein Fahrzeug als Transportmittel anzutreffen, und ab Dungu rollte gar nichts mehr, so dass ich von Glück sprechen konnte, dass man mir dort auf der gastfreundlichen kanadischen Mission ein neues chinesisches Fahrrad lieh.

Ein schmaler roter Streifen schlängelte sich dahin. Die Luft flimmerte in der Hitze über der ausgefahrenen Lehmpiste, die über Gangala Na Bodio am südlichen Ende des Nationalparks vorüberführt, nach Faradje, weiter über Aba in den Sudan bis Juba an den Nil oder nach Aru hinüber nach Uganda. Eigentlich war sie einmal als Eisenbahntrasse gedacht gewesen, um einen verkehrstechnischen Anschluss zu Uganda zu schaffen, aber daraus ist nie etwas geworden. Selten war eine Antilope zu erblicken. Ein Milan kreiste am weiten Himmel.

Mitunter stieg ich ab, schob das Rad einen Hügel hinauf und auf der anderen Seite herab, da der Weg zu schlecht zum Radeln war. Fünfhundert Meter weiter saß ich wieder auf und mühte mich vorwärts durch das Asandeland. Früher war es auch das Land der Nashörner. So weit das Auge reichte, konnten die Dickhäuter ungehindert die

Weite durchwandern. Doch das ist lange her. Bald strich ein Adler über mich hinweg, zog einige Kreise. Dann hielt ich an, um einige Schlucke aus der Feldflasche zu trinken, doch war sie schon fast leer, und so hängte ich sie wieder an den Rucksack und radelte weiter, Stunde um Stunde, mit den Blicken immer wieder über die weite schattenlose Landschaft streifend. Kaum schien die Sonne ihre Position zu ändern. Ständig stand sie steil im Zenit, erbarmungslos und heiß. Die Luft stand dick und brutig, kein Windzug brachte Erfrischung. Die mageren Bäume ragten ihre dürren Äste in die flimmernde Sonnenglast, einigen kahlköpfigen Geiern einen Ruheplatz bietend. Es herrschte rundum tiefste Ruhe. Nicht einmal das Geigen einer Grille war zu vernehmen.

Immer wieder konnte ich die verschiedensten Vögel beobachten. Auf den Bäumen saßen hin und wieder die schönen Schopfadler mit ihren langen, abstehenden Kopffedern. Vorne tauchte eine Herde Anubispaviane auf. Sie hockten mitten auf der Piste und machten nicht die geringsten Anstalten, mir Platz zu machen. Als sie mich sahen, guckten sie mir neugierig entgegen. Erst sehr spät trotteten sie auf allen Vieren nach links hinüber ins Gras.

Nach einem schattigen Dorf der Asande folgte ein langes Stück einsamer menschenleerer Baumsavanne. Noch immer erbarmungslose Hitze. Endlich tauchte wieder ein Dorf auf, völlig von Gebüsch umgeben. Ich hielt an und begab mich zu Fuß dorthin. Die Häuser waren niedergebrannt, die Asche noch nicht verweht. Überall war das Gras schwarz. Merkwürdig. Wenige Hausfragmente waren noch einigermaßen erhalten. Warum konnte man das Dorf wohl verlassen haben? Gespenstisch mutete alles in der Einsamkeit an. Schließlich stand ich vor einem weißen Grab. Es war nicht irgendeines, sondern mit einer großen, völlig flach gearbeiteten schweren Steinplatte bedeckt, die weiß wie Schnee aus dem Gras leuchtete. Hier musste ein großer Häuptling begraben liegen. Um seinem

Geist die nötige Ruhe zu gewähren, hatten seine Angehörigen die Häuser wohl niedergebrannt und waren ein Stück weitergezogen. Durch die verkohlten Gebäudereste ging ich zum Fahrrad zurück und fuhr weiter.

Die Landschaft blieb trocken und verdorrt. Die Erde wechselte von rotem zu weißem Lehm und wieder zu rotem. Dementsprechend auch die Hauswände. Gelegentlich sah man große Bienennester in den Baumkronen hängen. Übernachten tat ich in einem Asandedorf. Tags darauf dauerte es nicht lange, bis es wieder heiß zu werden begann. Jedoch standen nun öfter schöne schattige Bäume am Wegesrand, und nun kam ich auch an den ersten großen Dörfern der Asande und Mangbetu vorüber, während es vorher nur Familiengehöfte waren.

Die ausgedörrte Savanne war nun dicht mit Gebüsch und Waldungen bestanden. Abdimstörche standen auf der Straße, ließen mich mitunter bis auf zehn Meter heranfahren, ehe sie sich in die Luft schwangen. Interessant waren auch die Ameisenstraßen, die die Piste querten. Eine tiefe hohle Gasse hatten die Ameisen bereits ausgetreten, während an deren Kante sich oft Ameisen wie Mauern und zu einem Dach ineinandergehakt über den wandernden Kolonnen schützend türmten. Unten in der Gasse überquerten Scharen dicht gedrängt die Straße. Es waren Tiere mit gewaltigen Scheren dabei, viel größerer Gestalt als ihre anderen Gefährten.

Gegen zehn Uhr des nächsten Vormittags erreichte ich die Abfahrt zum Nationalparksamt Nagero. Ein grüner Monumentklotz stand denkmalartig auf der Straße, geziert von einem Spruch des zairischen Präsidenten Mobutu. Durch lockere Baumsavanne ging es nun an wenigen Häusern vorbei, und nach fünf Kilometern war die Residenz des Konservateurs erreicht.

Nagero, die Amtssiedlung des Garamba-Nationalparks, ist direkt am Dungufluss gelegen. Ein weiter freier Platz mit Wegen und

Rasenflächen erstreckte sich unter riesigen Baumkronen, die, zum Fluss hin dichter stehend, hoch emporragten und einen Blick auf den hier nicht mehr ganz so großen Dungufluss fallen lassen. Ein paar große, ehemals sehr schöne Villen lagen verstreut rundum. Am hohen Ufer entlang zog sich eine Reihe von geräumigen Rundhäusern entlang, die, je weiter man nach hinten kam, im Erhaltungszustand sanken.

Hier begann nun für mich alles, im Februar 1981, fast zufällig. Eigentlich nur, weil ich als Kind über diesen völlig unbekannten und weltentlegenen Nationalpark in einem Buch gelesen hatte, unternahm ich von Kisangani, dem früheren Stanleyville, nun diesen langen Abstecher in das einsame Savannengebiet an der Grenze zum Sudan.

Der Zustand des Schutzgebietes

Froh, am Ziel angelangt zu sein, richtete ich mich in meiner gemieteten Behausung ein. Es war gerade erst Mittag, so hatte ich noch genügend Zeit, mich umzusehen und Erkundigungen einzuholen, wie man ohne eigenes Fahrzeug in den Park gelangt. Behaglich streckte ich mich auf dem Stuhl aus, den Blick in die weite Graslandschaft gerichtet, die sich vor mir erstreckte. Das also war das Land der Nördlichen Weißen Nashörner. Nachsinnend nahm ich einen Schluck vom heißen Tee. Wann würden mir die ersten Savannenkolosse wohl begegnen?

Es fiel schwer, mir vorzustellen, dass diese Cottonis, wie sie nach ihrem Entdecker, dem Engländer P.H.G. Powell-Cotton, wissenschaftlich benannt wurden, erst 1900 entdeckt worden sind, nur wenige Jahre vor dem ebenfalls in Zaire/Kongo lebenden Okapi. Dabei hatte der Berliner Botaniker Georg Schweinfurth in den siebziger Jahren des vorletzten Jahrhunderts bereits längere Zeit im

Gebiet verbracht, ausführliche Studien der Pflanzenwelt und der hiesigen Stämmen der Asande und Mangbetu betrieben, doch trotz seiner Umsichtigkeit hat er merkwürdigerweise nie Nashörner beobachten können oder auch nur als anwesend erwähnt. Nur in einem Vokabelanhang seines Reisewerks *Im Herzen von Afrika* taucht das Wort *Kenge* auf, die Bezeichnung der Rhinos in der hiesigen Sprache. Eduard Schnitzer reiste gar quer durch den gesamten heutigen Garamba-Nationalpark, und auch der Forscher Heuglin kam nicht weit entfernt vorüber. Doch gab es keinen Hinweis auf Nashörner. Der Herzog A. F. von Mecklenburg dagegen schrieb, dass um 1910 herum bei Faradje alles voller Nashörner sei und sie andauernd auf deren Spuren stießen.

Aufgeschreckt durch die schlimmen Schilderungen Schweinfurths über den hiesigen Sklavenhandel durch Araber, kamen zahlreiche Missionare in die Gegend, um zu helfen, den Menschenjagden ein Ende zu bereiten. Gleichzeitig zogen auch Großwildjäger in das Gebiet, und einer von ihnen war der britische Major Powell-Cotton. Als Besitzer eines eigenen Natur- und Völkerkundemuseums war er sehr an der afrikanischen Fauna interessiert und hörte von der erstaunlichen Schilderung, die der Kolonialbedienstete A. Gibbons am oberen Nillauf kürzlich machte. Dieser war als Forscher im Süden des Sudans unterwegs, als ihm zu seinem großen Erstaunen ein offensichtlich Weißes Nashorn begegnete, von denen doch bekannt war, dass sie einige tausend Kilometer weiter im südlichen Afrika lebten. Wie kam ein solches aber so weit nördlich des Äquators? Er schoss das Tier und brachte den Schädel nach England, wo dieser in zoologischen Fachkreisen für viel Wirbel sorgte. Dennoch war man noch weit davon entfernt, eine neue Unterart entdeckt zu haben. Das sollte erst durch die Arbeit von Powell-Cotton gelingen.

Er rüstete eine Expedition aus und machte sich auf den Weg ins Innere Afrikas, um mehrere Exemplare zu schießen und vollständig zur besseren Untersuchung nach Europa zu senden. Der bekannte Systematiker R. Lydekker untersuchte ausgiebig die Tiere und konnte anhand verschiedener Merkmale im Körperbau und des Fells eindeutig belegen, dass es sich um eine neu entdeckte Unterart handelte, der er den wissenschaftlichen Namen *Ceratotherium simum cottoni* gab, nach seinem wissenschaftlichen Nachweiserbringer. 1913 wurden nochmals nähere Schädeluntersuchungen zwischen den beiden Unterarten durchgeführt. Vierzehn vom Sudan und neun aus Südafrika verglich man miteinander. Das Ergebnis war auch hier, es sind getrennte Unterarten. Spätere Genanalysen ergaben, dass sie bereits mindestens 35.000 Jahre voneinander getrennt lebten und langsam auf dem Weg sind, getrennte Arten zu bilden.

Dabei hätte man bereits 1869 auf das *Kenge* aufmerksam werden müssen, hatte doch bereits Theodor Heuglin geschrieben, dass die Einheimischen im von ihm bereisten Gebiet von zwei völlig unterschiedlichen Rhinoarten sprachen, vom bekannten Spitzmaulnashorn und einem größeren. Auch hatte seine Expedition Hörner beider Arten erhalten. Um die gleiche Zeit entdeckte auch Samuel Baker in Khartoum Hörner vom Nördlichen Weißen Nashorn. Aber alles braucht eben seine Zeit.

Und nun war ich hier, und schon bald sollten mir diese spätentdeckten legendären Dickhäuter gegenüberstehen. Voller Spannung sah ich den nächsten Tagen entgegen. Ich hörte bereits, dass im benachbarten Sudan die hohen Populationen stark zusammengeschossen worden sein sollen durch die dortige Soldateska, die seit der Unabhängigkeit von Großbritannien einen endlosen Krieg führt. Aber im ebenfalls nicht fernen Uganda sollten noch einige wenige leben, hunderte *Kenge* jedoch im Garamba von Zaire, im hiesigen oberen Uele-Distrikt. Und die wollte ich nun kennen lernen.

Das Personal von Nagero war durchwegs freundlich, war ich doch als Besucher eine Seltenheit, denn nur wenige Fremde verirren sich in diese weltentlegene Ecke von Zaire. Da ich im Besitz von sämtlichen Papieren für meine Amphibien- und Reptilienaufsammlungen, unterschrieben vom zuständigen Minister Kamitatu Massamba, war, erwies man sich noch als besonders zuvorkommend und hilfsbereit, jedoch bekam ich nur sehr unbestimmte vage Antwort, was Rhinos betraf. Der Grund hierfür sollte mir auch bald klar werden.

Der Zufall wollte es, dass ich den biologischen Assistenten Marc Colin in Nagero antraf, der vollständig erhaltene Skelette von Tieren suchte, um die Knochen zu zeichnen. Mit ihm und dem ebenfalls zufällig anwesenden gerade frisch diplomierten Mankoto Wa Oysenzoo, dem Neffen des heutigen Leiters der zairischen Naturschutzbehörde in Kinshasa, machten wir uns mit Marcs Landrover auf die Suche nach Nashörnern. Mindestens über zweihundert sollten hier noch vorkommen, dazu viele Hundert im Sudan und einige wenige, wie gesagt, in Uganda. Aber auch nach mehreren Tagen war nicht eines zu entdecken gewesen, bis dann endlich die traurige Gewissheit kam. Drei Rhinos, Bulle, Kuh und Kalb, lagen aufgedunsen im dörren Gras, erschossen, der Hörner beraubt.

Der Zustand, den wir vorfanden, war äußerst desolat. Die Wildhüter gingen kaum noch auf Patrouille, da ihr spärliches Gehalt, soweit es überhaupt abgesandt wurde, regelmäßig auf dem Weg von der Hauptstadt zum Park gestohlen wurde. Zudem war kein fahrbereites Parkfahrzeug mehr im Einsatz. Ersatzteile gab es nicht, ebenso wenig Treibstoff. Ungehindert drangen Wilderer aus dem Sudan ein und ermordeten in erster Linie die Weißen Nashörner, so dass die Population in wenigen Monaten bereits auf einen Bruchteil dezimiert wurde. Während die Rhinos mit modernen Schnellfeuerwaffen im Garamba niedergemetzelt wurden, verschwanden zeitgleich auch die Bestände im Sudan unter den Rebellen, die über den Verkauf des Rhinohorns den Bürgerkrieg weiter zu finanzieren suchten, in Uganda dagegen noch fast vollständig unter dem Regime von Idi Amin.

Überall zogen wir Erkundigungen ein, bei den verbliebenen Wildhütern, den Mangbetus und Asande der Umgebung, staubbedeckt und verschwitzt kehrten wir nach Nagero zurück. Damals schätzten wir den Garamba-Bestand auf etwa fünfundvierzig überlebende Exemplare. Wie ich dann aus Quellen aus dem Sudan später erfuhr, war es auch der frei lebende Rest der Welt, der noch bekannt war, denn im Sudan und Uganda waren sie völlig ausgelöscht, soweit das aus den unendlichen Weiten des sudanesischen Südens festgestellt werden kann. Unser Aufenthalt traf sich auch gut, denn es war gerade die Zeit der jährlich sich wiederholenden Wildtierzählungen im Park vom Flugzeug aus, bei der die neunzehn wichtigsten Großsäuger in ihrem Bestand gezählt und geschätzt wurden. Wie ich auch später erfuhr, war es reiner Zufall, dass sich das Parkflugzeug für das so genannte Luftmonitoring vor Ort befand, denn inzwischen fand es, ich werde es später noch erwähnen, bereits eine gänzlich andere Verwendung. Im Moment war der Chefkonservateur des Garamba noch bei der Luftzählung unterwegs, während Marc und ich am Boden kontrollierten. In einigen Tagen würde der Chef zurück sein.

Marc war Autodidakt für Biologie, aber der Assistent des in Fachkreisen angesehenen Professor Heymans, der ebenso in Kisangani tätig war. Nun hatte er einen Auftrag für Garamba, das Knochenmalen, außerdem sammelte er Fledermäuse für einen polnischen Wissenschaftler in Warschau. In den Baumkronen des Flussufers vor meinem Häuschen lebte eine Familie Guerezas. Das Beobachten dieser Affenart bereitete uns viel abendliche Unterhaltung. Sie trugen ein Junges von ganz weißer Farbe bei sich, welches immer an der Brust der Mutter hing und dort geschickt herumkrabbelte. Unter ihnen im Fluss lebte ein großes Krokodil und flößte den Parkwächtern ziemlichen Respekt ein. Langsam gewöhnte ich mich an den Aufenthalt und die verworrenen Umstände, doch ahnte ich noch nicht, welch lange Zeit ich mich noch den Rhinos widmen sollte.

Suchfahrten und wilde Tiere

Bald war mir klar geworden: Der Park war in der Hand von Wilderern. Um uns selbst gegen Wilderer zu schützen, nahm Marc jedes Mal zum Parkbesuch ein Gewehr mit, einen leichten Karabiner, was mir zunächst übertrieben erschien, aber durchaus seine Berechtigung hatte. Ganz nebenbei mehrte sich Marcs Knochensammlung. Da sammelten sich Riedbockschädel, eine Wasserschildkröte mit verschließbarem Kopfdeckel im Gehäuse, ein Pythonkopf. Auch ich kam langsam zu weiteren Schnecken und Fröschen.

Abends im Dunkeln zogen wir mit einem Japannetz unter dem Arm los zum Fledermausfangen. Vor dem großen Museumsgebäude stellten wir auf dem Rasen das Netz auf und warteten unbeweglich, bis die Fledermäuse das Dach verließen, um Nahrung zu suchen. Das Museum hatte ich mir bereits angesehen. Es war das heruntergekommendste aller Gebäude, das Dach niedergesackt auf die ausgestellten Utensilien, die verdreckt und völlig von Spinnenweben überzogen waren. Ein komplettes Desaster der Verwahrlosung.

Zunächst tat sich lange Zeit nichts, außer dass uns Insekten stachen. Doch dann waren plötzlich Geräusche unter dem großen Dach zu vernehmen, ein Knacken und Wispern drang herab. Die Töne schwollen wieder ab. In der Dunkelheit war nichts zu erkennen. Mit der Taschenlampe leuchteten wir das Dach ab. Nichts. Ein Afrikanischer Uhu rief unheimlich. An der Auffahrt saß der Wächter vor seiner Wachthütte am Feuer, ein Gewehr im Arm. Das Licht flackerte zu uns herüber. Drüben am Fluss grunzte und brüllte ein Flusspferd offensichtlich ärgerlich. Hier in Nagero laufen die Flusspferde manchmal zwischen den Häusern herum, um auf dem Rasen zu weiden. Dabei griffen sie sofort Lichtquellen in Form von Lampen oder Fackeln, die sich bewegen, an, was bereits so manchem hier Verdruss bereitet hatte. Einmal setzte einer einfach die Lampe zu Boden und rannte davon, während die Lampe zerbissen wurde. Daher machten auch wir unser Licht immer schnell wieder aus und gingen auch später, ohne zu leuchten, zurück.

Die Geräusche unter dem Dach hoben wieder an. Da, war dort nicht etwas? Wir hielten den Atem an. Dann wieder. Ein kleiner Schatten huschte vom Dach. Lange war es wieder ruhig. Aber nun kamen doch die ersten Fledermäuse, zunächst nur einzeln und so schnell, dass sie kaum wahrzunehmen waren. Schattenhaft kamen weitere, allerdings noch immer nur vereinzelt. Doch urplötzlich schoss eine flatternde Wolke aus den Dachspalten und Ritzen lautlos und unheimlich auf uns zu. Alle verschwanden sie über das Netz in die Dunkelheit. Und dann brach ein nächtliches Inferno herein. Fledermäuse, oben an den Spalten sitzend, stürzten sich herab, eine unendliche Masse an flatternden Schatten mit sich ziehend, die in breiter Front vom Dach fielen und über das Netz strichen, zu Tausenden, einen wild umflatternd, durch die Beine hindurch, ein beeindruckendes Naturschauspiel, das Marc schon einige Male erlebt hatte. Im Japannetz waren jedoch nur wenige Exemplare verblieben.

Um halb sechs in der Frühe klopfte es an die Tür. Draußen stand Marc, um mich für die Morgenwanderung abzuholen. Es war noch stockduster, am Himmel flimmerten die Sterne. Mein Kollege hatte die Angewohnheit, für alles Leute anzuheuern, von seinem Begleiter, dem mitgebrachten Koch, abgesehen. Diesmal hatte er einen Gewehrträger dabei, der mit müden Augen an der Wand lehnte. Nach ein paar Tassen Kaffee zogen wir los, einen schmalen Savannenpfad entlang. Das Gras stand fast mannshoch. Im Park grollten mit mächtiger Stimme Löwen. Auf einem Flusspferdpfad fanden sich Spuren der Rohrratte und zertrampelte Kotspuren von Elefanten. An Bäumen hoben sich markierte Spritzstellen von Hippos ab. Wir mussten vorsichtig sein, denn es war möglich, dass sich noch einige Flusspferde an Land befanden.

Als die Sonne ihren ersten Schein durch die Savannenbäume strahlte, verstummte der Afrikanische Uhu. Dafür tauchte eine Anzahl Perlhühner auf. Kot von Tüpfelhyänen lag mitten auf dem Pfad, weiß, insektenumkrabbelt. Es war hell geworden, und eine erste Wärme breitete sich aus, denn am frühen Morgen war es frisch gewesen. Kleine Singvögel, zu den Schnäppern gehörend, flöteten herrliche Tonleitern durch die morgendliche Luft. Vorne trat Wald dichter zusammen. Wir waren nahe am Dungu, schritten über eine Lichtung und drangen leise in die Büsche ein, um an das Ufer zu gelangen. Hinter großen Felsbrocken und -platten, die weit in den Fluss ragten, strömten an Sandbänken vorbei die Fluten in eine kleine Schlucht mit steil aufragenden Kanten hinein, worüber ein Paar Gabelweihen ihre Kreise drehte.

Im Dungu selbst jedoch zeigte sich eine überraschende Szenerie. Vor uns tummelte sich eine beachtliche Anzahl Flusspferde im kühlen Nass und bevölkerte die gesamte linke Seite von Ufer zu Ufer. Dicht gedrängt schwammen sie träge im Wasser oder standen plump in den flachen Zonen auf dem Kies, verteilten dazu Kot mit dem kurzen Schwanz auf der Oberfläche. Ich zählte die Hippos und kam auf über hundert Exemplare. Einige standen auch am gegenüberliegenden Ufer und zeigten ihre gewaltig massigen Körper in voller Größe. Ohne Unterbrechung drangen die Lautäußerungen gegen die Steilwand und zu uns herüber, es war ein dauerndes Schnauben, Gähnen, Brüllen. Ein riesiger Bulle stand ganz allein auf einer Sandbank und ließ keinen Artgenossen nahe heran. Schweren Schritts durchmaß er seine Insel, den unförmigen Kopf mit dem pottwalähnlichen Maul vom Gewicht herabhängend. Die braune Haut hatte bereits mehrere Narben aufzuweisen. Hinter dem alten Kämpen liefen ein paar Perlhühner durch den Ufersand. Ein Heiliger Ibis schritt in ihrer Nähe dahin. Die vordersten Flusspferde waren höchstens fünfundzwanzig Meter von uns entfernt.

Auf den Steinbrocken kletterten wir auf die unten gelegenen umfluteten Felsplatten hinab und näherten uns vorsichtig den Tieren. Eine Fledermaus mit Abdomenschrumpfung hing in einer Steinritze, kaum noch lebensfähig. Ich steckte sie ein. Nun ist sie im Museum Koenig. Unsere Annäherung schien nicht gern gesehen zu werden, denn einige Kolosse kamen in unliebsamer Weise drohend durchs flache Wasser angeschritten. Doch auch untereinander herrschte kein ständiges Einvernehmen, sondern einige tobten aufeinander los, dass Fontänen nur so spritzten. Es wurde gebrüllt, gedroht. Manche rissen ihre gigantischen zahnbewehrten Mäuler auf, als wollten sie ihren Rivalen mit Haut und Haar verschlucken. Die kleinen Flussuferläufer schienen sich daran nicht im Geringsten zu stören, da sie mit lauten *hididi*-Rufen zwischen den Flusspferden auf den Sandbänken landeten und unbesorgt darauf umherliefen. Auch die hübschen Nilgänse watschelten dazwischen herum, während Seidenreiher gar versuchten, auf dem Rücken Platz zu nehmen. Außer dem berüchtigten großen Krokodil lebten noch eine Anzahl kleinerer im Dungu, die im Allgemeinen nicht wagten, sich an einem Menschen zu vergreifen.

Marc und ich begaben uns zum Dungu hinab, um an das andere Ufer zu waten. Dort stand der Landrover, denn er konnte nicht herübergebracht werden, da die Fähre von Nagero nicht gebrauchsfähig war und das Fahrzeug nur mit der Fähre von Gangala in den Garamba-Park gelangen konnte. Auf den Felsen kochten Marcs Leute einen Kaffernbüffelschädel, den wir am Vortrag in der Savanne gefunden hatten, um ihn seiner Knochensammlung einzuverleiben.

Begleiten tat uns diesmal auch wieder Mankoto Wa Oysenzoo. Auf zwei Radspuren, die sich durch das verdorrte Gras zogen, drangen wir in die Savanne ein, die sich in weiten flachen Wellen unendlich auszudehnen schien. Zu dritt saßen wir im Fond und stießen bei jeder Bodenunebenheit gegeneinander. Nur wenige Bäume standen einzeln mit weit ausladenden Kronen in der Landschaft. Eine Herde rehgroßer Schwarzfußmoorantilopen ergriff vor dem Geländewagen die Flucht. Elegant waren die spitzen Hörner in einer Welle nach hinten gebogen und wirkten im schnellen Lauf der Tiere wie starre nachwehende Wimpel. Ein gutes Dutzend Kaffernbüffel sprang plump über die Piste. Ihnen lagen die flachen Hörner mit ihren mächtigen Ansätzen wie alte Germanenhelme auf dem Kopf. Die Farbe der großen Tiere war ziemlich schwarzgrau, doch soll es in den Savannen rund um die Kongourwälder auch Herden mit gemischten Arten geben, das heißt, die rötlich gefärbten Waldbüffel haben sich mit ihnen gemischt. Von den großen Savannentieren im Garamba-Nationalpark sind sie weitaus die häufigsten mit einer gezählten Stückzahl von über fünfzehntausend Exemplaren.

In einer großen Senke stand eine wohl mehrere Hundert Stück umfassende Herde schwarz im Gras. Begeistern taten auch die schönen Pferdeantilopen. Mit dickem von einer kurzen Nackenmähne geschmücktem Hals bewegten sie sich hoch aufgerichtet langsam voran. Neben uns lief eine Warzenschweinbache mit steil erhobenem dünnen Schwänzchen eilig her, gefolgt von ihren Frischlingen, die aller hintereinander gereiht das Weite suchten. Für mich waren diese ersten ausgiebigen Exkursionen unter einer Vielzahl afrikanischer Großtiere ein fesselndes Erlebnis. Immer wieder hielten wir an und beobachteten mit unseren Ferngläsern, suchten die Savanne erneut nach Weißen Nashörnern ab. Bei einem ganzen Rudel Riedböcken tauchten Erinnerungen auf, wie ich als Dreizehnjähriger mich durchs hohe Gras und Gräben hindurch an Rehe im Liether Moor anschlich, tagelang das Wild aus nächster Nähe beobachtete und stolz darauf war, einmal bis auf fünf Meter an zwei Tiere herangekommen zu sein. Als sie mich dann doch bemerkten, bellte der Bock mich aufgeregt an, lief ein Stück mit der Ricke davon, um aber doch wieder zu halten und neugierig zu mir hinüberzublicken, der ich, schmutzig aus dem Graben gekrochen, wie ein Frosch gebückt umhersprang und ebenfalls bellte. Nach einer Weile des gegenseitigen Anbellens zogen die zwei Rehe unschlüssig langsam, ohne Hast, davon.

An Büffel- und Antilopenherden vorbei näherten wir uns einer großen Feuerfront. Das ausgetrocknete Gras brannte wie eine Scheune und loderte hoch lichterloh auf. Marc meinte, die Brände würden von Wilderern gelegt, häufig unbeabsichtigt durch Schüsse aus alten Gewehren, doch ist bekannt, dass sich Savannenbrände auch von selbst entfachen. Darüber kreisten große Mengen von Abdimstörchen, oder sie stolzierten vor den Flammen auf der Suche nach flüchtenden Insekten einher. Auch Milane hatten sich den kreisenden Vögeln zugesellt. Schafstelzen kamen rufend vorüber. Immer wieder begegneten uns kleine Gruppen von Elefanten. Sie standen entweder unter den weit ausladenden Schirmakazien und wedelten sich mit den großen Ohren Kühle zu oder ergriffen voller Angst vor dem Auto die Flucht. Ein deutliches Zeichen, dass im Nationalpark gewildert wurde, merkwürdigerweise wohl gar vom Auto aus, was mir besonders im Nachhinein sehr zu denken gab. Es schien seltsam, wie die riesigen Kolosse, mit ihren langen Rüsseln schlingernd, in derartige Panik gerieten, sieht man doch immer im Fernsehen die Elefanten auf der Straße oder am Auto stehen und sogar den Weg zur Weiterfahrt versperren. Jedoch gab es noch rund sechstausend Elefanten im Park, und sie sind somit nicht gefährdet wie das Weiße Nashorn.

Dann tauchten einige Kuhantilopen auf. Die Ferngläser richteten sich lange Zeit auf sie. Normalerweise besteht eine Herde aus einem männlichen Leittier mit seinen Weibchen und Jungtieren. Jede Herde hat ihr eigenes Revier zum Aufenthalt und zur Nahrungssuche, das von den alten Tieren verteidigt wird, wobei die abrupt gebogenen, auf einem merkwürdigen spitzen Kopf sitzenden Hörner heftig zum Einsatz kommen. Sie stellen sogar Wächter auf. Löwen sind ihre einzige natürliche Gefahr. Tüpfelhyänen erscheinen. Zusammen mit Löwen und Leoparden gehören auch sie zu den Beutegreifern.

Einige Schwarzbauchtrappen ließen sich leicht beobachten, und dann stand auch einmal eine kleine Elefantengruppe dicht am Weg, diesmal ohne davonzulaufen. Auffallend große Defassa-Wasserböcke mit langem zottigen Fell standen stolz im Gras aufgerichtet. An einem Termitenhaufen lagen nicht weit entfernt zwei Löwen in der Sonne. Wir fuhren auf sie zu, doch standen sie auf und zogen langsam davon. Sie wollten nichts mit uns zu tun haben. Nur selten drehten sie sich um. An dem großen steinförmigen Termitenhaufen guckten wir noch ein wenig herum, ohne jedoch etwas vorzufinden, was interessant sein könnte. Als später der tote Kaffernbüffel vom Vortag erschien, waren nur noch zwei Knochenteile vorzufinden, beide säuberlich abgenagt. Wahrscheinlich von Tüpfelhyänen, den Rest hatten Geier besorgt.

Unweit des Garambaflusses lag ein schockierender Fund im Savannengras. Ein gewildertes Nashorn, dem, wie sollte es anders sein, das Horn fehlte. Es war zum Heulen. Sollte ich denn gar kein Einziges lebendig zu Gesicht bekommen? Aber zu diesem Zeitpunkt ahnte ich ja noch gar nicht, wie nachlässig gerade der berühmte WWF hier umgegangen ist. Damals war ich noch viel zu jung, als dass ich mir vorstellen konnte, dass Weltnaturschutzorganisationen nicht immer gleich zur Stelle sind und alles unter Kontrolle hätten.

Ausgedörrt erreichten wir wieder den Dungu, fanden unsere Watstöcke am Ufer vor und wateten nach Nagero hinüber. Wo war ich hier überhaupt hineingeraten, wo verdammt noch mal war der allmächtige World Wildlife Fund? Mir schwirrte damals alles durcheinander im Kopf herum. Was war in Kinshasa der IZCN? Noch vor wenigen Monaten war doch der belgische WWF im Garamba tätig gewesen, wieso ließ er das Projekt fallen? Auch wunderte ich mich über Marcs Verhalten. So ganz selbstverständlich redete er über die Abschlachtungen, als wäre es das Normalste der Welt. Wenn hier nicht sofortige Hilfe notwendig war, wo denn dann? Alles in allem, ich war hier in einem Tollhaus, in dem eine phänomenale Gleichgültigkeit ausgebrochen war. Eine unbegreifliche Situation.

Belgien gründet den Garamba-Park

So erstaunlich es klingen mag, das Tierleben von Großsäugern in großen Beständen begann schlagartig mit dem Überschreiten des Dungus, der die Grenze des Nationalparks bildet. Rundherum lebten nur noch die spärlichen Reste dieser ehemals weit verbreiteten Vielfalt. Wie Oasen in einer leergeschossenen Welt liegen die Nationalparke über die ganze Welt zerstreut, als letzte »unantastbare« Refugien für Fauna und Flora. Würde es sie nicht geben, wäre der Artenreichtum in Afrika auf ein lächerliches Minimum geschrumpft, ganze Großtierarten wären vom Erdboden verschwunden. In Ostafrika hat man den Tourismus für die Erhaltung und Schaffung von Nationalparken zu Hilfe genommen, denn Natur und Tiere wurden als Kapitalanlage angesehen. Es war kein geringerer als Bernhard Grzimek, der auf die Idee des Nationalparktourismus in Tansania kam und ihn in den sechziger und siebziger Jahren ausbaute, indem er Reiseunternehmen veranlasste, Safariexkursionen nach Afrika durchzuführen. Denn Touristen waren in der Lage, mit ihrem Interesse für die grandiose Tierwelt große Mengen an Devisen zu bringen, was eine der bedeutendsten Geldquellen für mehrere afrikanische Länder bedeutet. Ohne die vielen Tiere würde jedoch auch kaum ein Tourist kommen, somit wäre der Schutz der Tierwelt ein wichtiger Markt mit hohem ethischem Ziel.

Genau hier ist aber Zaires Garamba mit einem großen Manko behaftet, keine Besucher, dafür aber eine in immer größerem Maße zunehmende Wilderei. Zur Kolonialzeit durfte der Garamba sowieso nicht besucht werden, sondern war nur den Tieren und Forschern mit Ausnahmegenehmigung vorbehalten. Nach der Unabhängigkeit öffnete man ihn zwar für jedermann, aber aufgrund der großen Isolation und niedergebrochenen Infrastruktur lässt sich natürlich kaum jemand sehen.

Abends saßen Marc und ich im Lichtschein der Öllaternen draußen vor dem Rundhaus am Tisch und genossen die angenehme Luft bei einigen Flaschen Bier. Der Himmel war mit unzähligem Sternengefunkel übersäht, dazwischen lag die wagerechte Sichel des Mondes. Lautes Insektensirren schallte monoton durch die finstere Nacht, von irgendeinem noch lauteren Stimmchen übertönt. Um die Lampe kreisten lautlos und stumm Falter, während Fledermäuse lautlos stumm das Rundhaus umflatterten.

Die Guerezafamilie war längst in ihrem Baumwipfelnest am Schlafen, und außer dem monotonen Grillensirren und den Stimmen der Zairer, die an Lagerfeuern hockten und auch erzählten, war nur selten etwas zu vernehmen. Lautlos wälzten sich die Flusspferde auf ihren Wechseln an Land um zu grasen. Im schwachen Licht war ein blasser Gecko dicht an die Wand gedrückt zu erkennen. Da ertönte unverhofft ein gewaltiges Grollen vom anderen Ufer des Dungu. Ein Löwe brüllte mit mächtiger Stimme durch die Nacht, dass wir mit einem Mal alle stumm dasaßen, ergriffen von der Macht dieser Stimme aus nächster Nähe. Ein Schauer lief mir den Rücken entlang, und ich spürte ergriffen den so genannten Zauber Afrikas, der mich mit einem Mal schlagartig gefangen nahm, ein Augenblick, in dem ich Afrika in seiner ursprünglichen Wildheit zu vernehmen meinte, und während das gewaltige lufterzitternde Grollen längst verklungen war, lauschten wir immer noch.

Nur langsam und flüsternd wagten wir die ersten Sätze, bis erneut herrisches Brüllen unsere Worte verschluckte. Weiter im Park war noch ein zweiter Löwe zu vernehmen. Welch wunderbare Atmosphäre, wie unbekannt, wild und fremd. Aus dem verebbenden Beben tauchte das hohe Schnarren der Insekten hervor, die Sterne schienen und blinkerten so herrlich still. Tief atmete ich die afrikanische Luft ein. Wie wunderschön ist doch die Welt, zumindest noch an einigen Orten.

In aller Frühe des neuen Tages waren Marc und ich bereits wieder im Park, um Tiere zu beobachten und Sachen im Wildhüterlager abzuliefern. Vielleicht gelang es diesmal, die Weißen Nashörner zu entdecken. Neben toten Tieren waren schließlich auch Fährten zu entdecken gewesen, und die Luftzählung erbrachte mehrere Sichtungen. Schon bald tauchten die ersten Giraffen auf. Die langen Hälse ragten wie Leuchttürme weit in die Luft. Andere naschten von den Blättern der Baumwipfel. Viele Herden von verschiedensten Antilopen zogen dahin. Heute Morgen hatten wir bereits am Dungu wie jeden Tag die sechs Heiligen Ibise beobachtet, die zusammen mit Seidenreihern fischten. Zu meiner großen Freude sah ich beim Durchwaten des Flusses meine ersten zwei Hammerköpfe, die eine so charakteristisch verzogen scheinende Kopfform besitzen, dass man sie auch Schattenvögel nennt. Mit dem langen spitzen Federschopf, der weit nach hinten absteht, sehen sie aus, als befänden sich die reihergroßen Vögel im Windkanal. Die Mangbetu nennen ihn König der Vögel, weil er alle anderen Vögel beauftragt, ihm Material für den Nestbau zu bringen. Der Nimbungumu baut ein riesiges Nest mit einem Durchmesser von bis zu sieben Metern. Das erklärt die Annahme der Einheimischen.

Über einer Gruppe von Anubis-Pavianen flog ein Wiedehopf hinweg, und ständig rief ein Afrikanischer Kuckuck. Vorbei an Elefanten und Büffeln, rumpelten wir durch das wellenförmige Grasmeer, über das eine Steppenweihe gaukelte. Drei Giraffen mit einem ganz kleinen Jungtier erschienen. Es konnte noch nicht sehr lange geboren sein und stakste zwischen den Alttieren einher. Sie haben hier ihr einziges Verbreitungsgebiet im Kongo.

Mitten auf der Piste stand ein Kaffernhornrabe in all seiner merkwürdigen Tracht. Dieses zu den Nashornvögeln gehörende Tier ist über einen Meter groß und erinnert an einen Truthahn in Schwarz mit bunten Kopfgehängen. Erstaunlicherweise haben sie eine Stimme, die an Löwengebrüll erinnert, natürlich erheblich leiser. Mitunter wehten sehr starke Winde durch die brütende Hitze, ohne jedoch Erfrischung zu bringen. Deutlich waren die sehr großen seltsam anmutenden Sekretäre zu sehen, die mit ihren langen Beinen auf der Nahrungssuche durchs Gras schritten.

Am Nachmittag näherten wir uns dem Lager, einem mitten im Nationalpark befindlichen kleinen Örtchen mit wenigen Hütten, in denen die Wildhüter zeitweise lebten. Eine Landebahn für das Flugzeug befand sich dicht dabei. Mehrere Hagedasche flogen über die Hütten hinweg, eine hübsche Storchenart. Die Guards lagen faul im Schatten ihrer Sonnendächer und waren ganz erstaunt, dass wir schon wieder vorbeiguckten. Sie langweilten sich anscheinend ziemlich. Seit Monaten hatten sie keinen Makuta mehr gesehen. Manchmal liefen sie im Park umher, wenn der Konservateur Mushenzi sie auf Erkundungspatrouille schickte, doch zu Fuß kamen die wenigen Verbliebenen in dem riesigen Gelände nicht weit, und so lagen sie lieber in den Liegestühlen.

Wir fanden keine Rhinos mehr. Nach unserer Rückkehr nach Nagero kam Mushenzi von seiner langen Arbeit im Park mit den ersten Zählergebnissen zurück. Der Bestand der Weißen Nashörner war tatsächlich, wie wir vermuteten, beängstigend. Womöglich würden sie bald völlig aus dem Park verschwunden sein. Der einzige wenn auch geringe Trost war, dass die Wilderer die letzten verbliebenen Exemplare nur schwer in der Weite würden ausfindig machen können, da es nur noch so wenige waren. Mushenzi war ein besonnener ruhiger Mann von sympathischer Art und gab sich alle Mühe mit dem Garamba, doch war er ohne auswärtige Hilfe machtlos.

Tags darauf fuhr Marc mit dem Koch auf seiner Mission für das *Institut pour Sciences* in Kisangani zum nächsten Einsatzort in die Gegend von Api, während ich mich um meine Schnecken und Frösche kümmerte. Im Dungu suchte ich zusätzlich Quappen und Laich und fand beim Waten in der Flussfurt einige Flussmuscheln, die dicht mit langen Kalkstacheln besetzt waren. Nachdem ich eine Zeit lang über die vielen flachen Steinbrocken im Fluss gesprungen war, immer auf der Suche nach Wassertieren, ruhte ich mich auf einem aus, während das Wasser um mich herumsprudelte.

Nach einer Weile guckte unter einem benachbarten Stein eine kräftig gelb und grau gefärbte große Schlange hervor, nicht einmal zwei Meter von mir entfernt, und züngelte mit der gespaltenen Zunge in meine Richtung. Neugierig blickten wir einander an. Die Schlange schien mich sogar mit breitem Gesicht anzugrinsen. Als ich mich nach einer Weile ganz vorsichtig in eine andere Position setzen wollte, verschwand sie verschreckt und traute sich nur zaghaft wieder hervor. Es war sehr schön, mit einer Schlange in Verbindung zu treten.

Als die Kolonialmacht Belgien das Gebiet des Garamba zum Nationalpark erklärte, so geschah dies in erster Linie zum Schutz der darin lebenden Nördlichen Weißen Nashörner sowie der seltenen Kongogiraffe. Auch wurde die Elefantenzähmungsstation von Gangala Na Bodio mit angegliedert, und bis zur Unabhängigkeit des Belgisch-Kongo war auch ein vorbildlicher Schutz garantiert. Nichts von all dem war nun noch zu erkennen. Verwahrlosung und Niedergang, wo immer man hinsah. In der Werkstatt gleich neben dem verkommenen Museum standen einige außer Gefecht gesetzte Landrover. Unzureichendes Werkzeug waren ebenso zu beklagen wie die hoffnungslose Aussicht auf selbst simpelste Ersatzteile. Ähnlich erging es auch der Fähre von Nagero, der einzigen Möglichkeit, hier mit einem Fahrzeug überzusetzen zum Park hinüber. Was ich vorfand, war ein völlig betriebs- und schwimmunfähiges Gestell, so dass Marc seinen Landrover ganz nach Gangala Na Bodio fahren musste, dort mit der gerade noch mühsam funktionierenden, aus Tonnen und Brettern bestehenden Fähre übersetzte, um durch den Park ans Nagero gegenüberliegende Ufer zu fahren.

Auch das kleine Lazarett sah nicht anders aus. Nur die Aufschrift zeigte, dass sich ein solches hier einmal befunden haben musste. Der Großteil der Wildhüter hatte aus Angst vor den Wilderern und mangels Lohn den Park verlassen und war in die Heimatdörfer zurückgekehrt. Den Rest der Zeit, die mir noch blieb, nutzte ich, noch Weiteres über die Hintergründe der Wilderei und die Bestandszahlen zu erfahren, und radelte dazu mit dem Fahrrad auch durch die nähere Umgebung. Aber die meisten wussten auch nicht mehr, oder es interessierte sie nicht besonders.

Bereits im Jahr 1920 entstand die Idee, um den Garambafluss herum ein Wildschutzgebiet einzurichten. In der Tat wies man eine große Region noch im gleichen Jahr als Jagdreservat aus. Sieben Jahre später wurde schließlich auch die Elefantenzähmungsstation, die sich zuvor weit westlich im Gebiet von Api befand, zum heutigen Gangala Na Bodio verlegt und dort mit sehr großem Erfolg weitergeführt, was auf die Aktivitäten des belgischen Colonel Offerman zurückzuführen war. Damit war jedoch noch längst kein Schutzstatus eingeleitet. Das geschah erst 1937, als man sich ernsthafte Gedanken machte, womöglich einen Nationalpark in diesem Gebiet einzurichten, denn die erst im Jahr 1900 entdeckten Nördlichen Weißen Nashörner waren bereits durch intensive Jagd zu großen Teilen dezimiert und lagen im Bestand nur noch etwa bei einhundert Exemplaren. Allerdings gab es damals noch große Bestände, vor allem im Südsudan sowie weiteren umliegenden Ländern.

1938 war es dann so weit. Unter der Leitung des damaligen Direktors der kongolesischen Naturschutzbehörde Victor van Straelen wurde die Bevölkerung großenteils ausgesiedelt, der Status eines Nationalparks geschaffen und gleichzeitig ein Betretungsverbot sowohl für die Einheimischen als auch für Europäer verhängt. Ausgenommen von diesem Verbot waren in begrenztem Maße Fischer der Umgebung sowie Forscher. Ziel dieser Unterschutzstellung war vor allem die Überlebenssicherung der Nashörner und Giraffen, also Unterbindung der Jagd und der Erhalt eines angemessenen Lebensraumes, in dem die Tiere sicher ihr Auskommen finden konnten. Drumherum wurden dann spezielle Jagdgebiete geschaffen, die bis heute existieren. So konnte der Bestand bis 1963 auf runde eintausenddreihundert Weiße Nashörner ansteigen, wie die ausgiebige Zählung des Konservateurs Micha und des ersten zairischen Konservateurs Dimoleyele ergab. Dann begann der zairische Bürgerkrieg und hinterließ 1967 nach einer Zählung des bekannten Schweden Kay Curry-Lindahl noch etwa fünfzig Rhinos, die sich aber durch Geburten und Einwanderung aus dem benachbarten Sudan rasch auf mehrere hundert vermehrten.

So wurde 1976 wieder ein halbes Tausend gezählt, 1979 von Mushenzi nur noch zweihundertdrei, also genau in der Zeit, wo das belgische Nashornprojekt des WWF lief und 1979 trotz drastisch abnehmender Tendenz der Bestände beendet wurde. Wie konnte das geschehen? Warum wurde der WWF International nicht sofort eingeschaltet? Fragen, die mir bisher noch niemand beantworten konnte. Ich weiß nicht, ob es nur Nachlässigkeit oder Geldmangel war.

Irreführende Meldungen

Ebenso sonderbar wie manch Bisheriges muten die veröffentlichten Ergebnisse der African Rhino Group, die mit dem IUCN liiert war, von 1981 an, bei der auch Kes Hillman bereits aktiv mitgewirkt hatte, indem sie Ende der siebziger Jahre ausgedehnte Suchflüge über die südsudanesischen Nationalparks mitmachen durfte und auch für die Publikation *Summary of the Rhino Populations* verantwortlich war. Dieser ist zu entnehmen, dass im August 1981 noch weniger als vierhundert Weiße Nashörner im Süden des Sudan lebten, weniger als vierhundert auch im Garamba, eventuell einige in der Zentralafrikanischen Republik und in Uganda möglicherweise keine mehr. Wenn »weniger als vierhundert« zwischen null und fünfundvierzig bedeuten soll, mag es stimmen, ansonsten ist es aber eine unverständliche Irreführung gewesen, die, falls diese Veröffentlichung beim WWF zu Rate gezogen wurde, die folgenschweren Irrtümer erklären könnte.

Dabei hätte man leicht beim zairischen IZCN erfahren können, dass 1979 noch zweihundertdrei gezählt wurden, 1981 in meiner Anwesenheit in Nagero nur noch fünfundreißig, was wir auf rund fünfundvierzig aufgerundet hatten, um eine mögliche Fehlerquote mit zu berücksichtigen. Diese Zählergebnisse waren neben den ausführenden Konservatoren Dimoleyele und Mushenzi, Marc und mir, auch noch Professor Heymans in Kisangani bekannt, der daraus für die belgische Zeitung *Le Soir* eine Veröffentlichung fertigte. Zu der Zeit müssen sie auch die Zentrale des IZCN in Kinshasa erreicht haben, ohne jedoch, zur großen Verwunderung, weiter Gehör gefunden zu haben.

Geradezu grotesk dagegen mutet die Tatsache an, was ausgerechnet in dem »Jahr der Rhinos« 1980 in Kinshasa gefeiert wurde, nämlich die Verleihung der *World Heritage Site* an den Garamba-Nationalpark in der Republik Zaire. Dies ist mehr als peinlich, und die Vermutung liegt nahe, dass zu solch einer großen Auszeichnung das aktuelle Abschlachten der Nashörner in gerade diesem Park manchen Leuten nicht in den Kram passte. Die zairische Naturschutzbehörde IZCN war damals ein von Korruption zerfressener verlotterter Haufen, der selbst im Tierproduktgewerbe tüchtig mitverdiente, und es war bekannt, wie die Leitung dieser Naturschutzbehörde Zaires schwunghaften Handel mit Elfenbein betrieb und sich die Bosse die Taschen füllten, ehe Mankoto ma Mbaelele den Posten des President Delegue General übernahm, was jedoch noch einige Jahre dauerte. Mankoto hatte beste Kontakte zum Staatspräsidenten Mobutu, dem am Naturschutz in Zaire viel lag und der Mitte der achtziger Jahre nach Isiro flog, um sich persönlich von der Situation der Weißen Nashörner, der Kenge, unterrichten zu lassen.

Diese wurden zur obersten Priorität. Das Monopol, das das Land mittlerweile auf diese Tiere hat, dürfte auch eine Rolle dabei mitgespielt haben, war es doch zum seltensten Säugetier der Erde geworden.

Grzimek greift ein

Im Jahr 1981 kehrte ich wieder nach Deutschland zurück, verfasste einen Bericht über meine Beobachtungen und Feststellungen zur Situation der Nördlichen Weißen Nashörner und des Garamba überhaupt und sandte ihn an den WWF Deutschland und WWF Belgien, erhielt jedoch nie eine Antwort, offenbar glaubte man mir nicht. Immerhin war ich damals noch völlig unbekannt auf diesem Gebiet. Erst als ich einen diesbezüglichen Bericht in der Zeitschrift *Das Tier* veröffentlichen wollte, die von Grzimek herausgegeben wurde, begann sich etwas zu regen, und zwar mit einer unglaublichen Effizienz. Auf meinen Bericht hin an die Redaktion und die Zoologische Gesellschaft Frankfurt, ZGF, erhielt ich umgehend einen Brief, und zwar vom Präsidenten der Gesellschaft Professor Grzimek persönlich. Darin schrieb er 1982 unter anderem:

»... Ihr Bericht hat mich sehr erschreckt. Warum haben Sie nicht schon 1981 über Ihre schlimmen Erfahrungen in Garamba an uns berichtet? Ich schreibe gleichzeitig dorthin und auch an verschiedene andere Stellen in Zaire, in der Hoffnung, etwas erreichen zu können. Ich selbst bin früher des Öfteren dort gewesen, auch noch im Bürgerkrieg, aber jetzt schon lange nicht mehr. Wenn Sie irgendwelche neueren Nachrichten von dort haben, teilen Sie mir diese bitte mit ...

Mit freundlichen Grüßen

Bernhard Grzimek.«

Das war nun freilich etwas ganz anderes. Endlich jemand, der sofort begriff, was los war. Natürlich ließ Grzimek zunächst erst einmal meinen Bericht überprüfen, denn zum einen kannte er mich auch noch nicht, zum andern waren seit meinem Aufenthalt im Garamba bereits eineinhalb Jahre vergangen. Er beauftragte den in der Serengeti in Tansania für die ZGF tätigen Dr. Markus Borner, einen Schweizer Biologen und Piloten, nach Garamba zu fliegen, um bei einer Luftzählung festzustellen, wie die Situation tatsächlich aussah. Von Grzimek erfuhr ich dann in einem weiteren Brief, dass mittlerweile nur noch zwei Dutzend Rhinos am Leben waren. Das hieß also höchste Alarmstufe.

Sofort begann die ZGF zusammen mit der Regierung von Zaire, ein Hilfsprogramm einzuleiten. Doch das ging nicht so schnell, wie es wohl wünschenswert gewesen wäre. Während Genehmigungen und Einleitungen des Hilfsprojektes auf Hochtouren liefen, wurde im Park weiter gewildert. 1983, über ein Jahr nach Borners Blitzzählung, wurde noch einmal von Dimoleyele und Vunda im Auftrag des WWF/IUCN, die inzwischen von der ZGF informiert worden waren, eine Luftzählung durchgeführt, die zum großen Schrecken aller Beteiligten nur noch fünfzehn Rhinos ergab. Dann, 1984, das Jahr, in dem endlich das dringende Hilfsprojekt beginnen konnte, waren nur noch ganze vierzehn Nördliche Weiße Nashörner am Leben. Der letzte Rest in freier Wildbahn, den es auf der Welt noch gab. Eine dramatische Situation hatte sich ergeben. Der Run um das Überleben dieser Subspezies, des seltensten Säugetiers auf Erden.

Aber ich war nicht der Erste, der die bedrohliche Situation erkannte. Ein paar Monate vor mir, 1980, im berühmten Jahr der Feierlichkeiten, das man lieber schnell wieder vergessen hatte, versuchte I. C. Heymans mit Marc Colyn eine Bombe platzen zu lassen. Sie publizierten gleichfalls einen die Öffentlichkeit und den WWF aufrüttelnden Artikel, allerdings völlig ohne Erfolg. Die Bombe ging einfach nicht los in Belgien, wo die beiden operierten. In diesem Artikel »Weiße Nashörner in Zaire – ein Alarmschrei!« berichteten sie von den schrecklichen und skandalösen Metzeleien unter den Rhinos. Genaue Zahlen waren noch nicht bekannt, doch ein Niedergang der Population unverkennbar. Die tatsächlichen Zahlen kamen erst ein Jahr später. Der Artikel beinhaltete genaue Fälle von Nashornwilderei, sprach den Handelsweg des Hornes an, forderte sofortige Schutzmaßnahmen, berichtete auch von den miserablen Zuständen der technischen Ausrüstung und den Tätigkeiten der von der Welt allein gelassenen Konservateure im Park auf verlorenem Posten. Aber alles verpuffte ungehört wie eine Luftblase.

Doch noch etwas kam, ein anonymer Brief aus Kenia. Ich möchte ihn hier wiedergeben, weil er ein bisschen Aufschluss über die Schmuggelwege des Rhinohorns gibt. Hier folgt also der übersetzte Originaltext:

»Sehr geehrte Herren, mit großer Anteilnahme las ich Ihre Korrespondenz über Nashornwilderei, und ich bin sehr überrascht, dass Sie nicht wissen, wie der hauptsächliche Handel in Sachen Nashorn und Elefant vor sich geht. All dieser Handel geht über Nairobi, mit Dokumenten, welche sie als legal ausgeben (Rhinohorn und Elfenbein). Einiges kommt aus Zaire, anderes aus dem Sudan, Uganda, Tansania. Teilweise wird das Schmuggelmaterial auch von Bujumbura (Hauptstadt von Burundi) aus verfrachtet. Ich weiß nicht, wer die Verantwortlichen in Bujumbura sind, aber von Nairobi ist es sehr bekannt, dass der Hauptschmuggel von einem Burschen namens ... ausgeführt wird, der der Chef von Air Express International ist, deren Tätigkeiten er zur Tarnung benutzt. Diese Abteilung nutzt gewöhnlich Alitalia zum Warentransport nach Hongkong, deren Transportscheine für Nairobiprodukte ausgestellt sind, aber in Wirklichkeit Waren aus benachbarten Ländern beinhalten. Dieser Bursche ist sehr, sehr clever und genießt das Wohlwollen der Handelschefs und hat den Schutz der Polizei. In Kenia weiß das jeder große Wilderer. Die beste Person in Kenia, um mehr zu erfahren oder einiges über die Hintergründe zu lernen, ist Lawrence Moussa, Chef des Anti-Wilderer-Departments in Nairobi. Aber dies ist der Job des WWF. Sie müssen verstehen, dass ich meinen Namen nicht bekannt geben möchte, weil ich geschäftlich in Kenia zu tun habe und dort keinen Ärger bekommen möchte, aber bitte nutzen Sie diese Information, und der beste Weg eines Vorgehens wäre, die Transportscheine der letzten zwei oder drei Jahre zu prüfen, über Alitalia von Nairobi nach Hongkong. Freundliche Grüße, einer Ihrer Leser.«

1984 konnte also endlich das Hilfsprojekt der ZGF beginnen. Borner hatte zu der Blitzzählung im Garamba Kes Hilman mitgenommen. Sie erklärte sich bereit, zusammen mit Frazer Smith nach Zaire zu ziehen, um vor allem den Wiederaufbau der Infrastruktur des Garamba vorzunehmen und die Rhinos im Auge zu behalten. Als Projektleiter und Pilot wurde Charles Mackie eingesetzt. Er war Wildlifemanager aus Simbabwe und hatte bereits jahrzehntelange Erfahrung im Naturschutz. Die Kosten für das Projekt teilten sich ZGF, WWF/IUCN, aber auch die UNESCO und die FAO steuerten etwas bei. Trotzdem trug fast die Hälfte der Kosten die Zoologische Gesellschaft Frankfurt. Bis 1985 wurden insgesamt 1,3 Millionen D-Mark aus Spendengeldern zur Verfügung gestellt.

Zunächst musste dafür gesorgt werden, dass die zweihundert Wildhüter regelmäßiges Gehalt als Motivation sowie fachmännische Anleitung erhielten. Als Weiteres waren die Instandsetzung und Erweiterung von Fahrzeugen und Flugzeugen notwendig, um besonders den südlichen Parkbereich zwischen Garamba- und Dungufluss optimal und schnell überwachen zu können, immerhin einhundertzehn Kilometer lang und fündunddreißig Kilometer breit. Die ZGF finanzierte aus Spendengeldern der ›Hilfe für die bedrohte Tierwelt‹ vierradgetriebene Geländewagen und einen Lastkraftwagen sowie ein Cessna-Flugzeug, da das alte schon bald nicht mehr einsatzfähig war. Auch die UNESCO spendete einen neuen Toyota-Landcruiser.

Die erste Neuausrüstung und Ausbildung einer speziellen ›Rhino-Equipe‹, bestehend aus etwa fünfunddreißig besonders zuverlässigen Wildhütern, übernahm Patrick Rogers von der FAO. Sie sollten den unmittelbaren Lebensbereich der letzten überlebenden Nashörner permanent überwachen und zu Fuß patrouillieren. Nach und nach wurden somit geordnete Zustände im Nationalpark geschaffen. Das Leben der letzten vierzehn Rhinos konnte wieder zur

Ruhe kommen, und sie haben sich tatsächlich bis auf dreiunddreißig Tiere im Jahr 1997 vermehrt. Doch trotz dieses phantastischen Erfolges bleiben doch zwei Gefahren: Wiedereinsetzen der Wilderei durch unvorhergesehene Ereignisse sowie Inzucht. Tatsächlich wurden dann neun Nashörner im Bürgerkrieg, während und nach dem Sturz Mobutus durch Kabila, gewildert. Der Bestand ging erneut bis zum Jahr 2000 auf vierundzwanzig zurück.

Es scheint interessant zu wissen, dass das erste Projekt des WWF, das einer bedrohten Tierart helfen sollte, dem Nördlichen Weißen Nashorn galte. Man gab 56.000 US-Dollar zur Ausrüstung einer Wildhütertruppe in Uganda. Das war damals für den jungen Verein ein ziemlich großer Brocken, mit dem er sich fast übernahm, und es fehlte nicht viel, dass die gesamte Ausstattung hätte gepfändet werden müssen. Aber zum Glück half der British National Appeal mit einer großzügigen Spende. So konnte die East African Wildlife Society mit WWF-Geldern die damals ebenfalls bedrohten Rhinos aus den gefährdeten Gebieten westlich des Nils sogar einfangen und östlich des Nils im Murchison-Falls-Nationalpark, geschützt vor den Wilderern, wieder freilassen. Normalerweise hatte es diese Spezies nie östlich des Nils gegeben. Trotzdem wurden sie schließlich bis 1980 sämtlich in Uganda ausgerottet.

Auch für den Sudan kam jede Hilfe zu spät. Das vom WWF mit Hilfe der sudanesischen Regierung geplante Forschungs- und Schutzprojekt im Shamba-Nationalpark, wo bis 1980 noch mehrere hundert Rhinos gelebt hatten, konnte nicht mehr durchgeführt werden, da die Tiere in furchtbaren Massakern niedergemetzelt wurden. Wahrscheinlich wurde mit dem Gewinn aus dem erbeuteten Rhinohorn der Rebellenkrieg gegen den arabischen Norden weiter finanziert. Unglücklicherweise kam nach 1978 eine große Zahl von Militärflüchtlingen aus Uganda in den Sudan und siedelte sich entlang der zairisch-sudanesischen Grenze an. Sie brachten moderne

Schnellfeuergewehre mit und setzten damit das Gemetzel unter der Tierwelt fort. Die Preise für Elfenbein waren in die Höhe gestiegen und versprachen einen guten Absatz, vor allem aber natürlich Rhinozeroshörner, was die Ugander in den Garamba eindringen liess, um diesen gezielt nachzustellen.

Wie häufig sind es doch menschliche Auseinandersetzungen, die für die Ausrottung von Tieren beitragen, gerade auch bei den Nördlichen Weißen Nashörnern. Erst waren es die Simba- oder Niam Niam-Aufstände Ende der sechziger Jahre, die den bürgerkriegsartigen Wirren folgten, dann wieder die Kriege im Sudan und in Uganda. Und heute erneut ein Bürgerkrieg im Nashornland. Und wer weiß heute, wie die nahe Zukunft des Kongo aussieht?

II Gefahr aus dem Secteur Rouge

Jahre waren vergangen. Bernhard Grzimek, der große Mann des Naturschutzes, lebte nicht mehr. Ich war vom Bodensee an die Niederelbe zurückgekehrt, um die Vorbereitungen eines weiteren langen Forschungsaufenthaltes zu treffen. Manches hatte sich inzwischen getan, und jede Nachricht, die mich erreichte, vermeldete weitere Nashorngeburten im Garamba. Von vierzehn sollten sie nun wieder auf neunzehn Rhinos angewachsen sein.

Da lag noch der Brief von Dr. Richard Faust, dem neuen Präsidenten der Zoologischen Gesellschaft in Frankfurt mit dem Berggorilla im Wappen: »Mittlerweile konnte die Infrastruktur verbessert und die Wilderei zumindest im Gebiet der Weißen Nashörner weitgehend unter Kontrolle gebracht werden. Die Zahl war vermutlich auf etwa vierzehn Tiere gesunken. Im letzten Jahr gab es einige Geburten, und der augenblickliche Bestand (nach den letzten Meldungen aus dem Garamba) ist achtzehn. Das ist natürlich eine außerordentlich geringe Population, aber ein Hoffnungsschimmer besteht.« Ich sinnierte, wie eine Expedition zu den Nashörnern am sinnvollsten zu gestalten wäre, welche Aufgaben und Ziele gesteckt werden sollten, was alles zur Vorbereitung dazu gehörte.

Die Zeiten der großzügigen Finanzierung von privaten Forschungsvorhaben durch staatliche Institutionen waren schon seit einigen Jahren vorbei, private naturwissenschaftliche Forschungseinrichtungen wurden stark beschnitten, es sei denn, man beschäftigte sich mit dem neuen Liebling der Biologie, der Gentechnologie. Zu diesem Zeitpunkt war mir noch nicht ganz klar, wie sehr ich mich neben meinen Garamba-Studien gerade hiermit noch zu beschäftigen hatte, insbesondere was eventuelle genetische Schäden bei den Rhinos angeht. Zunächst hieß es also von vornherein, ich musste mich zumindest zunächst selbst finanzieren, was jedoch nicht ganz so schwierig war, denn ein neues Buch von mir befand sich bei meinem Hamburger Verlag in Druck, und ich tingelte mit meinem heimatkundlichen Naturvortrag fleißig durch die Lande. Hinterher würde ich meine Ergebnisse schon zu Geld machen können, und Dr. Böhme beauftragte mich gleich erneut zum Fröschesammeln, was man ja ganz nebenbei mit machen konnte. Diverse Empfehlungsschreiben wurden mir zugesteckt, die auf jeden Fall von Wichtigkeit waren, denn in Kinshasa würde ich mich erst einmal nach der Ankunft um die Forschungs- und Aufenthaltserlaubnis bemühen müssen. Meine Briefe an das zuständige Naturschutzinstitut IZCN blieben unbeantwortet, und das Auswärtige Amt in Bonn hielt es somit auch für das Beste, mich direkt vor Ort zu begeben und, wie bei meiner Kongoflussexpedition 1980/81, den Papierkrieg dort zu erledigen.

Torsten ist ein Automechaniker aus Hamburg. Er war so angetan von dem Unternehmen, dass er mich bat, ihn für die Hinfahrt mitzunehmen, ein Entschluss, der für das Unternehmen von Wichtigkeit war, denn es war geplant, mit einem Landrover bis nach Afrika zu fahren, was bedeutend preiswerter und interessanter sein würde, als diesen samt der Ausrüstung in einem Container per Schiff zu senden und selbst nachzufliegen.

Ich war begierig, zu den Weißen Rhinos nach Zaire zurückzukehren, zum Ort, wo ich damals zusammen mit Marc Colyn die schlimmen Entdeckungen in der Savanne gemacht und eine Rettungsaktion ins Rollen gebracht hatte, ohne die die Nördlichen Weißen Nashörner mit Sicherheit ausgerottet wären. Wie würde es dort wohl jetzt aussehen? Und was würde mich erwarten?

Zehntausend Kilometer bis zum Kenge

Als wir im Spätherbst 1987 losfuhren, war es kalt. Es schneite in schweren Flocken, und der Frost ließ die Nässe auf den Straßen gefrieren, so dass wir nur langsam durch das stille flimmernde Hamburg fuhren. Torsten und ich waren schon um drei Uhr gestartet, mit Daunenjacken und Pudelmützen, um früh in Bonn anzukommen, wo wir die letzten Visa abholen wollten. Dort angelangt, war es unterdessen frühlingswarm geworden. Alles klappte vorzüglich. So starteten wir am nächsten Morgen schon wieder, um zunächst an den Bodensee zu fahren. Auf der Autobahn fiel der Landrover durch sein hohes Alter von dreiundzwanzig Jahren und die durch die Kanister hervorgerufenen Oberbreite ziemlich auf.

Von Südspanien aus erreichten wir mit der Fähre den afrikanischen Kontinent und kamen über Marokko nach Algerien, wo wir uns im Zoo von Algier die südafrikanischen Breitmaulnashörner ansahen. Sie zu beobachten, war bereits ein Vorgeschmack auf das, was mich noch erwartete, waren sie doch ganz enge Verwandte der zairischen Weißen Nashörner, der Kenge, wie man sie im oberen Uele-Distrikt nennt. Es kam zu einem heftigen Streit zwischen den Rhinos im Gehege. Da ich die Tiere nicht kannte, waren mir die Ursachen ungewiss. Vermutlich waren es Kämpfe einer Kuh mit einem Bullen, und ich war überrascht über die enorme Geräuschkulisse, die sie von sich gaben.

Die Fahrt durch die Sahara war lang. Wir befuhren die klassische Hoggarroute, die uns über mehrere interessante Oasen durch den Niger nach Nigeria brachte, von wo die Reise zum Land der Kenge durch Kamerun und die Zentralafrikanische Republik bis nach Zaire ging. Zwei Monate dauerte die Hinfahrt, bis wir endlich Bangassou an der Grenze erreichten. Am nächsten Morgen brachte uns eine alte Tonnenbretterfähre über den Grenzfluss, wir erledigten die Einreiseformalitäten und rumpelten in den Zaire hinein. Auf schlimmsten Urwaldpisten gelangten wir schließlich zum in der Savanne gelegenen Ort Poko, wo sich die mir befreundete deutsche Mission befand. Nun konnte man sagen, man war wohl so ziemlich am Ziel angelangt.

Doch noch war Wichtiges zu erledigen. Schließlich brauchte ich noch die nötigen Papiere, um im Garamba-Nationalpark lange Zeit tätig werden zu können. So unternahm ich mit Torsten unseren letzten gemeinsamen Teil der langen Reise. Wir fuhren nach Kisangani an den Kongo-Fluss, stellten den Landrover bei Missionaren an der Procure ab. Torsten flog nach Deutschland zurück, da er nur die Hinfahrt als Begleiter mitmachen wollte, und ich begab mich in die Hauptstadt Zaires, nach Kinshasa. Ein langer Kampf gegen Korruption und Kriminalität begann, führte mich durch die Ämter und Ministerien, und dass sich alles schließlich doch noch zum Guten gewendet hat, habe ich meiner afrikanischen Familie in Kinshasa-Funa zu verdanken, die nie verzagend mir die nötige Rückendeckung gab und mich nie im Stich ließ. Ich wurde ein Sohn der Familie.

Die Papiere erhielt ich letztendlich vom zuständigen Ministerium und der zairischen Naturschutzbehörde. Der Minister unterschrieb den fünfseitigen Vertrag persönlich, ebenso Mankoto ma Mbaelele vom *Institut Zairois pour la Conservation de la Nature* IZCN. Zwischenzeitlich reiste ich noch mal an die Kongomündung ans Meer. Ich atmete tief auf und dachte an die Nashörner, tief im Inneren des afrikanischen Kontinents. Würde alles so gelingen, wie ich es geplant hatte? Würde ich an den seltensten Tieren der Erde forschen dürfen? Wie weit entfernt waren sie mir doch noch.

Direkt für die Nationalparks war das IZCN zuständig. Ihr Oberhaupt war der Delegierte Generalpräsident PDG Mankoto ma Mbaelele, ein kleiner, sehr tüchtiger, durchsetzungsfähiger Mann. Studiert hat er Agrarwesen in Quebec, Kanada, ist Ingenieur und Politiker, Abgeordneter in der damals einzigen Partei des Landes, der von Mobutu gegründeten allmächtigen Einheitspartei ›Volksbewegung der Revolution MPR‹. Mankoto kennt die Überlebensregeln des Landes und richtet sich danach. Er kennt die Machtstrategien, weiß aber auch, wie schnell man unverhofft ganz unten sein kann. Immer sind Vorsicht und Misstrauen angebracht. Gleichzeitig jedoch auch der Drang, Reichtum zu erwerben. 1981 war der IZCN völlig bedeutungslos und heruntergekommen, eine armselige von Korruption durchsetzte Abteilung. Es ist Mankoto zu verdanken, dass der IZCN wieder zu einer funktionstüchtigen, international anerkannten Naturschutzbehörde geworden ist, unter dem Vorbehalt, dass die zairischen Krankheiten sich auch hier im Untergrund tummeln. Trotz akuter Geldnot der Behörde ließ er das gesamte Amtsgebäude in der Avenue Cliniques renovieren und verlieh ihm auch das äußerliche Ansehen, das dem Naturschutz und dessen Verwaltung angemessen ist.

Insgesamt sind sechs Nationalparks zu verwalten sowie die Okapi-Fangstation Epulu. Drei der Parks sind unter Mobutu entstanden, dem besonders in den sechziger bis in die siebziger Jahre hinein der unermessliche Naturreichtum seines Landes ganz besonders am Herzen lag. Auch danach war sein diesbezügliches Interesse nicht gänzlich erloschen, wenn auch offenbar nicht mehr so ausgeprägt. Aus den vielen Ankündigungen weiterer Nationalparks ist bisher nichts geworden. Die Zaireflussmündung hat wohl noch die größte Chance, als Mangrovennationalpark ausgewiesen zu werden. Mankoto ist bemüht, dieses Ziel durchzusetzen.

Unendlich weit erschienen mir die Weißen Nashörner nun zunächst entfernt. Ich hoffte und kämpfte für den Aufenthalt bei ihnen im Herzen Afrikas, mehr als tausend Kilometer von hier. Ich musste sie kennen lernen, die nasenbehörnten Riesen, das zweitgrößte

Landsäugetier überhaupt gleich nach dem Elefanten. Mit einer Schulterhöhe von bald zwei Metern kann man ihnen nicht eben mal über den Rücken gucken.

Aber was hatte ihnen all ihre Größe und Bewehrtheit genutzt gegen die künstlichen Organe der Menschen. Wenn ich mir überlegte, dass diese Nördlichen Weißen Nashörner vor gut hundert Jahren noch gänzlich unbekannt und unentdeckt waren und zu vielen Tausenden in Gruppen von bis zu zwei Dutzend Tieren durch die unendlichen Savannen nördlich der Urwalddschungel wanderten, ja dass in den siebziger Jahren noch Tausende in mehreren Ländern lebten und dagegen 1984 nur noch vierzehn weltweit in freier Wildbahn in den Weiten des Garamba übrig blieben, so überkam mich Wut über die Sinnlosigkeit des Abschlachtens. Was wäre, wenn Grzimek meinen Bericht nicht ernst genommen und ihn nicht überprüfen lassen hätte nach meiner Rückkehr damals? Sie wären ganz verschwunden, und niemand hätte es bewusst mitbekommen. Plötzlich hätte eine Unterart zu existieren aufgehört. Man hätte einfach keine mehr finden können, von zwei Hand voll im Zoo abgesehen. Neben so vielen Naturschutzverwaltern und Schreibtischexperten war Bernhard Grzimek ganz offensichtlich ein Mensch, dem wirklich aus tiefstem Herzen der Schutz der Natur und der in ihr lebenden Tiere und unverbildeten Menschen nahe lag, ja Tiere waren zweifellos sein Leben, und ich bedaure sehr, diesen großen Menschen nicht mehr rechtzeitig persönlich kennen gelernt zu haben.

Es war im März 1987, als ich nachts von Elmshorn zum Wildpark Eekholt fuhr, der von dem Industriellen Hans Heinrich Hatlapa zu einem einzigartigen Park der Forschung, der Bildung und des Artenschutzes in jahrzehntelanger engagierter Arbeit inmitten des Segeberger Forstes aufgebaut wurde. Besondere Erfolge erzielte er bei der Züchtung der in Schleswig-Holstein außerordentlich bedrohten Seeadler. Dieses Projekt wurde auch von der Zoologischen

Gesellschaft Frankfurt mitgetragen. Ich wollte von Mitternacht bis vier Uhr meine Verhaltensbeobachtungen an Waldkäuzen in der Voliere fortsetzen, als hinter Bad Bramstedt die Rundfunkmeldung kam, Bernhard Grzimek sei heute unmittelbar nach dem Besuch einer Zirkusveranstaltung an plötzlichem Herzstillstand im Alter von siebenundsiebzig Jahren verstorben. So wurde es nichts mehr aus dem beabsichtigten Treffen vor meiner Abreise nach Zaire. Einmal erwähnte ich in einem Brief, die Garambarhinos betreffend, ich hätte mich schon als Kind von seinen Büchern motivieren lassen und viele seiner längst vergriffenen Bücher antiquarisch zusammengesucht, worüber er sich freute. Bald darauf erschien eine Zusammenstellung seiner alten Bücher in Kurzform, in dessen Vorwort er schrieb, dass Filme viel zu schnell vergessen würden, Bücher dagegen langfristig etwas erreichen könnten. Und so ist es, man nimmt sie immer wieder zur Hand, auch noch in hundert Jahren. Und in diesem Vermächtnis lebt seine große Aufgabe noch weiter fort.

Meine Rückreise vom Meer nach Kinshasa trat ich nicht gerne an, aber schließlich lockte die Hoffnung, meine Papiere jetzt endlich erhalten zu können, um die Forschungen am seltensten Tier der Erde endlich beginnen zu können. Und so geschah es auch. Endlich gab sich auch die Immigration geschlagen. Meine strapazierten Nerven entspannten sich, große Freude bei meinen zairischen Freunden, dass ich es geschafft hatte. Ohne meine Gastfamilie hätte ich den langen Kampf nicht durchgestanden. Eines Tages fuhr ich zum Flughafen, Mukendi und Kamunga brachten mich hin. Die Maschine von Air Zaire donnerte über die Piste, auf der ich zum ersten Mal 1980 afrikanischen Boden betreten hatte, und schoss in den blauen Himmel. Ein Alptraum war zu Ende. Mein Ziel rückte in greifbare Nähe.

Wieder im Nashornland

Ein Wipfelmeer zog unten auf der Erde vorüber. Schier unendlich wirkten die Urwälder des Kongobeckens aus dem Fenster des Flugzeugs. Dann ein mächtiger Fluss, an dessen großer Biegung eine ansehnliche Stadt. Kisangani war erreicht. Nach kurzer Zwischenlandung ging es weiter nach Isiro, von wo ich mich nach Poko zur Mission begab. Wenige Tage später erreichte ich dann Dungu, das letzte Städtchen, ehe es in den Garamba-Nationalpark ging.

Wieder in Nagero angelangt, wurde ich bereits von Charles Mackie auf der Terrasse erwartet. Den ersten Eindruck, den ich von Nagero erhielt, war, dass sich ein eindeutiger Aufwärtstrend im Vergleich zu 1981 bemerkbar machte. Damals war alles verlottert, heruntergekommen. Jetzt dagegen waren die wichtigsten Gebäude wieder hergestellt, die Dächer neu mit Papyrus und Schilf gedeckt, ja selbst gelbbraune Farbe wurde auf die Wände aufgetragen, und überall sah man die nagelneuen Toyota-Landcruiser. Neue Wildhüter sind eingestellt worden, die ihre Familien mitbrachten und sich im Dorf der Guards, das aus einer Anzahl hübscher afrikanischer Lehmhäuschen bestand, niederließen. Dann lernte ich den Konservateur, den obersten Mann des Parks, kennen. Er hieß Muhindu und kam ursprünglich aus dem Osten des Kivu, der beeindruckendsten Gegend Zaires und wohl Afrikas überhaupt. Auf dem Stuhl des kleinen Restaurants saß er breit und massig hingeflätzt wie ein Pascha und begrüßte mich wohlwollend gnädig. Ich bezog das letzte Rundhaus von denen, die sich am Dunguufer hinzogen. Mein Nachbar war Atalia Mbayma, ein junger Zairer, der vom IZCN eingesetzt wurde, um die Wanderungen der Rhinos zu studieren, ein sehr tüchtiger, wenn auch etwas bedrückt wirkender Mann aus der Gegend hinter Isiro, der in Lubumbashi studierte. Er hatte mich bereits in Kinshasa beim IZCN gesehen, wie er sagte.

Die ersten Exkursionen unternahm ich mit der Engländerin Kes Hillman-Smith, Biologin aus Nairobi, die auf meinen Bericht hin zusammen mit Markus Borner nach Garamba geflogen und seit 1984 im Park tätig war, sowie dem Veterinär Dr. Mbayma. Wir drei waren das Forschungsteam für die nächste Zeit. Tags darauf hatte ich ein einführendes Gespräch zusammen mit Muhindu und Mbayma. Als ich um Mittag zum Himmel hinaufschaute, hatte die Sonne einen großen farbigen Ring, ein so genanntes Halo, ein interessantes Phänomen, als wäre die Sonne von einem Hof umgeben. Anschließend fuhren Mbayma und ich zusammen in den Park, um Wildhüter in ein Camp zu bringen.

Zunächst zeigte er mir den kleinen Flugplatz. Man konnte die gepflegte Graspiste samt einem kleinen Wendeplatz fast so nennen, dazugekommen waren ein Gerätehäuschen und ein Zelt. Zwei Piper Cubs standen gut verankert und zugedeckt da, eine davon gehörte Kes, sowie die neue Cessna der ZGF. Die alte Cessna, die Grzimek in den siebziger Jahren auf einem persönlichen Besuch hin gespendet hatte, war nach einer Bruchlandung völlig aus dem Verkehr gezogen worden. So ist diese dann dazu gekommen, schön neu aussehend, mit dem berühmten Gorillakopfemblem am Heckruder.

Überrascht war ich von der Furt durch den Dungufluss, die zwar noch im Bau, so doch schon benutzbar war. Mussten Marc und ich früher noch sechzig Kilometer nach Gangala Na Bodio fahren, dort mit der brüchigen Fähre über den Fluss setzen und auf der anderen Seite sechzig Kilometer zurückfahren, so konnten wir jetzt direkt durch flaches Wasser auf fester Betonpiste hinübergelangen. Das war insbesondere das Werk von Frazer Smith, dem neuen Ehemann von Kes, der für die technische Instandhaltung des Fuhrparks und der Wege verantwortlich war.

Gleich drüben begann die Weite des Garamba. Wie damals mit Marc Colyn durchfuhr ich nun mit Mbayma zunächst eine dichte

Baum- und Buschsavanne, die gelegentlich leichten Waldcharakter aufwies, ehe wir in das weite Grasmeer eintauchten. Die Guards hinten auf der Ladefläche wurden tüchtig umhergeschaukelt. Wir fuhren die Hauptpiste, zwei gut befahrbare Spuren, durch die flache Wellenlandschaft. Bald tauchten so wie damals die ersten Wildtiere auf. Kuhantilopen waren es, dann Büffel, die ihre Köpfe neugierig in unsere Richtung reckten. Frankoline liefen eine Weile vor uns her, ehe sie zur Seite hin auswichen. Schließlich wurde das Camp erreicht. Die Guards sprangen mit Sack und Pack herab und blieben in der Weite zurück. Sie gingen nun auf Patrouille an den Garambafluss, um eventuelle Wilderer aufzuspüren. Ich fühlte mich bereits in meinem Element und bekam erste Vorahnungen auf die lange abenteuerliche Zeit, die mir nun auf der Suche nach den Rhinos bevorstand, der Erforschung des Lebens der letzten zwei Dutzend, die irgendwo sich hier um uns herum befanden. Wie lange mochten sie noch auf der Erde verweilen?

Auf unserer Fahrt durch die Landschaft sahen wir in der Ferne Geier kreisen, sehr konzentriert, so dass sich dort irgendein frisch verstorbenes Tier befinden musste. Aber es war aufgrund des späten Nachmittags nicht mehr möglich, dort noch ganz hinzugehen. Es befanden sich Flüsschen dazwischen, so dass auch ein Hinfahren nicht möglich war. Wir konnten nur hoffen, dass es sich nicht um ein Nashorn handelte. Vor über einem Jahr war noch einmal ein gewildertes gefunden worden, trotz der guten Sicherung durch rund zweihundert Wildhüter. Wir freuten uns über die Elefanten, die friedlich in der versinkenden Sonne standen, die Trappen und Hyänen. Es war dunkel, als wir wieder in Nagero eintrafen. Dann begann es zu regnen und wurde sehr kalt.

Eines Tages waren Charles und ich bei Kes und Frazer eingeladen. Sie hatten Besuch von zwei Engländern bekommen, die zusammen ein Buch über die seltensten Tiere der Erde schreiben wollten, wozu natürlich auch die Nördlichen Weißen Rhinos gehören. Der eine hieß Mark Carwardine und war Zoologe, sein Kollege war der Schriftsteller Douglas Adams, der normalerweise Science-Fiction-Romane schreibt und seine Leser per Anhalter durch die Galaxis schickt. Die beiden wirkten mitgenommen und erschöpft, und Kes war sehr um sie bemüht. Sie blieben ein paar Tage und ließen sich von Charles in den Park fliegen. Einmal konnten sie auch ein Nashorn sehen und fotografieren, dann flog Charles sie nach Bunia, von wo aus sie sich zum nächsten seltenen Tier aufmachten. Inzwischen ist das Buch ja auch überaus erfolgreich in mehreren Ausgaben in deutscher Sprache erschienen. Es war spät in der Nacht, als wir Kes und Frazer mit ihrem Besuch verließen. Ein gewaltiger Regen stürzte herab. Weiße Blitze ließen die Schilflandschaft gleißend hell aufleuchten. Schaukelnd und schleudernd im Matsch glitschten wir auf und ab, als ein Flusspferd unmittelbar vor uns auf die Piste trat, genau als ein Blitz aufleuchtete, so dass der riesige Brocken gespenstisch klar in allen Details zu sehen war, ehe die Nacht das Tier wieder verschluckte und es im Dickicht verschwand. Es war eine wilde Fahrt, und ich war totmüde, als ich schließlich ins Bett sank.

Die Rhinozerosfamilie

Morgens um fünf Uhr, alles war noch dunkel, befand ich mich bereits wieder auf den Beinen und wartete mit Rucksack und Fernglas versehen vor meinem Häuschen, als auch schon die Scheinwerfer von Kes' altem Geländewagen auftauchten, um mich abzuholen. Sie wirkte sehr müde, krank, überarbeitet. Ihr Gesicht ist, obwohl erst Mitte dreißig, faltig. Kes ist eine ziemlich kleine zarte Persönlichkeit mit sehr eigenem Charakter. Ihr schnell fließendes eintöniges Englisch, das sie leise gerafft spricht, war schwer zu verstehen, und jedes Lautersprechen schien ihr schwer zu fallen. Wir wollten die Weißen Nashörner suchen und hofften, diesmal endlich welche zu finden oder wenigstens Spuren von ihnen. Wir holten Mbayma, und gemeinsam zu dritt auf der Vorderbank sitzend, fuhren wir zur Furt, durchquerten den Dungu und begaben uns in den Park.

Solange es noch dunkel war, sahen wir nur Nachtschwalben, die auf der Piste saßen und nun im Scheinwerferlicht aufflogen. Dann begann es hell zu werden. Schnell ging die Sonne über einer welligen Landschaft, wie es in Äquatornähe üblich ist, auf und ließ alles in herrlichstem Licht erscheinen. Das Gras leuchtete. Oben auf dem Hügelkamm stand eine Reihe Antilopen vor einem tiefblauen Morgenhimmel. Der junge afrikanische Tag war wie ein Frühlingsmorgen in den Elbmarschen, mit all dem vielen Vogelgezwitscher, das die Luft erfüllte. Alles war frisch und jung.

Wir stoppten und stiegen aus. Zwei Löwen zogen durch das gelbe Gras. Hinter einer Gruppe Moorantilopen erschien ein Gaukler, ein merkwürdiger, beinahe schwanzlos wirkender Adler mit schwarzem Gefieder und hier und da roter Färbung. Merkwürdige gaukelnde Flüge sind ihm aufgrund seiner Form möglich, daher auch sein Name. Wir atmeten die Frische ein. Jeder Blick in jeglicher Richtung war ein Erlebnis. Am klaren, völlig wolkenlosen Himmel flogen kleine Vögelchen umher, die zu meinen Lieblingen wurden und mich erfreuten, wo immer ich sie hörte und sah. Es war ein ganz seltsames, die Aufmerksamkeit fesselndes Geräusch, dass sie erzeugten. Diese kleinen spatzengroßen Vögel waren Cystensänger, und überall hörten wir ihr Klacken hoch in der Luft. Es war einfach anmutig und lustig. Da war ein ›klapp klapp klapp …‹ zu hören, ein anderes dort, ein weiteres über uns. Rundherum klackte und klappte es, und alles wurde von den kleinen Punkten da oben erzeugt. Sie machen es mit den Flügeln, die sie laut vernehmlich bei ihren Balz- und Revierflügen zusammenschlagen, weswegen sie

Flügelklappender Cystensänger heißen. Die Luft war voll von ihnen. Dazu erklang wunderschöner tirilierender Lerchengesang, und es erschien, als wäre es ein zusammengehörendes Sanges- und Instrumentenorchester, welches das Universum erfüllte.

Immer tiefer kamen wir in den Park, hielten oft und suchten rundum die Gegend ab, ob irgendwo eines der verbliebenen Rhinos zu entdecken sei. Aber es war nie etwas. Stattdessen sahen wir immer wieder zahlreiche andere Tiere, die die Savanne bevölkerten. Auffallend waren die vielen Rohrweihen, worunter öfter ganz besonders prächtige weißgraue Männchen zu finden waren und sicher auch manches Mal eine Steppenweihe. Ein paar Warzenschweine, die unserer gewahr wurden, machten schleunigst, dass sie davonkamen. Ohne einen Flügelschlag zu tun, flogen Marabus gemächlich gleitend dahin, schwebten schwerelos durch die Lüfte. Wieder liefen wie so oft Frankoline vor uns her.

Die Piste führte zum Camp am Garambafluss. Aber noch ehe wir dort anlangten, bogen wir in eine Forschungspiste ein, die extra für die Rhinosuche angelegt worden war, da sie sich mitten durch ihr Hauptgebiet hindurchzog. Dementsprechend waren es auch nur zwei Streifen plattgefahrenen Grases, während es links und rechts bis auf mehr als Wagenhöhe aufragte. Auf einer Bodenwelle hielten wir und stiegen auf das Dach des Geländewagens, um Rundumschau zu halten. Kes war die Erste, die in der Ferne, wo die Landschaft als ganz flacher Hang anstieg, etwas ausmachte, was ebenso gut Nashörner oder Elefanten als auch Termitenhaufen sein konnten. Eine ganze Zeit lang hielten wir die Ferngläser auf unsere hoffnungsvolle Entdeckung gerichtet, als wir die unbekannten grauen Objekte sich bewegen sahen. So fiel der Termitenhaufen schon mal weg. Schließlich waren wir uns dann sicher. Das waren Weiße Nashörner. Vermutlich zwei, stellten wir sachlich und gespannt fest. Um zu ihnen zu gelangen, war allerdings ein längerer Marsch von gut zwei Kilometern nötig. Wir rüsteten uns mit dem Notwendigsten. Mbayma schnappte sich gar noch sein Gewehr, auf dem Kompass wurde die Richtung festgelegt, dann zogen wir los, Mbayma voraus, dann kam Kes und schließlich ich. Auf einem einsamen Baum saß ein Adler, blickte wohl zu uns her.

Zunächst ging es durch weit über zwei Meter hohes Gras hindurch, ganz ähnlich wie Schilffelder zu Hause. Genau Richtung Süden mussten wir halten. Dann traten wir heraus, und eine weite durch Savannenfeuer offene Fläche, aus niedrigen lang gestreckten Hügeln und schiefen Ebenen bestehend, ließ uns weit ausschreiten. Es sah fast aus wie ein abgeerntetes Kornfeld, alles stoppelig, zwischendurch wieder etwas höheres Gras. Termitenpilzhügel ragten daraus hervor. Durch ein kleines Flüsschen mussten wir waten. Man braucht sich um die gefürchtete Bilharziose keine Sorgen zu machen, da ihre Erreger nur dort leben können, wo Menschen sich ständig aufhalten. Das ist im Park selbstverständlich nicht der Fall.

Eine ansehnliche Gruppe Elefanten stand locker verstreut in unserer Marschrichtung. Hier war es schwer, einen Bogen um sie herum zu finden. So schritten wir auf ihre größte Lücke zielstrebig zu. Die Elefanten hoben ihre Köpfe in unsere Richtung, um uns zu betrachten. Und dann, fast mag man es nicht glauben, wichen sie langsam auseinander, um uns Platz zu machen und durch ihre lockere Gruppe hindurchzulassen. Für mich war es einfach fantastisch, so durch die Wildtierherden zu Fuß und ohne jegliche Deckung hindurchzuschreiten, ja bisher wusste ich überhaupt noch gar nicht, dass man das konnte. Doch gehörten auch hierzu viel Feingefühl und Tierkenntnis, eine Art Ahnung aus kurzer Beobachtung heraus, wie ich es noch bald selbst intensiv erfahren sollte. Zwei der Elefanten mussten wir ganz nahe queren, und ich konnte ihre Augen erkennen. Unbeirrbar schritten wir stur geradeaus dahin, ohne stehen zu bleiben, ehe wir nicht an den Rüsseltieren vorüber waren. Große Trupps von Abdimstörchen waren zu sehen. Unfern flüchteten Moorantilopen vor uns. Dann sahen wir zwei Löwen vor uns auftauchen. Wir blieben kurz stehen, gingen dann aber zügig weiter, um an ihnen vorbeizukommen. Auch sie hatten uns gesehen, blickten sich nach uns um, schienen aber genau wie wir auf Abstand bedacht.

Bei Schlammlöchern unterwegs blieben wir stehen, um wenigstens schon einmal Spuren von Rhinos zu finden, aber es war nichts zu erkennen, oder Büffel hatten alles zertrampelt. So zogen wir weiter, blickten erneut durch die Ferngläser, und jetzt hatten wir sie. »Dort – die Rhinos!«, sagte Kes, und unwillkürlich begannen wir zu flüstern, obwohl sie noch einen Kilometer fort waren und uns keineswegs schon hören konnten. »Ja, es sind zwei«, antwortete Mbayma. Sie standen sich gegenüber. Genau so, wie wir es schon vermutet hatten.

Weiter ging es, näher heran, da tauchten unter dem Schatten eines Baumes zwei schwarze Kaffernbüffel auf, wovon der eine mächtig viel brüllte. Hier wurden wir doch vorsichtig und wollten sie auf gar keinen Fall verärgern oder irgendwie reizen, so schlugen wir doch einen Bogen. Gewöhnlich sind Kaffernbüffel nicht angriffslustig, wie oft behauptet wird. Trotzdem ist Vorsicht gerade bei einzelnen Exemplaren natürlich immer angeraten. Kürzlich ist erst der Direktor einer Johannisburger Bank mitsamt seinem Jagdführer bei der Büffeljagd von einem getötet worden, nachdem sie einen Tag zuvor das Tier anschossen und tags darauf nun nachsuchen wollten. Das Risiko sollte jedem Jäger bewusst sein und es dem armen schwerkrank geschossenen Tier nicht übel nehmen, wenn dieses ihn aufspießen will, sondern ihm das Recht, sein Leben zu verteidigen, zugestehen. Auch wurde vor nicht langer Zeit bei mir zu Hause in den Elbmarschen ein harmloser Wandersmann beim Überqueren einer Weide von gewöhnlichen Kühen verfolgt, umgestoßen und niedergetrampelt. Er war bereits tot, als man ihn zwischen den Maulwurfshaufen aus dem Gras hob. Aufpassen muss man schon allemal.

Bald sahen wir die Nashörner mit bloßen Augen in der Ferne. Der große Augenblick. Und umso erfreuter waren wir, als wir sahen, dass eines ein Junges mit sich führte. Tatsächlich vermehrten sie sich also bereits wieder. Noch immer standen sich die zwei adulten ausgewachsenen Tiere mit gesenktem Kopf Horn an Horn still gegenüber. An der Seite der Nashornkuh das wohl bald eineinhalb Jahre alte Kälbchen. Da es etwa in Grzimeks Todesjahr geboren sein musste, hatte es den Namen ›Grzimek‹ erhalten. Mbayma hielt die Listen, in der das Verhalten der bedrohten Rhinos in Kurzform im Fünf-Minuten-Abstand eingetragen wurde.

Wir beeilten uns, die restliche Distanz zurückzulegen. Als wir das nächste Mal durchs Glas guckten, versuchte der Bulle mehrmals, das Weibchen zu attackieren, doch drängte dieses ihn jedes Mal mit dem Horn zurück. Hart schlugen die faserigen Hörner aneinander. Nach weiteren knapp zehn Minuten verließ das Männchen langsam die Kuh und zog sich, zögernd zunächst, doch dann immer entschlossener, zurück.

Nun wurde es aber höchste Zeit, ganz heranzukommen. Immer weiter drifteten sie auseinander. Doch dann geschah etwas, womit wir nicht gerechnet hatten. Bisher hatte der Wind gleichmäßig leicht aus einer für uns günstigen Richtung geweht, denn das war das Erste, was beim Herannahen beachtet werden musste, da der Geruchssinn das am besten ausgebildete Sinnesorgan bei Rhinos ist. Nun aber drehte plötzlich die Windrichtung und wehte von uns direkt zu den Rhinos. So schnell es ging, beeilten wir uns, möglichst ohne optisch zu sehr aufzufallen, was bei der Kurzsichtigkeit der Dickhäuter nicht allzu schwer war, einen weiten Bogen nach rechts herum zu schlagen, konnten aber nicht schnell genug gegen den

Wind kommen. Der ahnungslose Nashornbulle hatte es nun offensichtlich recht eilig, vom schlecht gelaunten Weibchen wegzukommen, nachdem sie sich bald eine Stunde in wechselseitigem Angriff gegenübergestanden hatten und kam recht schnell durch einen Sumpf gelaufen und unglückseligerweise zielstrebig direkt auf uns zu, ohne dass ihm dies natürlich bewusst war, denn wir waren ja noch unentdeckt. Nun blieb uns gar nichts anderes übrig, als die Beine in die Hand zu nehmen, denn an Ausweichen war nun nicht mehr zu denken. Ein kleiner Termitenhügel erschien, und wir nutzten die Gelegenheit, uns dahinter zu ducken, aber ungewollt lief uns das Rhino nach, als ob es genau da hinwollte, wohin auch unser Weg führte.

So flüchteten wir auch hinter dem Haufen hervor und liefen weiter fort, das Nashorn hinterher. Ganz offenbar war es noch so frustriert von der Abweisung der Kuh, dass es ›in tiefen Gedanken versunken‹ wie blind durch die Gegend lief, zufällig genau uns nach. Wir hörten bereits die Fußtritte hinter uns her, und ich dachte, das darf doch alles nicht wahr sein, aber drehte ich mich um, war es schon ganz nah, etwa nur noch zwanzig Meter entfernt. Mit einem Mal blieb es jedoch abrupt stehen. Es musste ganz kurz unseren Geruch in die Nase bekommen oder bei einer zufälligen Kopfwendung uns doch gesehen haben. Auch waren zwanzig Meter ja in etwa die Grenze, wo sich den Nashörnern eine klarere optische Welt eröffnet.

Im ersten Moment schien es völlig perplex. Wir standen auch sofort still, um nicht noch mehr aufzufallen. Ein toller urweltlicher Koloss stand dort vor uns, und ich war außerordentlich von der überraschenden Größe angetan. Hoch ragte das lange Vorderhorn auf. Die Ohren drehten sich, die Nase schnupperte zu uns herüber. Nach einer langen Minute wendete es plötzlich und stürmte nach rechts in hohes Gras hinein und verschwand hinter einer Anhöhe.

Das sahen wir erst mal nicht wieder. Ein gewaltiger Brocken war das, faltig, mächtig, mit riesigen Füßen versehen. Wir suchten die Spuren um sie für eine Spurenkartei auszumessen, die wir anlegen wollten und die auch besonders bei jungen und subadulten halb erwachsenen Rhinos immer wieder durch Neuvermessen korrigiert werden mussten.

Dann fielen uns die beiden andern wieder ein, und wir blickten in die Richtung, wo sie sein mussten. Fast mochte man der Meinung sein, es ginge nicht ganz mit rechten Dingen zu. Durch Zufall waren die beiden just dabei, sich ebenfalls gemütlich zu nähern. Gerade blieb noch die Zeit, den Sumpf, durch den das Männchen hindurchgesprungen war, zu umgehen und uns hinter einem einzelnen verdorrten Baum mit dünner Krone zu verstecken. Jung-Grzimek sah schon recht groß neben seiner Mama aus. Langsam kamen sie näher und näher, und schließlich waren sie so dicht angelangt, dass wir sie groß und deutlich und jede Einzelheit ihrer Bewegungen sahen. Alles klappte hervorragend und schien uns gar entgegenzukommen, bis auf den Wind, der völlig unzuverlässig war. Nur eine wenige Meter abweichende Brise, unseren Geruch mit sich tragend, verriet uns den Nashörnern und ließ sie lange und ausgiebig in unsere Richtung wittern. Die langen spitzen Ohren spielten. Der Kleine kam neugierig noch näher herbei. Wir lugten hinter dem dünnen Stamm hervor, flüsterten nur ganz leise. Aber plötzlich machten auch sie kehrt und entschwanden unseren Blicken.

Noch ganz beeindruckt von den Erlebnissen kamen wir hinter dem Baum hervor. Wir schritten die Entfernung vom Baum bis zu der Stelle ab, wo uns die Rhinos am nächsten waren, und maßen sechzehn Meter. Ich war sehr begeistert von dieser geringen Distanz, aber hier ahnte ich ja überhaupt nicht, welchen fast hautnahen Kontakt ich noch später zu den Weißen Nashörnern bekommen sollte.

Die Spurensuche auf dem harten ausgetrockneten Boden erwies sich als sehr schwierig. So folgten wir ihnen zurück bis zu einer Schlammsuhle in einer Senke. Und hier fanden wir auch die Fußabdrücke von ihnen, tief und deutlich waren sie zu sehen, ganz frisch. Die Höhe und Breite der Vorder- und Hinterläufe wurde vermessen, in die Spurenkartei eingetragen, und wieder war ein Stück vervollständigt. Später brauchte ich nur die Spur zu vermessen und mit der Kartei zu vergleichen, so wusste ich bereits genau, um welches Nashorn es sich handelte, auch wenn ich es nicht selbst sah, es vielleicht schon vor mehreren Tagen vorübergelaufen war. So war es bereits eine besonders wichtige Vorarbeit, die wir hier durchführten.

Wir begaben uns auf den Rückweg. Dabei fiel mir auf, dass wir immer noch flüsterten, obwohl doch gar kein Grund mehr dazu bestand. Wieder kamen wir an drei wandernden Elefanten vorüber. Weiterhin verschiedene Antilopenarten. Kurz vor dem Bach, den wir wieder zu queren hatten, sprang ein Kaffernbüffel dicht vor uns überraschend aus einer Schlammsuhle auf, flüchtete brüllend und spritzend vor lauter Schreck über unser Auftauchen. Aber auch wir waren nicht schlecht überrascht. Einen Frosch, der ebenfalls davonhüpfte, versuchte ich mit der Hand zu greifen, aber er war wesentlich schneller als ich und sprang auf und davon. Gleich hinter dem Bach huschte eine kleine Schlange davon. Ganz schön was los hier, so alles auf ein Mal. Kes hatte ihre Schmuckklammer verloren, mit der sie ihre langen blonden Haare hinten zusammenhielt, ohne es bemerkt zu haben. Ich hob sie auf und nahm sie mit, bis Kes es bemerkte, wie sich ihre Haare lösten und auf die Schulter fielen. Sie griff sich in die Haare und schien über den Verlust der Klammer mehr zu erschrecken als über einen wilden Büffel, der ganz nahe vor uns aus dem Schlamm sprang, aber da hielt ich ihr das Ding schon hin, und erleichtert lächelnd, klemmte sie es sich wieder in die

Haare. »Du warst sehr beeindruckt von den Rhinos«, sagte Kes, »ich habe es sofort gesehen.« Ich lächelte. Recht hatte sie.

Wir wanderten hier zwischen all den wilden Tieren frei umher wie im Garten Eden, und alles lief nur davon oder nahm keine große Notiz von uns, obwohl viele Tiere viel stärker waren als wir. Trotzdem trug Mbayma ein Gewehr mit sich, aber wohl mehr gegen mögliche Zusammenstöße mit Wilderern. Wir kamen erneut durch das hohe Gras, das stark an Schilffelder an der Elbe erinnerte. Lichtungen befanden sich darin, von Termiten geschaffen. Dann tauchte das Auto an der Forschungspiste auf. Es war eine schöne friedliche und erfüllte Rückfahrt.

Flug in den Roten Sektor

Jeden Morgen wurden die von der belgischen Zähmungsstation Gangala Na Bodio übrig gebliebenen vier Elefanten zum Baden in den Dungu geritten. Man hatte sie nun nach Nagero geholt. Hintereinander schritten sie mit dem Elefantensoldaten auf dem Rücken durchs Gestrüpp, weiter über den großen freien Platz, an meinem Häuschen vorüber zum Fluss hinunter. Dann kam Charles mit dem Konservateur Muhindu, um mich abzuholen. Wir wollten in den Nordpark fliegen, in den berüchtigten Sekteur Rouge, unmittelbar an der Grenze zum Sudan, wo die Wilderer immer noch ein und aus gingen.

Der Rote Sektor war quasi der gesamte nördliche Garamba-Nationalpark, wo früher auch einmal hunderte Weiße Nashörner gelebt hatten, nun jedoch schon lange nicht mehr. Die sudanesische Regierung hatte in den siebziger Jahren extra für die Rhinos ein sich dem Garamba anschließendes Schutzgebiet geplant, den Lantoto-Nationalpark. Aber noch ehe der Plan zur Ausführung kam, waren sämtliche Nashörner ausgerottet worden, nicht nur im Lantotogebiet, sondern auch im großen Southern-Nationalpark und den Schutzgebieten am Nil. Ganz gezielt wurden speziell die Nördlichen Weißen Nashörner aufgesucht, des begehrten Horns wegen, und in Kürze waren sie im Sudan verschwunden. So griff man auf das benachbarte Zaire mit seinen im Garamba lebenden Rhinos über, und bis in die heutige Zeit gehen sudanesische Wilderer im Grenzgebiet ein und aus, und nicht selten kommt es zu erbitterten Schießereien mit den zairischen Guards. Natürlich sind die Rhinos im Sekteur Rouge längst ausgerottet, aber da die Sudanparks leer geschossen sind, jagt man auch hier alles, was sich bewegt, vom Elefanten bis zum Vogel, was eben in einen Kochtopf passt.

Die Landepiste lag ein Stück abseits von Nagero. Dort angelangt, stand die Cessna schon bereit, bewacht von zwei Guards. Am Tag vorher hatte Charles bereits einen Rundflug über den Südpark gemacht. Alles wurde noch einmal durchgecheckt, die Füllungen, das Steuer, dann stiegen wir in das enge Flugzeug. Es ging zum Wendeplatz, Charles gab Gas, und ab ging es, in großer Schleife über Nageros Häuser hinweg. Der Dungufluss sah wildromantisch im Grün des üppigen Baumwuchses an seinen Ufern aus, dann war nur noch Savanne unter uns. Gelbbraune Savanne, so weit das Auge reichte. Wir schaukelten uns höher empor. Unten glitt der Schatten des kleinen Fliegers über das dürre Gras, laut dröhnte der Motor und bewegte uns fleißig nach Norden, immerzu Kurs Nord, über den Garambafluss hinweg, der den nördlichen vom südlichen Park trennt. Gelegentlich fielen wir in Luftlöcher, doch hielten uns die Flügel fest in den Lüften wie ein Vogel.

Der Weg war weit. Mein Blick fiel über die Weite der Savanne, und jetzt bekam ich erst den richtigen Eindruck von der scheinbaren Unendlichkeit dieser gewaltigen Grasmeere, die ich noch viele Monate hindurch auf der Suche nach den Rhinos mit meinen Wildhütern durchwanderte. Im Garamba gibt es einige sehr hohe Berge, alle weit voneinander entfernt, die sich urplötzlich erheben. Man nennt sie Inselberge, da sie so isoliert voneinander stehen. Es war ein toller Anblick, den ersten Inselberg zu passieren, aus der Luft zu betrachten, eine gewaltige Erhebung. Das kleine Maschinchen schwebte links daran vorbei. Ein paar Bäume wuchsen am Berg, doch die meisten Stellen waren frei. Auf der Savanne standen meist einzelne Bäume, ab und an bildeten diese allerdings auch Gruppen, jedoch keine größeren zusammenhängenden Wälder. Die begannen erst ganz im Nordwesten. Selten waren Felsbrocken zu erkennen.

Man könnte aus der Luft den Eindruck bekommen, als gehörte die Erde den Termiten. Die Graslandschaft war voll mit runden hellen Kahlflächen, die aber mit einem Wegesystem untereinander verbunden waren, dass es aussah wie ein riesiges ausgebreitetes Netz. Man erkannte Kaffernbüffelherden, und deutlich waren Elefanten einzeln oder in Gruppen auszumachen. Aber es waren viele. Wo man auch hinblickte, überall waren Elefanten, und das erste Mal wunderte ich mich, wieso man mit solch einer Energie sich zum rigorosen Schutz der Elefanten einsetzt, aber für die fast ausgerotteten zweiten Dickhäuter Afrikas, die Nashörner, kaum etwas übrig hat. Natürlich sind Elefanten nicht vom Aussterben bedroht, aber es ist wohl mehr eine ethische Frage, die von der Wilderei nach den Stoßzähnen herrührt, für die sie gnadenlos illegal wo auch immer abgeknallt werden. Auch die verschiedenen Antilopenarten ließen sich auseinander halten. Jedoch je nördlicher wir kamen, desto leerer wurde alles.

Nun erkannten wir auch das, was wir vom Garambafluss aus in Richtung Norden in der Ferne in Form von Rauchwolken immer aufsteigen sahen. Wilderer hatten zur Trockenzeit das ausgedörrte Gras angesteckt, um die Wildtiere zusammenzudrängen. Nicht schnell und in Panik, sondern fast gemütlich wichen sie aus, möglichst in den Norden über die Grenze, wo man sie alle miteinander mit modernen Maschinengewehren niederstrecken konnte. Dick und schwarz stiegen die Rauchwolken empor. Vom Flugzeug aus sahen wir die schmale unkontrollierte Feuerfront, die sich voranfraß und eine riesige schwarze Wolke zurückließ. Diese Feuer waren nicht unter Kontrolle zu bringen. Sie fraßen sich im Sekteur Rouge überallhin, wohin der Wind sie wehte.

Kein Wildhüter verrichtete hier gern seinen Dienst. Oft kam es zu Zusammenstößen mit schwer bewaffneten Wilderern. Es war ein Dienst auf Leben und Tod, und selbst nachts schliefen sie mit der Waffe in der Hand. Meist waren die zairischen Guards nur mit alten rostigen Flinten ausgestattet, die noch aus der belgischen Kolonialzeit stammten und mit denen man schon gar nicht mehr richtig schießen konnte, während die sudanesischen Wilderer modernste Maschinengewehre und Handgranaten mit sich trugen, wogegen die Parkwächter natürlich oft genug nichts ausrichten konnten. Für sie gab es moderne Waffen nur in begrenzter Stückzahl zu Spezialeinsätzen. Zwar würden Weltnaturschutzverbände Schnellfeuergewehre spenden, jedoch hatte wohl die Regierung Angst, es nicht genügend kontrollieren zu können und dass stattdessen womöglich nicht die Tiere bewacht, sondern ein Putschversuch oder sonstiger Aufstand durchgeführt werden könnte.

Dank der über zweihundert Wildhüter und der Rhino Equipe, die auf ständigen Kontrollgängen unterwegs waren, konnte wenigstens der Südpark als letztes Rückzugsgebiet der Nashörner relativ gut gesichert werden und immerhin auch der ungehemmte Zugang im Norden etwas aufgehalten werden. Die Organisation der Guards ist militärisch aufgebaut und nach Dienstgraden eingeteilt. Von 12 bis 25 Euro reichte in etwa die Lohnspanne. Für diesen Teil Zaires war es zwar auch nicht viel, aber doch gerade so ausreichend, vor allem, da auch die Frauen der Parkhüter durch Verkauf von Gartenerzeugnissen und Handel auf den Märkten noch etwas dazuverdienten. Trotzdem war die Ausstattung der Wildhüter, die zur Aufgabe der Parkverwaltung gehört, nicht die beste, und vielen fiel bereits die Kleidung vom Leib.

Inmitten der einsamen Savanne hatte man eine Buschpiste mit Macheten angelegt, und schon flogen wir niedriger, und Charles landete sicher auf dem gefährlichen Boden des Roten Sektors. Sofort begannen wir, den mitgebrachten Proviant auszuladen, denn wir wollten nicht lange bleiben. Unwillkürlich fragte man sich, für wen das denn überhaupt sein sollte, denn weit und breit war niemand zu sehen, doch dann erschienen plötzlich einige Guards, salutierten, benahmen sich sehr freundlich, denn hier im fernsten Winkel des Garamba, wo es nicht mehr allzu weit zur Grenze ist, befand man sich doch auf verlorenem einsamen Posten und freute sich auf den Proviant und den Kontakt zur Außenwelt.

Der Hauptmann des hier in der Nähe befindlichen Camps begann seinen mündlichen Bericht an Muhindu. Danach befanden sich wieder sehr viele Wilderer aus dem Sudan im Gebiet. Und zwar nicht nur Rebellen, die für die Unabhängigkeit der Provinzen im Südsudan kämpfen, sondern auch Staatstruppensoldaten aus dem arabischen Khartoum. So waren kürzlich erst zwei beim Wildern angetroffen und nach einem Schusswechsel von den zahlenmäßig überlegenen Guards erschossen worden. Sie trugen noch die Uniform. Bei den Zairern gab es Verletzte. Meistens konnten die Wilderer nur vertrieben werden. Der Abtransport von Gefangenen war schwierig durchzuführen. Man musste sie zunächst bewachen und auf langem Weg bis nach Dungu transportieren, wo sie ins Provinzgefängnis kamen.

Sehr gefährlich waren Hinterhalte, in die man die Wildhüter ahnungslos tappen ließ. Oftmals konnten sie nur durch Glück und Zufall in allerletzter Sekunde entkommen. Die Savanne ist so weit, dass es meist zu rein zufälligen Zusammenstößen kam. Gewöhnlich gelang es den Wilderern, die Zairer schon bei ihren Patrouillenmärschen zu entdecken und rechtzeitig zu flüchten. Es war nicht ungewöhnlich, dass Wildhüter in der Nacht schlafend beschlichen und angegriffen wurden. So war es zur Gewohnheit geworden, Wachtposten aufzustellen und das Gewehr geladen und griffbereit neben sich liegen zu haben. Besonders in der Anfangszeit der Neuorganisation der Parkbewachung kam es zu Toten. Ein ganzer Patrouillentrupp ist so ermordet worden. Nachts wurden sie beschlichen und mit Maschinengewehrsalven im Schlaf sämtlich erschossen.

Bald befanden wir uns wieder in der Luft, und der lange Flug zurück nach Nagero begann. Jetzt zur wasserarmen Zeit sah der stark mäandernde Flusslauf besonders beeindruckend aus der Luft aus. Weite Sandbänke lagen nun frei und offen da, während sich der Schatten unserer Cessna darüber hinwegbewegte. Gerade auch der Garambafluss wurde stark bewacht, damit auf gar keinen Fall Wilderer in das südliche Gebiet vordrangen. Ständig streiften die Patrouillen an seinen Ufern entlang, und in den frühen Morgenstunden wurden die Sandbänke nach Fußabdrücken abgesucht, ob sich womöglich Eindringlinge in der Nacht hindurchgeschlichen hatten.

Da tauchte plötzlich ein Nashorn auf. In steiler Kurve schwenkte Charles zurück und umrundete in engen Kreisen das graue Tier. Tatsächlich, da unten stand es ganz allein in weiter Savanne und guckte zu uns empor. Es hörte natürlich das laute Motorgebrumm über sich und wollte wissen, was das sei. Vielleicht fühlte es sich auch gestört. Es drehte sich im Kreis, um uns zu folgen, schließlich lief es ein Stück und blickte erneut zum Flugzeug. Es war ein erregender Anblick, nicht nur wegen des Rhinos, sondern auch wegen der beachtlichen Schräglage, und ich stützte mich ab, um nicht gegen die unten hängende Seitenwand mit dem Fenster zu kippen. Unter mir sah ich deutlich das hochgestreckte Horn auf der Nase des Kenge. Charles flog noch eine Runde, dann richtete das Flugzeug sich wieder auf, und das Rhino blieb allein zurück. Es muss nicht leicht für solch ein gesellig lebendes Tier wie ein Weißes Nashorn sein, allein die Grasmeere durchwandern zu müssen. Es erschien mir wie der letzte Mohikaner. Das letzte seiner Art.

Es tauchten dann wieder Elefanten auf, einige mit Kälbern. Manche flüchteten, andere standen breit da und schwenkten die Rüssel und die großen Ohren. Schwarze Büffelherden waren dort im dürren gelben Gras. Es waren herrliche Bilder. Dann waren wir wieder zurückgekehrt und aßen bei Mackies.

Der Krieg im Südsudan

Wie so oft Tiere in ihren letzten verbliebenen Lebensräumen, den Nationalparks und Reservaten, unter menschlichen kriegerischen Auseinandersetzungen zu leiden haben, so machten diese letztendlich auch im Süden des Sudan vor den Nördlichen Weißen Nashörnern keinen Halt.

Seit über dreißig Jahren wütet nun bereits der Bürgerkrieg in den südlichen Provinzen, mit dem Ziel, die Unabhängigkeit vom arabischen Norden zu erlangen. Jedoch für eine erstaunlich lange Zeit blieben die Nationalparks inmitten der riesigen unübersehbaren Weiten der Savanne relativ unangetastet, so dass die Weißen Rhinos in größeren Beständen bis in die siebziger Jahre verhältnismäßig sicher überleben konnten. So gab es im Southern Nationalpark, den Nilreservaten Lado und Shambe und dem geplanten Lantoto, der sich dem Garamba anschließt, immerhin noch die stattliche Anzahl von weit über eintausend Cottonis. Bedauerlicherweise ist der Lantoto-Nationalpark jedoch nicht mehr gegründet worden, da die Rhinos bis dahin ausgerottet waren.

Auch wurde mit dem Fortschreiten des Krieges die Bewaffnung immer besser, moderne Kalaschnikow-Schnellfeuergewehre des Typs AK 47 wurden in großer Stückzahl geliefert, die natürlich auch bezahlt werden mussten. So begann man auf die sehr einträglichen Nashörner zurückzugreifen, deren Hörner in Südostasien und im Nordjemen mittlerweile horrende Gewinne einbrachten, was sich bereits bei den Zwischenhändlern bemerkbar machte. Auch die Nahrungsversorgung begann sich in manchen Regionen dramatisch zu verschlechtern. Selbst die Staatstruppensoldaten der Regierung in Khartoum, die die besten Kontakte zu den Aufkäufern der Nasenhörner pflegten, griffen in das Wildereigeschäft ein und jagten gar mit Kampfflugzeugen der Luftwaffe die Nashörner in der Savanne, ja schreckten auch offenbar nicht davor zurück, in benachbartes zairisches Gebiet einzudringen, nachdem im eigenen Land nichts mehr zu holen war.

So wurden 1979/80 nicht nur sudanesische Rebellen, sondern auch Staatssoldaten von zairischen Wildhütern im Secteur Rouge, dem nördlichen Garambagebiet, bei der Wilderei angetroffen und erschossen. Zairer und Sudanesen beobachteten sich auf ihren Posten, während die Wilderer ständig bemüht waren, sich unbemerkt über die Grenze zu schleichen, bis der desolate Zustand des Garamba nach der Projektbeendigung des belgischen WWF im Jahr 1979 überhand nahm, die Infrastruktur zerbrach und die zairischen Wildhüter sich verzogen, da die Zahlungen ihres Lohns ausblieben und ihre Arbeit immer mehr mit Lebensgefahr verbunden war. Der Garamba wurde offen für die Wilderer, die nun nahezu ungehindert mehrere Jahre ihrem blutigen Geschäft unter der Tierwelt nachgehen konnten, was auch von einigen Zairern ausgenutzt wurde, bis 1984 die Zoologische Gesellschaft Frankfurt aktiv eingriff.

So waren bis 1980 all die vielen Rhinos getötet, die Parks leer geschossen, bis auf die wenigen im Garamba, ohne dass die Weltöffentlichkeit es zur Kenntnis nahm. Das größte Land Afrikas, der Sudan, hatte seine einzigartigen Cottoninashornbestände verloren, entgegen der Angabe mancher Berichte, insbesondere von K. Hillman. So war es eine Sensation, als 1987 die Meldungen von P. McClinton und A. Guillet auftauchten, die beide unabhängig voneinander im Southern-Nationalpark Weiße Rhinos gesehen haben wollten, während sie über das Gebiet flogen. Selbst wenn dieser aufflammende Hoffnungsschimmer gerechtfertigt war, dürfte deren Überleben nicht von langer Dauer sein. Trotzdem bleibt auch heute nicht ganz auszuschließen, dass nicht doch noch Einzeltiere irgendwo im Sudan überleben und einsam das Grasland durchwandern. Jedoch erlaubt die politische Situation noch keine ausgiebige Nachsuche in dieser Hinsicht.

Tatsächlich ist die Hauptursache für die Wilderei im Garamba das Rhinohorn gewesen. Dann kam erst die Fleischbeschaffung, was jedoch keine echte Bedrohung der Wildbestände ausmachte. Erstaunlich ist, dass in letzter Zeit Elefanten praktisch nahezu unbejagt geblieben sind und eine hohe Bestandsdichte im Garamba haben, zumindest im südlichen Bereich, da der bergigere Norden im Allgemeinen wesentlich wildärmer ist. Das mag mit der schlechten Organisation des Elfenbeinhandels im südlichen Sudan zusammenhängen, so dass zairische Wilderer, meist angeheuert von irgendwelchen Amtsmännern in den Städtchen der Umgebung, hierfür verantwortlich waren, insbesondere in den siebziger und frühen achtziger Jahren. Elfenbein kam über andere Wege aus anderen Gegenden bereits in großen Mengen nach Khartoum, wo sich ein wichtiger Umschlagplatz dafür befand.

Anders im Sudan selbst, denn dort spielte auch die Nahrungsaufbesserung für die Rebellen und Soldaten eine dominierende Rolle. Dabei gehört das Gebiet zwischen dem sich dem Garamba anschließenden Lantoto-Areal und der Zentralafrikanischen Republik nach Aussagen der Wildhüter nicht zum Hungergebiet, die gelegentlich im Sudan einkauften. Die Märkte in Maridi und Garmabe sollen auch nach Aussagen weiterer Personen aus der Region voll und gut bestückt, ja wesentlich reichhaltiger als in Zaire sein. Filmaufnahmen belegen dies. Erst weiter nördlich in Richtung nach der Stadt Wau in der Bahr-el-Ghazal-Provinz sowie östlich hinter Aba, vor allem östlich des Nils hinter Juba und nördlich der Stadt Waatt kommt es zu schrecklichen Hungersnöten und ununterbrochenen Kriegshandlungen. Dort sind die ausgemergelten Menschen auf der Flucht, Kinder ziehen zu Tausenden in ganzen Karawanen umher, versuchen eines der Hilfslager der UNO zu erreichen oder über die Grenze nach Kenia zu gelangen. Furchtbare nicht zu erahnende menschliche Tragödien spielen sich dort unverändert auch heute noch ab, während die Armee aus dem Norden in einer Großoffensive vorstößt und eine Stadt nach der anderen erobert.

Nun beginnen auch die Führer der Rebellenorganisation, der SPLA, sich zu zerstreiten und zu spalten und in Kämpfen übereinander herzufallen. Es sieht schon schlimm aus. Das Elend der Bevölkerung, auf deren Rücken die Interessen seit dreißig Jahren ausgeschlachtet werden, ist unvorstellbar. Eines hat jedoch der Krieg bisher verzögern können, die Trockenlegung der Nilsümpfe, des Sudd, sowie die Kanalisierung des Weißen Nil. Dieser technische Eingriff wäre verheerend für das an und für sich fruchtbare Gebiet des Südsudan, und zwar für die Menschen wie für das Ökosystem dieses einzigartigen gewaltigen Landesteiles. Die Kosten für dieses wahnsinnige und völlig überflüssige Vorhaben hätten von der Weltbank übernommen werden sollen. Ein furchtbares Projekt technokratischer Fehlplanung und Zerstörung mit unvorhersehbaren Folgen, die noch auf die alte arabische Regierung aus Khartoum zurückreicht. Der Jonglei-Kanal war der erste Schritt dazu.

Die südsudanesische Exilregierung in Nairobi hat sich in dieser Hinsicht unter der Führung von John Garang noch nicht betätigt.

Von Menschen, Tieren und vom Geld

Den Kindern im Wildhüterdorf hatte ich bereits mein Interesse an Fröschen bekundet, die ich für Dr. Böhme am Museum Koenig mitzubringen gedachte. Kam ich ausgedörrt und erschöpft aus dem Park, so waren auch sie bereits da, um mir ihre Funde zu zeigen. Unterdessen war auch mein Gesundheitszustand nicht ganz der beste. Nun fühlte ich mich bereits zum wiederholten Mal recht elend, ohne dass ich genau sagen konnte, wieso. So dachte ich zunächst, dass mir die Mafuta-Soße, die mein Koch mir bereitete, vielleicht nicht bekam, und begann den Reis ohne Soße zu essen. Morgens wachte ich zwar total ausgetrocknet auf, fühlte mich aber sonst nicht schlecht und voller Tatendrang. Dabei fehlte es mir an jeglichem Hungergefühl. Erst zwei Stunden nach dem Mittagessen ging es abwärts. Zunächst wurde mir sehr kalt, ich begann zu zittern, legte mich mit Pullover unter die Bettdecke und wusste vor nervöser Unruhe und Zittern nicht, wie ich mich legen sollte. Dann, nach weiteren zwei Stunden, begann eine große Übelkeit mit Erbrechen, worauf ich mich wohler fühlte, wenn auch stundenlange Schwäche sich nun breit machte, wobei mir dermaßen heiß wurde, dass ich mich völlig ausziehen musste und mich nur mühsam in andere Positionen legen konnte. Der Mund war völlig trocken, und soviel ich auch trank, es half doch nur wenig. Und ausgerechnet heute kamen die ganzen Kinder mit den Kröten. Immer noch hegte ich die Vermutung, das Essen sei mit irgendeinem gammeligen Öl zubereitet.

Tags darauf hatte ich eine Unterredung mit Kes in ihrem winzigen Büro. Sie gab mir einen kleinen Stapel von Literatur und Datenmaterial über Garamba und die Rhinos und auch ein paar Tabletten, die mir wieder auf die Beine helfen sollten. Kes hatte bereits seit zehn Jahren die kenianische Staatsbürgerschaft und studierte auch in Nairobi. Einige Zeit war sie der Chairman der *Rhino and Elephant Specialist Group*, ehe sie sich entschloss, mehrere Jahre nach Nagero zu gehen. Kürzlich hatte sie ihr zweites Kind bekommen, ein kleines, ganz schmales Söhnchen, das sie auf dem Arm hielt. Der andere Kleine war schon zwei Jahre alt. Auch Charles und Jane Mackie hatten eine Tochter, die etwas älter war. Im Mai wollte Charles samt Familie Zaire verlassen und bemühte sich, einen Job im Selous Game Reserve von Tansania zu bekommen. Er war der Wildlife Manager und Chef des Rehabilitationsprojektes von Garamba. Nach ihm würde ein neuer Pilot ihn ersetzen.

Im Mai sollte auch der fünfzigste Geburtstag des Garamba-Nationalparks gefeiert werden. Ein großes Jubiläumsfest war angesagt, zu dem auch Dr. Faust, der neue Präsident der ZGF, eingeladen wurde, er konnte jedoch aus Zeitmangel nicht erscheinen. Ein denkwürdiges Bestehensfestival, denn fast hätte es die Nördlichen Weißen Nashörner nicht mehr gegeben, wo ihretwegen doch der Park 1939 ins Leben gerufen worden war. Die Kenge sind grundsätzlich durch die Wilderer im Secteur Rouge auch weiterhin in Gefahr. Theoretisch an einem einzigen Tag können sämtliche damals zweiundzwanzig Überlebenden gewildert werden, wenn die Bewachung nur kurzfristig ausbleibt. Es steht für mich völlig außer Frage, dass ein Großteil der Menschen rücksichtslos entartete Gier nach Profit treibt, der größte Teil der Menschheit gleichgültig untätig zuschaut und einige wenige vernunftgemäß mit dem uns gegebenen Verstand umzugehen versuchen. Alle diese Tiere, denen wir zu Fuß auf unseren Exkursionen auf der schwierigen Suche nach den Rhinos begegneten, Büffel, Elefanten, Löwen, Schlangen, haben als Spezies bereits Menschen getötet und sind in der Lage, es wieder zu tun. Trotz ihrer Stärke liefen sie alle davon, sowie sie uns bemerkten, oder versuchten uns auf Abstand zu ignorieren. Die Rhinozerosse waren schon lange fort, als wir immer noch flüsterten, fast wie in Andacht und Ehrfurcht vor diesen Tiergiganten. Oder wie freute sich der wortkarge Charles, als er eine eingewanderte Riesenelenantilope vom Flugzeug aus sah.

Den Unterlagen von Kes und Charles entnahm ich, dass allein der WWF International nur für das Jahr 1988 ganze 124.000 Schweizer Franken gegeben hat, die anderen Vereinigungen gar nicht mitgerechnet. Trotzdem fehlte es noch immer an vielem, was erstaunlich wirken mag. Im Südpark, also dem Gebiet der Rhinos, wurden jedes Jahr Grasburning-Projekte unter der Leitung von Kes durchgeführt, wobei unter Überwachung und genauer Anleitung weite Savannenteile absichtlich in Brand gesteckt werden, um das Gras zur Trockenzeit kurz zu halten. Dazu wurden auch Zeichen aus Metall aufgestellt, die die Brandgrenzen markieren sollen. In der Regenzeit, in der man auch keine Nashörner beobachten kann, da dann das frische Gras zu hoch und von den gewaltigen Regenfällen alles matschig ist, wächst alles wieder nach. Angeblich sollen diese Feuerprogramme keinen Schaden anrichten, da, so Kes und ihre Schrift, auch die Natur Brände auf ganz natürliche Weise entfacht. Des ersteren bin ich mir nicht so sicher, obwohl man es nicht mit dem Felderabbrennen in manchen Teilen Deutschlands vergleichen kann, wobei ja bekanntlich immer viele Kleintiere erbärmlich sterben, denn es wiederholen sich immer wieder die gleichen Flächen der Savanne, so dass ein Artenschwund durchaus möglich sein kann. Aber es ist immerhin ein Nationalpark, und dort dürfen normalerweise keinerlei menschliche Eingriffe durchgeführt werden. Nicht einmal ein Stein darf unerlaubt daraus entfernt werden, ohne eine vorherige Genehmigung vom IZCN einzuholen.

Das man es aber in diesem Fall doch tat, hing mit der Wilderei und dem Nashornschutz zusammen. Nur so ist es überhaupt möglich, die letzten äußerst wenigen Rhinos überhaupt gelegentlich zu finden. Bei so wenigen hat man sonst gar keine reelle Chance. So aber sieht man sie ab und an auf den weiten abgebrannten Stoppelflächen oder im frisch nachsprießenden Gras. Und man sieht nun auch die heranschleichenden Wilderer und kann die Gebiete besser überblicken und bewachen. Sonst würden die Wilderer sich zur Trockenzeit unbemerkt durch das dürre Gras schleichen, Rhinospuren suchen und ihnen folgen, bis sie das dazugehörige Tier aufgestöbert und abgeschossen haben.

Im Laufe der Zeit hatten Kes und ich dreiunddreißig Grasarten gesammelt, die alle im Garamba vorkamen, aber nicht alle wurden von Nashörnern gefressen. Dazu gibt es eine interessante wissenschaftliche Untersuchung, die mittlerweile Seltenheitswert hat, ein sozusagen unwiederbringliches Naturforschungsdokument. 1978 befand sich der Pfälzer Biologe Roland van Gyseghem im Murchison-Falls-Nationalpark und Ajai-Reservat in Uganda, wo damals noch eine kleine Population der Nördlichen Weißen Rhinos lebte. Seine Studie beinhaltet neben einer allgemeinen Beschreibung von Beobachtungen an der Population ihre Wanderungen in bestimmten Zeiträumen, ihren Lebensraum sowie in umfassender Weise den Nahrungserwerb. Nur zwei Jahre später gab es all diese beobachteten Rhinos nicht mehr. Durch das Regime von Idi Amin sowie den lang währenden Bürgerkrieg konnte nicht ein einziges Nashorn in Uganda überleben. Lange hielt sich noch ein angeschossenes Spitzmaulnashorn mit dem zutreffenden Namen ›Lonesome George‹ im Land auf, doch ist auch dieser letzte Veteran seit langem erlegt. So kann man bis heute in Uganda keine Rhinozerosse mehr beobachten. Eine Zukunftsvision, wie sie schon sehr bald in zahlreichen afrikanischen Ländern wahr werden kann.

Abends saß ich vor meinem Haus und beobachtete die hübschen schwarzweißen Guereza-Affen in den Bäumen. Dazu lauschte ich den Rufen der Flusspferde unten im Dungu. Nachts wandelten sie kreuz und quer wie damals 1981 über die Grasfläche zwischen den Hütten und Häusern. In der Dämmerung schlenderte ich noch einmal zum Museum, wo Marc und ich damals die Fledermäuse in den Netzen gefangen hatten. Das Museum war renoviert und trug ein neues Dach. Ein Loch im Vordach gewährte ihnen jedoch noch Platz. Es kamen aber nicht viele zum Vorschein. Ich freute mich bereits sehr auf den morgigen Tag, denn da ging es für mich das erste Mal allein in den Park. Nicht ganz allein, denn es begleiteten mich zwei Guards. Ein neuer Abschnitt begann. So dachte ich jedenfalls.

Die »Insel im Meer«

Wie üblich zogen wir frühmorgens los, durch den Fluss, das lockere Wäldchen in die Savanne. Es war, als verließe man einen Hafen und segelte mitten auf das weite blaue Meer hinaus. In der Ferne erschienen einige Inseln, aber nirgends ließ sich eine fremde Küste wahrnehmen. Unsere Rucksäcke geschultert, wanderten wir Meile um Meile dahin, die Piste entlang, eingerahmt von zwei Meter hohem Gras. Es war heiß und schattenlos, und nirgends war ein Tier zu entdecken. Nur über uns zogen Schwarze Milane ihre Runden, ein typischer Vogel hierzulande. Das Schuhwerk meiner beiden außerordentlich sympathischen und freundlichen Begleiter war nicht das beste, aber sie waren daran gewöhnt. Einer trug Soldatenstiefel, weit aufklaffend und ohne Schnürsenkel, der andere mit Klebeband geflickte, gerade noch haltende Turnschuhe. Zwei nette idyllische Gestalten, von denen ich bereits auf dem Marsch einiges an der Lingalasprache dazulernte.

Unser erstes Ziel war eine Baumgruppe, wo wir lagern wollten, um die spezielle Tierwelt dieses abgeschlossenen Biotops, insbesondere auch Amphibien und Vögel, zu beobachten und Ausschau zu halten nach Anzeichen von Nashörnern. Natürlich war ich bereits neugierig auf diese Quelle eines hier entspringenden Flüsschens, welches dafür sorgte, dass die Bäume gerade an jener Stelle so üppig gedeihen konnten. Sonst sah man nur noch einzelne hier und dort verstreut auf weiter Flur. Unter einem solchen Baum legten wir die erste Rast ein, tranken, legten uns in den Schatten und ruhten eine Weile, ehe es weiterging. Dann schritten wir weiter die Piste entlang, bogen schließlich nach rechts ins hohe Gras ab, und schon bald tauchte der Quellwald vor uns auf. Sein Auftauchen und die gesamte Erscheinung waren tatsächlich die einer Insel. Und auch wir erschienen mitten aus der unendlichen Graslandschaft und tauchten in das aufragende kräftige Grün, das uns heimelig aufnahm und uns wunderbaren Schatten vor dem grellen heißen Licht der Mittagssonne spendete.

Eingetaucht in das dämmerige Tiefgrün, umgab uns sofort erfrischende Kühle unter den mächtigen kastanienartigen Kronen, die von dicken Stämmen, die in einem wirren Geäst endeten, getragen wurden. Sofort fühlte ich mich heimisch in diesem kleinen Paradies, wo Adam und Eva hätten leben können, gerade das richtige kleine Reich für ein naturliebendes Paar. Aber wir suchten nun erst einmal einen Platz für die Zelte und fanden ihn auf einer länglichen Höhe. Die Zelte standen schnell, und nun fand ich auch Zeit, während die beiden Guards Essen kochten, den Hammerkopf zu beobachten, der auch Schattenvogel genannt wird. Eine bizarre braungraue Gestalt, schon bald storchengroß, mit merkwürdig hammerartig ausbuchtenden Hinterkopffedern, die spitz stromlinienförmig nach rückwärts abstanden. Seit unserer Ankunft flog er, Kreise drehend, immer wieder über dem Sumpfsee, tief unten in der Senke, die von der Quelle gespeist wurde und woraus sich dann das kleine Flüsschen in die Savanne ergoss. Ganz ohne Zweifel hatte er sein Nest in der Nähe, was ein wirklich ganz merkwürdiges Ding ist von gewaltiger Größe, rundum abgeschlossen, und nur ein kleiner Eingang führt in die Geästehöhle hinein, die sich auf Bäumen in geringer Höhe auf Astgabeln befindet. Zwischen diesen alten ehrwürdigen Stämmen konnte er sich wahrhaftig wohl fühlen, und als wir ruhiger wurden, begann auch der Schattenvogel, sich zu beruhigen.

Es war erstaunlich, wie abwechslungsreich und anders im Vergleich zu draußen diese Oase namens Naguga gestaltet ist. Da befanden sich nicht nur der Sumpf und der Teil mit dem vielen Totholz, sondern auch noch eine kleine Schlucht, und alles wirkte regelrecht bergig, teils mit ziemlich steilen Hängen. Ganz abrupt endete dieses kleine afrikanische Idyll, und durch die hell leuchtenden Blätter der Büsche sah man das Grasmeer sich gelblich erstrecken, ja fast erschien es feindlich, könnte man meinen.

Ich fühlte mich wohl. Rasch lernte man die kleine Gegend kennen, entdeckte die ersten verschiedenen Lebewesen, zog das Netz schon einmal kurz durchs Wasser, da geschah das, woran ich schon gar nicht mehr dachte und was ich mir am wenigsten erhoffte. Ich begann ernstlich krank zu werden, und das mit einer Wucht, die mich sofort lahm legte. Es war Nachmittag geworden, als mich eine große Schwäche überkam und ein Brechreiz mich gebückt auf und ab gehen ließ. Aber es kam nur Wasser, da ich fast nichts gegessen hatte. Schließlich war ich so leer gepumpt, dass ich mich kaum noch aufrichten konnte und mich fiebrig im Zelt wälzte. Die beiden Wildhüter waren außerordentlich erschrocken, und trotz meines Widerspruchs lief einer sofort los nach Nagero, um Hilfe zu holen. Als es mir im Zelt zu heiß wurde, schleppte ich mich mit letzter Kraft auf allen Vieren an den Fuß eines der dicken Bäume. Michel, so hieß der zurückgebliebene Guard, breitete besorgt eine Decke aus. Ich trank Mengen an Tee und Wasser. Zwischendurch musste ich ständig Fieberfantasien und Blackouts gehabt haben, und es war bereits dunkle Nacht, längst lag ich wieder im Zelt, als der Konservateur Muhindu Mesi und Atalia Mbayma kamen, um mich abzuholen. Sie schleppten mich durchs Gras, ich erinnere mich noch, wie es hoch um uns stand wie Schilf, zum Auto, das da mitten im Halmenwald stand, Scheinwerfer in einer finsteren Landschaft. Schließlich waren wir in Nagero.

Am nächsten Morgen kamen alle vorbei, um nach mir zu sehen. Mbayma als Erster in aller Frühe, dann der Konservateur, die beiden Guards und schließlich Kes. Sie brachte Tabletten. Charles war mit seiner Familie kürzlich nach Nairobi geflogen. Ich las den ganzen Tag. Kinder versuchten mich mit Fröschen aufzuheitern. Ein kleiner Junge schob eine verblüffende kleine Nachbildung aus Holz eines Toyota Landcruisers durch die Gegend. Heute kamen keine ernsten Anfälle. Aber dafür Mattigkeit und Appetitlosigkeit mit beschlagener Zunge und einmal Schweißausbruch auf der Stirn sowie Übelkeitsgefühle, wenn ich an Speisen dachte, die ich in letzter Zeit zu mir genommen hatte. Man brachte mir neun Zitronen aus Faradje mit, die ich mir erwünscht hatte.

Am Morgen darauf flötete ein kleiner Vogel vor meinem Haus, so wunderbar, als übte er ein Lied ein. Ganz ruhig und melodiös. Ich wollte an diesem Tag nach Dungu fahren, um meine vermutliche Malaria behandeln zu lassen. Doch sollte daraus nichts werden. Ich brach völlig zusammen und musste von Kes und Frazer zum protestantischen Missionshospital nach Aba gefahren werden, wo ich über eine Woche liegen musste. Schließlich, noch etwas schwach auf den Beinen, konnte ich nach Nagero zurückkehren, wo ich erschöpft in meinem Haus ins Bett fiel.

Bevölkerungsaufklärung

Tags darauf machte ich zusammen mit Charles, der inzwischen aus Nairobi zurückgekehrt war, einen Suchflug über den Südpark, ohne jedoch Nashörner sichten zu können. Allerdings ist das Beobachten aus der Luft nie besonders ergiebig und auch nicht sinnvoll, da viel zu aufwendig und kostenintensiv, und sollte nur als gelegentliche Hilfe angesehen werden. Vor allem zur Zählung und Wildereibekämpfung ist ein Flugzeug einzusetzen. Das Monitoring, das heißt ein Gebiet planmäßig abfliegen, um die Tierbestände aus der Luft zu zählen, ist natürlich die beste Möglichkeit, sich in kurzer Zeit einen Überblick zu verschaffen. Möchte man jedoch etwas über die Rhinos selbst erfahren, so gibt es gar keine Ausflucht. Man muss sie mühevoll im Park am Boden aufspüren, beobachten, versuchen, so lange wie möglich bei ihnen zu bleiben. Nur so kann man etwas über sie erfahren. Somit waren Mbayma und ich die Einzigen, die unabhängig voneinander ihr Leben erforschten. Auch Kes war in ihrer Anfangszeit viel im Park, nun aber schon lange nicht mehr, bis auf das eine Mal mit mir. Sie machte nur noch Flüge und wertete per Computer Mbaymas Ergebnisse aus. Die Nördlichen Cottonis, abgeleitet vom lateinischen Artnamen *Ceratotherium simum cottoni*, im Gegensatz zum südafrikanischen *C. s. simum*, sind noch immer nicht umfangreich erforscht, und es gibt nur wenige Publikationen, die Rückschlüsse und Ergebnisse zu ihrem Verhalten aufzeigen.

Neben der bereits erwähnten Studie von van Gyseghem in Uganda existiert noch eine erwähnenswerte vom jahrzehntelangen Redakteur der Zeitschrift *Das Tier*, dem damals langen Vertrauten von Bernhard Grzimek, Dr. Dieter Backhaus, der in den fünfziger Jahren die Giraffen im Garamba studierte und nebenbei genug Zeit fand, sich auch ein wenig um die Weißen Nashörner zu kümmern. Er begann seine Abhandlung gleich mit der vom Direktor des Züricher Zoos Heini Hediger stammenden Feststellung: »Unsere Kenntnisse von den Nashörnern überragen die eines Plinius nur wenig.« Da hat sich natürlich inzwischen manches gebessert, trotzdem sind die Kenntnisse der Cottonis noch unzureichend. Backhaus gibt einen knappen, gut lesbaren Überblick quer durch die wichtigsten Verhaltensweisen der Garambarhinos, von denen seinerzeit über siebenhundert Exemplare die Weiten der Savanne durchwanderten und einen blühenden Bestand bildeten.

Drei wichtige Faktoren stellten sich unterdessen ein, die mich zwangen, im Sommer kurz nach Deutschland zu reisen. Der wichtigste Punkt war meine finanzielle Situation, denn meine Kasse wies mittlerweile ein erhebliches Loch auf, das es zu füllen galt. 1987 war ich aufgebrochen, und nun hatten wir schon Frühling 1989. Der lange Nervenkrieg in Kinshasa hatte nicht nur den größten Teil meines Geldes verbraucht, sondern mich auch ansonsten ziemlich belastet. Dazu setzte die Regenzeit ein, das Gelände begann unpassierbar zu werden. Das frische Gras schoss so gewaltig in die Höhe, dass es kaum noch Möglichkeiten der Beobachtung zuließ. Zusätzlich kam noch die starke Schwächung durch die schwere Malaria Tropica, was mir noch immer stark zu schaffen machte. Schließlich lief das Visum aus und erforderte eine Reise nach Kisangani zur Immigration. Es wurde Zeit, einige Wochen nach Hause zu reisen, neue Gelder und Kräfte zu sammeln und dann im Garamba fortzufahren. So nutzte ich die Gelegenheit, mit Charles nach Dungu zu fliegen, um mich von dort aus über Kisangani nach Kigali in Ruanda zu begeben und von dort einen Flug nach Hamburg zu nehmen. Ich konnte mir schon kaum noch vorstellen, wie es außerhalb Zaires zugehen mochte.

Uns begleiteten Konservateur Muhindu Mesi und der zweite Mann vor Ort, der Konservateur Assistent Shabantu, ein angenehmer Typ, wenn auch etwas jung geblieben leichtfertig. Da verschwanden die

Häuser Nageros unter mir, wir folgten dem Dungufluss auf seinem Weg durch die Savanne. Da tauchte Gangala Na Bodio auf, wir landeten, luden einige Sachen aus, und schon verschwand die berühmte Elefantenstation wieder. Die Cessna schaukelte bei plötzlichen Seitenböen. Dann, nach recht langer Zeit, erschien Dungu, abenteuerlich einsam in der Savanne liegend. Auf der Landebahn rollten wir aus und standen verlassen da. »Rhino Rhino Roger«, gab Charles seinen Erkennungscode durch das Funkmikro. Aber keine Antwort erfolgte. Bestimmt fünf Minuten lang versuchte er, Kontakt zu bekommen, dann stellte er ab. Wir stiegen aus und begaben uns zum kleinen Flughafenbüro, wo sich einige Leute aufgeregt versammelt fanden, vor sich an der Wand die Landkarte.

Ein Unglück war geschehen. Vier Missionare aus Dungu sowie zwei Gäste der Mission waren bei Goma mit dem Flugzeug abgestürzt, und niemand war mit dem Leben davongekommen. Nach dem Start hat man dort normalerweise sieben Minuten Zeit, in eine bestimmte Richtung anzusteigen und dann in ein Tal einzubiegen. Der Pilot war jedoch daran vorbei und in ein falsches Tal geflogen, aus dem er nicht mehr herauskam. Sie streiften einen Baum und stürzten zu Boden. Zufällig fiel mein Blick auf ein kleines Paket. Zu meiner Überraschung trug es meinen Namen. Neugierig öffnete ich es und fand ein haltbares Schwarzbrot darin. Das war eine Freude. Die Absender waren Heinrich und Franz, zwei Bayern aus der Wüste, mit denen wir ein Stück durch die Sahara gefahren waren. Es war eine nette Geste, die ich mir gut schmecken ließ.

Mbayma und Charles hatten in der Schule von Dungu ein paar Unterrichtsstunden zu füllen. Es ging um die Nationalparks Zaires. Die eifrigen Schüler waren durchwegs motiviert dabei. Anschließend wurde ein Test zum Thema ›Nationalpark und seine Aufgaben‹ geschrieben. Es gehört mit zu den wichtigsten Aufgaben der Nationalparkverwaltungen, die Bevölkerung über den Wert dieser geschützten Landbereiche aufzuklären. Oftmals wissen die Menschen gar nicht, was es damit auf sich hat und welchen Zweck geschützte Areale erfüllen. Teils herrscht sogar die Ansicht vor, sie wären für europäische Fremde geschaffen, damit sich diese dort ihr Fleisch schießen können. Der Gedanke ist gar nicht so abwegig, denn rund um Garamba befinden sich riesige Jagdgebiete, in denen gegen Gebühr zu touristischen Zwecken Wildtiere abgeschossen werden dürfen. Diese Jagdgebiete stoßen unmittelbar an die Grenzen des Nationalparks und dienen als Pufferzone, denn auch Jagdtiere werden gewissermaßen geschützt und gehegt und dürfen nur unter ganz bestimmten strengen Auflagen geschossen werden. In diesen Gebieten dürfen natürlich auch die hier lebenden Stämme der Asande und Mangbetu frei jagen, wogegen ausländische Jagdgäste sehr teuer bezahlen müssen oder gar eine ganze umfangreiche Jagdsafari buchen, die zwar bald 1000 Euro je Tag kostet, ihnen dafür aber alle erdenklichen Annehmlichkeiten beschert. Natürlich besteht der Wunsch bei so manchem in der Bevölkerung, die unangetasteten reichen Tierbestände im Park zu nutzen, sei es das Wild oder die Fische.

Nur durch Aufklärungsarbeit lassen sich die Menschen in den Dörfern einigermaßen überzeugen. Leider hatte sich die Öffentlichkeitsarbeit bisher fast nur auf die Schule von Dungu bezogen und fast gar nicht auf die an den Parkgrenzen lebenden Dörfler, die am meisten betroffen sind. Es war ja noch nicht so lange her, da war ganz Afrika ein Kontinent mit gewaltigen Tierpopulationen, dessen Bedrohung eine unglaubliche Vorstellung war. Das hatte sich äußerst schnell geändert, und große Wildtiere und ungestörte intakte Lebensräume sind zur Seltenheit geworden, nur noch auf die verhältnismäßig wenigen Nationalparks und Reservate beschränkt, die es unbedingt zu erhalten gilt, will man nicht auch noch die letzten Arten der wesentlichen afrikanischen Fauna und Flora vernichten. Nur hier hat man noch eine Vorstellung von dem, was Afrika einmal war und was es wahrscheinlich nie mehr werden wird. Menschen mit ihrer starken Vermehrungsfähigkeit und geradezu unheimlichen Machtausübung sind zu einer unkontrollierbaren wanderheuschreckenartigen Art geworden, und nur der Durchbruch der Vernunft kann eine Lebensvielfalt auf der gesamten Erde erhalten. Dazu gilt es vor allem, die starke zahlenmäßige Zunahme der Menschen sinnvoll zu beschränken und die unkontrollierte Plünderung der Naturressourcen der Kontinente zu beenden. Es sind Dinge, die allgemein bekannt sind, und kein Politiker hat nicht schon davon gehört, und doch sind die menschliche Trägheit und unvermögende Fähigkeit des Umdenkens bei ihnen noch lange nicht ausreichend zum Positiven gereift und wird bei diesen Politikergenerationen auch kaum noch möglich sein. Ihre Namen werden bekannt bleiben und als die phlegmatischen Umweltverbrecher der zukünftigen Geschichte gelten.

Ich fuhr nach Kisangani, stellte den Landrover ab und nahm das nächste Flugzeug nach Goma, wo ich Ngwe Beso, den Neffen von Mankoto ma Mbaelele, traf und wir gemeinsam nach Kigali, der Hauptstadt des hübschen Ländchens Ruanda, reisten. Von dort flog ich nach weit über einem Jahr wieder nach Deutschland zurück. Bald würde ich wieder im Garamba sein.

III Harmonie mit Tieren – eine Täuschung

Immer Optimist bleiben, sagte mir ein Freund, und das traf für mich wohl auch zu. Sonst wäre ich bestimmt nicht schon wieder hier im Garamba, um mehr von den Nashörnern zu sehen. Es ist etwas Wunderbares, ein Ziel vor Augen zu haben und alle Schwierigkeiten umgehen und meistern zu können, um dieses Ziel zu erreichen, und nur ein geheimnisvoller Drang verhilft einem dazu, auch alles tatsächlich durchzustehen, wozu viele verständnislos nur den Kopf schütteln. Aber ich glaube, es hat einen biologischen Sinn, dass nur die Besten und Zähesten sich mit ihren Plänen und Ideen durchsetzen, denn dadurch wird der Wert erst geschaffen, den ein Vorhaben hat. Wäre alles einfach und bequem zu erreichen für jeden, so wären die Geschehnisse schnell langweilig. Erst die Schwierigkeiten sorgen dafür, dass man sich mit aller Kraft für eine Verwirklichung einsetzt. Es stimmt mich bedenklich, wenn ich sehe, wie hundertprozentig abgesichert bei uns alles sein muss, wie wenig Mut zur Verwirklichung von Träumen existiert, sondern wie schnell gerade junge Leute in der vermeintlichen Sicherheit des vorgeregelten Alltags unterschlüpfen und sich nur in ihrem übersichtlichen Umkreis umblicken, anstatt einmal über den Horizont hinauszusehen und zu denken, neues eigenes zu schaffen.

Heimatkundliche Naturerlebnisse wirken heutzutage leider auf kaum noch jemanden inspirierend, obwohl immer noch eine unerschöpfliche Quelle vor der Haustür ist. Erlebnisse kommen schon lange über den Bildschirm ins Haus, bequem auf Abruf, in immer grelleren und bizarreren monströsen Fantasieerzeugnissen, gegen die das Zusammentreffen mit einem Nashorn wie eine Schlaftablette wirkt. Reale, wirklichkeitsgetreue Begebenheiten reißen so schnell keinen mehr vom Hocker. Die zivilisationszermürbten Menschen haben verlernt, innerhalb der Realitätsgrenzen Schönheiten und Ziele zu erkennen, für die es sich zu leben lohnt.

Es war ein einsamer Ort. Und fast fühlte man sich ein wenig verlassen und verloren. Der Hügel befand sich unweit des Garambaflusses in der Einsamkeit der Savanne. Aber ich lebte nicht ganz allein. Denn da war noch Mbadi, und da war Dama, meine beiden Guards, die mir zugewiesen wurden. Der Geländewagen, welcher uns von Nagero brachte, fuhr gerade erst wieder davon und nahm die Wildhüterpatrouille, die hier zum Abholen wartete, mit zurück. Vier weitere Wildhüter waren noch mit uns gekommen, um am nächsten Tag früh zu einem Kontrollgang aufzubrechen. Von den kleinen Lehmrundhütten, die sich hier befanden, diente eine als Vorratshütte, eine andere war rundum offen und als Sonnendach vorgesehen. Das Wetter empfing uns gar nicht so gut. Ein Sturmwind erschwerte den Aufbau unserer Zelte erheblich und wehte sie beinahe davon. Starke Bewölkung zog vorüber. Im Nordosten sah man einen großen Inselberg. Die Bäume, die einzeln hier und da verteilt standen oder nur kleine lockere Grüppchen bildeten, sahen jetzt in der Trockenzeit meist kahl und starr aus. Ein Kigelia-Baum stand unfern einsam da und ließ seine wurstförmigen Früchte an langen Bändseln hängen. Sie waren so schwer, dass selbst der Wind sie nicht zum Schaukeln bewegen konnte. Nur am Garambafluss zog sich eine Anzahl grünbelaubter Bäume entlang.

Die Farben der welligen Savanne leuchteten gelb, braun, schwarz und teilweise in Senken auch grünlich, alles in großen Flächen. Auf unserem Hügel wuchsen nur trockenes Gras und winzige dürre Büsche. In der Ferne, dem Norden zu im Sekteur Rouge, stieg eine Reihe Rauchsäulen auf. Sudanesen zündeten dort wieder Feuer an, die nun unkontrolliert durch den Nordpark liefen. Die Gegend erschien endlos. Unendlich verloren sich die Hügel in der Ferne, wohl bis hin zum sudanesischen Wüstensand der Sahara. Der Wind blies kontinuierlich von Nordnordost aus dem sumpfigen Sudd des Nil. So war es nicht so heiß.

Mbayma hatte nun Ferien, daher war ich allein mit meinen Wildhütern als Forscher im Park und war auf alles selbst angewiesen und verantwortlich. Kes war nicht begeistert, dass ich nun wieder im Park tätig war, wahrscheinlich fürchtete sie, ich könnte zu viel erfahren und mehr beobachten als sie selbst. Wissenschaftler können da sehr eigen sein. Sie musste aber den IZCN-Vertrag anerkennen. Immerhin gab sie mir die Identitätskarten, womit ich die Nashörner erkennen konnte, nicht ohne Eigennutz, denn sie erwartete, dass ich ihr hinterher meine Daten gab. Inzwischen kam der Wind in starken Sturmböen über den Hügel gefegt. Die Wildhüter machten sich schnell daran, das Essen noch rechtzeitig warm zu kriegen. Ein Regenbogen erschien. Wir hockten im Windschatten beisammen, während ich in Tanya Blixens *Schicksalsanekdoten* das Kapitel *Stürme* las. Eine traurige Geschichte. Um uns herum wehte noch immer der zunehmende Savannensturm durch die Brousse.

Die einsame Savanne, in der nur das Rauschen und Rascheln der Windböen zu vernehmen ist, erschien schon wie ein Traum. Welch abgeschiedener einsamer Ort. Haben so die ersten Menschen gehaust und sind über die endlosen Weiten der afrikanischen Savanne gezogen, den Wildtierherden nach? Hat sich so die Sehnsucht entwickelt, in die Welt zu ziehen, sich bis in die entlegensten Gegenden auszubreiten? Diese endlose, scheinbar gleichförmige Savanne regt an, immerzu durchs Gras zu wandern, um eines Tages andere Lebensräume zu entdecken.

Der dunkle feuchte Urwald dagegen hält einen fest. Den einzigen Horizont in der Ferne haben nur Flüsse zu bieten. Sie geben nicht die Freiheit der Savanne. Vor kurzem noch trug mich der Einbaum erneut durch den Urwald, auf dem Kongo, nun saß ich schon in der endlosen Weite zwischen Wildtierherden auf einem ausgedörrten Hügel Afrikas und empfand das Leben der ersten Menschen, welche die gleiche Savanne durchstreiften, die die gleichen Tiere bereits ernährte.

Abends vor dem Dunkelwerden zog eine weitere finstere Wetterfront drohend hinter einem Regenbogen auf. Rotbraune Savanne. Unruhig flatterten die Vögel auf der Suche nach einem geschützten Ort umher. Aus einem Wolkenloch guckte die Sonne knallrot hervor. Dann peitschte ein gewaltiger Regen und Sturm los, mit flammendem Gewitter und Donnerrollen. Ganz plötzlich war dann alles nach zehn Minuten vorüber. Die Zelte waren total zu Boden gedrückt. Flusspferde grunzten vom Fluss. Einige Warzenschweine rannten durch das nasse Gras.

Am Morgen beim Frühstückbereiten ging bei mir gleich einiges schief. Das Tomatenmark spritzte mir aus der Dose, dann verbrannte ich mir die Finger, und schließlich tat ich die Spagetti in das Waschwasser, weil ich den Guard nicht verstand. Meinen Kamm konnte ich auch nicht finden. Aber sonst lief alles bestens. Herrlich dicker, scharf abgesetzter Nebel lag in einer weiten Talsenke. Nur die Baumkronen guckten daraus hervor. Es herrschte wunderbares Licht. Dazu Vogelkonzert. Lerchen, Cystensänger.

Aufbruch

Gegen sieben Uhr verließen wir das Lager. Fünf Stunden strammer Marsch durch die Savanne standen uns bevor. Das Grasland ist vielfältiger, als man zunächst denkt. Kleine, sehr tief eingeschnittene Flussläufe durchzogen die Brousse. Rinnsaale, dann wieder Brandflächen, schwarz und aschebedeckt, hohe gelbe trockene Grashalme, kahle betonharte Termitenflächen. Dann tauchten steile Senken, teils mit Wasser oder Schlamm gefüllt, auf. Immer wieder fanden sich einzelne, meist dörre Bäume, die keinen Schatten spendeten, zumeist Kigelien. Nur wo sich genug Wasser fand, waren sie grün und schattig. Es gab auch sandige Stellen. Die Bäche waren teils rot und eisenhaltig, mit dickem Fe-Schlamm bedeckt, und es gab Frösche darin. Auf einer Rast machten Mbadi und Dama sich erst einmal mit den Flaschenbügelschnappverschlüssen vertraut, die sie noch nicht kannten.

Teils wehte ein heißer austrocknender Wind, und gegen Mittag erhielten wir kochende Hitze. Dann fanden wir gar einen alten Elefantenstoßzahn, der bereits angerottet war. Auffallend häufig waren Termitenburgen in den abenteuerlichsten Formen. Während wir dahinstreiften, Augen nach Nashörnern ausgerichtet, klapperten und raschelten die Halme um unsere Beine. Kob-Antilopen begegneten uns, Oribis, ja sogar gelegentlich ein Wasserbock. Häufig waren die Kuhantilopen mit ihrem merkwürdigen Gesichtsausdruck.

Für Mbadi und Dama war es ungewöhnlich, größeres Gepäck auf dem Rücken zu tragen. Afrikaner sind es nämlich zumindest im Kongo normalerweise gewohnt, alles auf dem Kopf zu balancieren. So hängte sich Mbadi den Rucksack auch nur auf den Rücken, weil ich ihm das so gesagt hatte, aber Dama hatte sich darüber gleich so amüsiert, dass Mbadi den Rucksack gleich wieder abnahm und ihn sich auf den Kopf stellte, und so ging es die ersten Male beim Lagerwechsel nicht per Ruck-, sondern per Kopfsack in die Savanne. Es war gar nicht immer so einfach, überall zügig voranzukommen. Immer wieder einmal lagen tief eingeschnittene Flussläufe und Moräste im Weg, die man selbst mit einem Geländewagen unmöglich hätte überqueren können. Einmal begegnete uns ein junger Elefant, der ängstlich trompetend das Weite suchte. Die erwachsenen

Elefanten wurden meistens von Kuhreihern und anderen Reihern gefolgt, die eifrig dabei waren, die von den Elefantenbeinen aufgescheuchten Insekten wegzufuttern. Beim Durchqueren eines Sumpfes flogen acht langschnäblige Bekassinen auf, genauso wie zu Hause in der Marsch.

Es war einfach fantastisch, wie wir so nach und nach zu Fuß all den Tieren begegneten. Bloß die Nashörner ließen noch auf sich warten, was bei zwei Dutzend Überlebenden aber auch nicht anders zu erwarten war. Wir gingen gerade das Ufer eines Gewässers entlang, als ein dort liegender großer Waran blitzschnell aufsprang, platschend in das Wasser hineinfiel und eilig davonschwamm. Bei solchen Begegnungen ist man zunächst immer sehr überrascht. Das war auch das Wunderbare, dass quasi ständig irgendetwas überraschend auftauchte, dass man nie vorher wusste, wann und was. Es war immerzu mit Spannung verbunden, die nicht nur ich, sondern auch meine beiden Begleiter genossen. Und ich bin mir sicher, wir Menschen brauchen so etwas, schon von unserer langen Entwicklungsgeschichte in der Natur her.

Und da waren sie. Nicht etwa Nashörner. Nein. Paviane waren es. Ein großer Trupp tauchte in unserem Blickfeld auf, und natürlich hatten sie uns schon längst im Visier. Fast war es, als begegnete uns ein hier lebender Volksstamm, so zogen sie dahin. Sie hatten Wächter um sich, die sicherten. Alle hockten sie im Röhricht, sahen uns an, beobachteten ganz genau und aufmerksam unsere Bewegungen. Die Mütter trugen ihre Kinder bei sich. Einige hingen an der Brust, andere ritten auf dem Rücken und sahen uns von dort neugierig entgegen. Ein großer Pavian hockte allein unter einem Baum. Alles zusammen waren es sicherlich an die fünfzig Tiere. Aber viel wollten sie mit uns nicht zu tun haben. Die Ersten setzten sich in Bewegung, andere folgten. Dann zog die ganze Schar zügig davon, sich laufend zu uns umblickend. Schließlich warfen sie alle verschwunden.

Elefanten tauchten auf, einzeln oder bis zu vier Stück. Bald sahen wir viele Büffel. Große Herden staubten davon oder betrachteten uns aus einer Entfernung von vielleicht hundert Metern, ehe auch sie forttobten. Weiße Reiherscharen begleiteten sie. Die hellen Kuhreiher und die schwarzen Kaffernbüffel gaben einen interessanten Kontrast ab. Flogen die Vögel, dann ergaben sie eine beachtliche Wolke gleich wirbelndem Schnee. War der Himmel schwarz verhangen, so leuchtete ihr Gefieder in hellstem Weiß.

Wenn man so zu Fuß die Savanne durchwanderte und all den wilden Tieren begegnete, dann hatte man unwillkürlich das Gefühl, als herrschte eine große Harmonie unter ihnen, ja sogar zwischen Jägern und Gejagten. Oder anders gesagt, zwischen Löwen und Antilopen. Dabei wissen wir ja alle, dass Löwen sich auch von Antilopen ernähren, die Freundschaft zumindest nur sehr einseitig sein konnte. Nun war es aber keineswegs so, dass die Antilopen, wenn sie ihren Todfeind, den Löwen, auftauchen sahen, in panischer Angst das Weite suchten, sondern sie guckten nur kurz, was macht der Löwe gerade, dann sahen sie aber gleich, der streunt nur so durch die Gegend, denn wenn sie auf Beute aus sind, schleichen sie sich verständlicherweise heran. So dachten sie gar nicht daran, die Flucht zu ergreifen, sondern behielten die Raubkatze höchstens noch im Augenwinkel im Blickfeld. Nun war es aber ganz anders, als Mbadi, Dama und ich auftauchten. Selbst so wehrhafte Tiere wie die Kaffernbüffel überzeugten sich dann erst einmal, sind das tatsächlich Menschen, die da auftauchten, dann waren sie sich sicher, und alle rannten davon, und zurück blieb nur noch eine Staubwolke am Horizont. Und das war dann so ein Augenblick, wo man sich als Mensch so richtig schlecht vorkam. Unwillkürlich hatte man den Eindruck, als gehörte man gar nicht mehr zu den Tieren, zu der Natur, dazu, als wäre man ausgestoßen von ihnen. Aber es hatte natürlich seinen Grund. Noch immer kommen Wilderer in den

Garamba und schossen auf alles, was sich bewegte. Die Tiere konnten natürlich nicht unterscheiden, das sind Wildhüter, und das sind Wilderer. So rannten sie in panischer Angst vor allem davon, was nur nach Mensch roch oder so aussah.

Mbadi und Dama waren auch immer bewaffnet. Aber nicht etwa, um uns vor wilden Tieren zu schützen, sondern vor Menschen. Die Wilderer im Park schreckten keineswegs davor zurück, im Fall eines Zusammentreffens auf uns zu schießen, und bei so einer Gelegenheit mussten wir uns natürlich wehren können. Wir wären nicht die Ersten, die tot in der Savanne gefunden wären. Bei all diesen Einsichten und Erkenntnissen, die einem bei den Beobachtungen langsam kamen, kommt man nicht umhin, eine vermeintliche Harmonie mit der Tierwelt für eine Täuschung zu halten, eine Illusion, die man sich wünscht oder vorgaukelt, die aber nicht mehr existiert. Menschen mit ihren modernen Waffen sind zu rücksichtslos geworden, haben die Ehrfurcht alter Jäger und Kulturen verloren, haben sich verstandesgemäß nicht mit den erweiterten Organen, den modernen künstlichen Waffen, anzupassen verstanden. Die meisten nicht. »Aber was ist schon die Masse«, fragte bereits Friedrich Schiller. Die Denker müssen die Welt zum Positiven steuern helfen, für unser aller Zukunft auf diesem noch immer sehr lebenswerten Planeten Erde.

Die Sonne konnte außerordentlich grell sein. Besonders auf den weißen graslosen Flächen, die von unzähligen Termiten überall geschaffen worden waren, musste man die Augen zusammenkneifen. Mbadi meinte, wir seien jetzt in einer Gegend, wo man mit Nashörnern rechnen könnte. Genau genommen konnten sie überall sein, aber es gab doch bestimmte Prioritäten, Bereiche, die Rhinos bevorzugten, weil bestimmte Futtergräser zur der Zeit gerade dort wuchsen, eine Rhinokuh, die relativ standorttreu ihr Kalb umsorgte, ein alter Bulle, der ein Revier bezogen hatte. Jedoch wusste man nichts

Genaues, und letzten Endes waren doch alle Sichtungen dem Zufall unterworfen.

Plötzlich blieb Mbadi stehen und hob leicht die Hand. Gespannt betrachtete er etwas Unscheinbares am Boden, und auch Dama verzog sein Gesicht zu einem breiten Grinsen. »Das ist die Spur eines Rhinos«, gab Mbadi zu verstehen. Schüttelte aber sogleich den Kopf. »Die ist schon zwei Tage alt.« »Meinst du, es ist noch in der Nähe?« »Vielleicht.« So genau wusste er das natürlich nicht. Ich zog das Zentimetermaß hervor und stellte die Länge und Breite fest. »Hm, das könnte ein großes Männchen sein, bei der Größe.« »Hier, da ist ein zweiter Abdruck, und dort ist noch einer.« Ich vermaß auch diese, bis ich alle vier Trittsiegel hatte. Ja, es war ein schwerer Bulle. Das Nachsehen in der bereits vorhandenen Spurenkartei nützte nichts, diese Abdrücke waren nicht darunter. Dazu waren einige Daten auch schon alt und erneuerungsbedürftig. Man müsste das Tier schon finden. Der Spur jedoch folgen wäre natürlich in diesem Fall sinnlos. Es schien auch keine oft begangene Trasse gegangen zu sein, sondern eben einfach nur so durch die Gegend zu laufen. Aber noch hatten wir ja einige Stunden Zeit, gerade war die Mittagszeit vorüber, um sechs Uhr wurde es ja erst dunkel. So erkundeten wir wandernd und Ausschau haltend weiterhin die Umgebung.

Rechts auf der anderen Seite eines Hanges lief parallel zu uns ein dickes Flusspferd behende dahin. Was mochte das sonst so plump erscheinende Tier bloß dazu bewegt haben, durch die heiße Sonne zu traben, völlig ungeschützt und abseits jeden Wassers? Das Hippopotamus rannte und rannte. Es wird schon gewusst haben, welchem Ziel es zustrebte. Sicherlich einem fernen Wasserloch. Normalerweise begaben sie sich ja erst nachts auf Wanderschaft, meistens zum Grasen. Schon längere Zeit folgten wir einer Gruppe kreisender Geier. Dort gab es immer irgendetwas. So auch hier. Als wir ankamen, lag ein Löwenriss im Gras. Viel war nicht mehr übrig. Gerade noch ein paar Reste an den verstreuten Knochen, die sich die Hyänen zu Gemüte führen konnten.

Wenn man von Gras spricht, so darf man sich in der Savanne darunter keine geschlossene einheitliche Rasenfläche wie auf unseren üppigen Weiden und Wiesen oder den nordamerikanischen Prärien vorstellen. Auf dem trockenen Boden gab es nur Bulten, die aufragten und Platz zur Existenz brauchten. Hier war nichts Fruchtbares und kein Humus. Nur in den sumpfigen Senken, an Flussläufen und ähnlichen separaten Stellen fand man Erde vor, und dort, wo es ständig Feuchtigkeit gab, wuchsen natürlich auch die Gräser dichter. Für Rhinos und andere Tiere waren hier schmackhafte Grasarten zu finden. Es fanden sich auch Suhlen und ständig grün belaubte schattenspendende Baumkronen.

Bis in den frühen Vormittag hinein herrschte große Totenstille, den ganzen Mittag hinweg. Kein Ton, kein Wind, dafür aber fürchterliche Hitze. Senkrecht knallte die Sonne vom Zenit. Wir dörrten ziemlich aus. Wasser war für uns von eminenter Wichtigkeit. So waren wir auch immer heilfroh, dass wir Quellen im Park fanden, wo das Wasser frisch und klar und kühl aus dem Boden heraussprudelte, wo wir unseren Durst löschen und die Feldflaschen füllen konnten. Hinterher legten wir uns dann in den Schatten eines Baumes; das heißt, da diese zur Trockenzeit meist keine Blätter trugen, mussten wir uns wie der Zeiger einer Sonnenuhr drumherum mit drehen. Erneut tauchten Elefanten vor uns auf. Es waren beeindruckende Geschöpfe und gleichzeitig ein tolles Lebensgefühl, ihnen in freier Wildbahn zu begegnen und gegenüberzustehen. Sie hoben die Rüssel in unsere Richtung und liefen anschließend davon. In einem Sumpfloch hatte sich ein einzelner Kaffernbüffel zur Rast niedergelassen. Wir sahen ihn erst recht spät, als wir schon fast bei ihm waren. Da bemerkte er uns erst und schien ziemlich zu erschrecken. Vor lauter Eile gelangte er zunächst kaum aus dem Sumpf heraus, ehe er die Flucht ergreifen konnte.

Wir fanden kein Rhino mehr. Der Rückweg war lang. Wasser war keins mehr zu finden, dementsprechend groß war unser Durst. Letztendlich sahen wir doch endlich wieder den Hügel am Garambafluss auftauchen. Schnell sammelten wir noch am Weg liegendes trockenes Holz, luden es uns auf die Schultern und schleppten es ins Lager, wo wir uns der Essenszubereitung hingaben. Noch hatte ich ja Spagetti aus Kinshasa dabei. Ein Flügelschnappender Cystensänger drehte in der Nähe seine Runden, und wir freuten uns über ihn und machten ihn nach. »Klapp klapp klapp«, machte Mbadi. Dama wedelte die Arme. Klapp klapp klapperte der Topfdeckel. Es wurde Zeit, die Spagetti ins Wasser zu tun.

Es gab wieder eine schöne kurze Dämmerung, so richtig romantisch. Aber ich bin ja ein Romantiker, da ich etwas Schönes darin sehe, und musste feststellen, dass auch die Guards einen Sinn dafür hatten. Immer wieder staunte ich über die scharfen Augen der beiden, was sie alles weit draußen entdecken konnten, während ich mit dem Fernglas umherspähte und gerade die Hälfte sah. In Nordrichtung lag am Hang des Hügels noch eine alte Ruine aus der Kolonialzeit. Außer Eidechsen ließ sich aber nichts mehr beim Herumstöbern entdecken. Einen Walkman hatte ich dabei, um gelegentlich mal Musik hören zu können. Mbadi und Dama bekamen die Stöpsel gar nicht mehr aus den Ohren.

Während der Nacht liefen wieder die Hippos über den Hügel, und ein Löwe umrundete ihn. Gelegentlich brüllte er gedämpft. Wann werden wir wohl die ersten Nashörner finden? Jeder neue Tag begann mit erneuter Hoffnung. Am Lagerfeuer unterhielten wir uns noch gemütlich beim Tee, und ich sah zu, das Bangala, die hier übliche Sprache, zu erlernen, was ein Unterdialekt des weit verbreiteten Lingala darstellt. Mit Dama konnte ich mich nämlich nur schwer unterhalten, da er kein Französisch konnte und ihm das Lingala von Kinshasa auch nicht sehr geläufig war. Er war von relativ einfacher Art, anspruchslos, aber aufmerksam und freundlich und lief immer in abgerissenen Klamotten und Gummistiefeln umher. Mbadi dagegen sprach fließend Französisch, war recht gebildet und ein schlauer sachlicher Kopf. Sympathisch waren sie beide, und wir ergaben zusammen ein gutes Team. Die zwei waren von unterschiedlichen Stämmen. Während Mbadi als Logo aus der Gegend zwischen Faradje und Aba kam, stammte Dama aus der direkten Umgebung des Parks und war ein Asande, die noch eine ganz eigene Stammessprache hatten, das Kisande.

Mbadi erzählte, wie Bernhard Grzimek mit Sohn noch im November 1986 in Nagero gewesen war, um besonders verdienstvollen Wildhütern einen Orden zu verleihen. Alt und lang stand er schwankend da, neben ihm immer einer, der einen Sonnenschirm hoch über ihn hielt. Zum Schluss war Grzimek noch schwindelig geworden und musste in einen Stuhl gesetzt werden. Es hatten alle Wildhüter einen sehr guten Eindruck von dem großen Mann der Tierwelt. Auch der amerikanische Schriftsteller und Naturalist Peter Matthiessen war in diesem Jahr im Garamba auf seiner großen Reise durch das zentrale Afrika.

Die Rhinofährte

Mein Wecker tutete mich um fünf Uhr aus dem Schlaf. Draußen in der Dunkelheit liefen noch überall die Flusspferde über den Hügel umher und lärmten. Im allerersten Licht sahen wir drei Löwen am Rand der Anhöhe entlanggehen, daher hielten wir uns zunächst noch dicht am entfachten Feuer, bis sie sich davonmachten.

Gewöhnlich standen wir mit dem allerersten Schein des beginnenden Tages auf, denn die Frühstücksbohnen brauchten, obwohl schon vorgekocht, lange, ehe sie genießbar wurden. Dann stand ein langer Tag mit meist anstrengenden Märschen bevor. An diesem Lagerplatz gab es aber auch nicht einen einzigen Baum, der hätte Schatten spenden können. So war es gut, dass wir immer schnell fortkamen. Wir mussten systematisch das Verbreitungsgebiet der Rhinos durchwandern. Das hieß aber auch, dass gelegentlich das Lager gewechselt werden musste. Dabei handelte es sich meistens um Plätze, die bereits von den Wildhütern auf ihren Patrouillengängen, vor allem von der Rhino-Equipe, benutzt wurden und die, bis auf diesen mehr der guten Aussicht dienenden, eine Quelle und Schatten aufwiesen.

Die Sonne stand wieder hoch und heiß. Durch die große Hitze und direkte Sonneneinstrahlung auf den Wanderungen blieb die Haut trocken, man schwitzte nicht feucht wie im Urwald, wo man immer nass war. Aber man trocknete durch den heißen Wind total aus. Immer aufs Neue musste ich staunen, welch hübsche Plätze es doch im Park gibt. Wir durchwanderten ein wunderschönes flaches Tal, das sich in die Savanne hineinsenkte und im Gegensatz zur umgebenden Landschaft mit üppigem frischen Grün bedeckt war, welches dem Auge einen sehr erfrischenden Anblick bot. Wo es die beidseitigen Hänge hinanstieg, wurde es schon bald gelber und trockenzeitbedingt dürr.

Wieder war es der aufmerksame mit Adleraugen versehene Mbadi, der etwas zu sehen meinte, und zwar ein Paar spielender Ohren. Die Stelle, wo er die Ohren zu sehen meinte, war aber noch fern, und trotz Fernglas blieben sie mir verborgen, so dass ich ihn aus dem Augenwinkel ein wenig ungläubig fragend ansah. Aber er war schon ganz gespannt auf den Punkt fixiert. Dama prüfte bereits den schwachen Wind, so musste doch etwas dran sein an der Sache. Und schon ging es los, in schnellem gebückten Lauf, hintereinander in die hohen Halme, die wir vorsichtig zerteilten, bemüht, jedes

Rascheln möglichst leise ausfallen zu lassen. Auf einer Anhöhe blickten wir erneut in die Richtung der spielenden Ohren, und jetzt sahen wir mehr, ja auch ich sah jetzt etwas, und zwar zwei nashornfarbige Rücken gerade noch in der grasigen Vegetation erkennbar. Ohren waren allerdings keine zu erkennen, aber sicher hielten die Tiere inzwischen die Köpfe wie üblich zu Boden.

Noch immer war die Entfernung nicht gerade gering. Mit jedem Schritt nahm die Spannung zu, ließ uns vorsichtiger vordringen und aufmerksamer die Gegend mustern. Wieder spürte ich diesen Reiz und Kribbel, von dem wohl alle Tierforscher und Tierfotografen oder wohl auch Jäger erfasst werden und der im Leben unserer Vorfahren wohl eine dominierende Rolle gespielt haben mag. Heute zurückblickend auf meine bisherigen vielfältigen Afrikaerlebnisse, muss ich sagen, um mich nicht in dem abgedroschenen ›Afrika ruft‹ auszudrücken, ist es zu einer leidenschaftlichen Sucht geworden, mich in überwiegend ursprünglicher Natur aufzuhalten, und es ist mir ein Bedürfnis, die Vielfalt möglichst viel unberührter Wildnis und in ihr lebender Arten erhalten zu sehen, und ich weiß, dass viele Menschen mit mir so denken, fühlen und hoffen.

Wir alle drei waren von einem umgepolten Jagdfieber erfasst und setzten vorsichtig Fuß vor Fuß. Waren es tatsächlich Nashörner, so mussten es zwei sein. Bald würden wir es wissen. Ich guckte schon auf die Uhr für das Beobachtungsprotokoll. Plötzlich wurden Mbadi und Dama nervös. »Schnell, schnell, dort rüber«, flüsterten sie. Im ersten Moment war mir gar nicht klar, was denn los sei, doch dann begriff ich. Der Wind hatte gedreht und wehte genau von hinten. Verdammt. Die Rhinos mussten uns wittern. Und das gerade jetzt, wo wir schon recht nahe dran waren.

Sehen konnten wir nichts, das Gras war dafür zu hoch. So beeilten wir uns, aus dem Wind zu kommen, und das möglichst leise.

Nicht umsonst waren die großen Ohren vorhin als Erstes zu sehen gewesen. Doch schon nach guten zwei Dutzend Metern verebbte der Wind wieder. Hoffentlich waren wir unbemerkt geblieben. Wir befanden uns nun auf gut halber Höhe des rechten Talhangs, schlichen voran und erreichten dann in etwa die betreffende Stelle der grauen Rücken. Aber sosehr unsere Augen und Ohren sich auch anstrengten, sooft wir in die Stille horchten, es war nichts zu bemerken, was auf die Anwesenheit der großen Tiere schließen ließ. Mehrfach stiegen wir auf hohe Hügel, blickten uns um. Nichts. Vorsichtig gingen wir, nun schon nicht mehr so leise, weiter. Dann hob Dama die Hand und sah zu Boden. Spuren. Und zwar frisch. Sie waren aber schwer zu erkennen, denn der Untergrund war recht hart. Trotzdem begann ich die Spuren zu vermessen, erhielt aber ständig andere Ergebnisse und konnte sie auch keinem der beiden Tiere zuordnen. Aber es waren Rhinos. Dama schob sich die Mütze in den Nacken. Der kurze Gegenwind hatte ausgereicht, uns zu entdecken, und sie hatten sich sofort auf und davon gemacht. Das zeigte wieder einmal, welch Glück und immerwährende Vorsicht für Rhinobeobachtungen nötig waren. Trotzdem waren wir nicht enttäuscht. Im Gegenteil, wir wussten, die Nashörner waren da, und irgendwann würden wir sie auch finden.

So zogen wir weiter durch die Wildnis. Im Talgrund lag ein schöner teichartiger Tränkplatz mit breit ausgeprägten Suhlstellen. Den linken Hang entlang zogen sich einzelne begrünte Bäume mit breiten Kronen. Unter den Bäumen war es immer wunderbar kühl. Bei gut zehn Grad Celsius weniger als in der Sonne erschienen einem die 32 Grad Celsius im Schatten als erfrischend, vor allem wenn es dazu windet. Ausgedörrt gluckerten wir das warme Wasser in uns hinein.

Im Park fühlte ich mich glücklich, trotz des harten Lebens in der abgeschiedenen Savanne. Auf den wochenlangen Wanderungen spielte die psychische Einstellung eine ganz enorme Rolle. Gerade noch schlich man schlapp und schlaksig durch die Hitze, da denkt man an etwas Schönes oder Lustiges, und schon eilte man wie ein junger Gott voran, dass die Guards sich nur so wunderten.

Wie schwer war es doch, die Nashörner zu finden. Man kann Glück haben, und sie sind sofort da. Dann legte man tagelang endlose Kilometer zurück und fand nichts. So erging es Mbayma und Kes ebenso wie mir. Aber immer war etwas zu entdecken an anderen Tieren. Große knallrote Heuschrecken flogen vor den Füßen auf und flüchteten fliegend einige Meter. Sie waren so groß, dass sie im ersten Moment fast an kleine Vögel erinnerten. Die Kigeliabäume begannen voluminöse besonders schöne Blüten zu bekommen. In weiten Bögen durchkämmten wir die Regionen links und rechts vom Lagerhügel am Garambafluss. Als erfrischend erwiesen sich die Bäche, welche, wie bereits erwähnt, immer wieder auftauchten und durchwatet werden mussten. Fanden wir keine Quellen und waren die Flaschen leer, so tranken wir auch dieses Wasser, und selbst wenn es getrübt war, schmeckte es herrlich. Man mag sich wundern, wie man das Wasser bloß so trinken kann, ohne gesundheitliche Probleme zu bekommen, da man es ja nicht laufend abkochen konnte, ich auch keinen Filter dabeihatte und das Mikropur sich aus irgendeinem mir unbekannten Grund nicht löste, sondern auch nach Stunden noch aufgeweicht obenauf schwamm. Anfangs hatte ich auch gezögert, aber schon bald war der Durst mächtiger, und tatsächlich hatte es nie geschadet. Mit jeder Woche wurde ich sogar noch kräftiger, und ob die zwei neuen Bakterienstämme, die das Hamburger Tropeninstitut bei mir entdeckte, darauf zurückzuführen sind, vermag ich nicht zu sagen. Jedenfalls trank ich auch das Kongoflusswasser direkt aus dem Fluss. Natürlich hütete ich mich vor Siedlungsgebieten aller Art, wo mit Choleraerregern und Sonstigem nicht zu spaßen war.

Am seltensten sahen wir die Termiten. Sie beherrschten das Blickfeld, wo immer man sich auch gerade befand. Sie zogen es meist vor, ihr Leben vor Blicken und Gefahren geschützt in selbstgebauten beeindruckenden Pilzhäusern und zinnenbewehrten Burgen zu verbringen und diese nur bei besonderem Anlass zu verlassen. Wir mussten diesen fleißigen lichtscheuen Insektenstaaten dabei dankbar sein, denn sie waren es, die uns Aussichtspunkte zur Verfügung stellten. Wenn wir die Zinnen ihrer zwei bis drei Meter hohen Burgen erklommen, hatten wir einen guten Rundumblick über das Gras hinweg, und ihre pilzförmigen Häuser boten uns bequeme Sitzplätze. Diese Betongebäude waren schier unverwüstlich. Termiten können aber auch der menschlichen Ernährung dienen, und ich war in dieser Hinsicht auch bereits bis zu den Insekten vorgestoßen, hatte aber doch einige Anpassungsschwierigkeiten betreffs des Geschmacks, der sich als außerordentlich streng erwies und noch lange im Mund verblieb. Gut dagegen waren geröstete Heuschrecken, die man wie Pommes frites zubereitete und die auch beinahe so gut schmeckten, besonders mit etwas Salz dabei oder, noch besser, einem Gemisch aus Salz und rotem Pili Pili, einem äußerst scharfen, nur gerade zentimeterlangen Wildpaprika, der hier überall in der zairischen Brousse wächst, getrocknet und pulverisiert ein tolles Gewürz ergibt. Herrlich krusch schmeckten die Heuschrecken, wenn sie zwischen den Zähnen zerknackten, und voller gesunder Proteine sollen sie auch sein.

Plötzlich schoss wie ein geölter Blitz ein schwarzes großes Wesen aus der Erde, direkt neben uns, und rannte fast zwischen unseren Beinen hindurch, um daraufhin in der Brousse zu verschwinden. Das ging so schnell vor sich, dass wir gar keine Zeit gefunden hatten, darüber zu erschrecken. Es ist typisch, dass Warzenschweine die Hitze des Tages in Erdlöchern verbringen, die sie entweder mit ihren mächtigen Hauern selbst gruben oder einfach anderen

Tieren fortnahmen. Da schoben sie sich dann rückwärts mit den Hintern zuerst hinein. Kommen dann jedoch so furchterregende Wesen wie drei Menschen dicht vorüber, dann ergriffen sie blitzartig die Flucht, und man kann von Glück reden, wenn einem dabei nicht die Beine weggerissen wurden. So war es nun auch bei uns. Das Warzenschwein hörte uns herannahen und dachte wohl, wir wollten ihm einen Besuch abstatten, und suchte sein Heil durch blindes Davonrennen. Da sie sehr gut schmecken, hatte es wohl auch einen berechtigten Grund, die Beine in die Hand zu nehmen, wenn auch nicht gerade vor uns.

Weiter ging's, und so erreichten wir bald einen Sumpf von so lang gestreckten Ausmaßen, dass wir wieder einmal quer hindurchwaten mussten. Schon lange hatte ich mir angewöhnt, hierzu die Hosenbeine hochzukrempeln, die Schuhe auszuziehen oder auf den Bulten zu balancieren versuchen, um dem Modder so lange wie möglich zu entgehen. Lange ging das sowieso nicht gut und erhöhte nur die Gefahr, vollends in den Matsch zu fallen. Also ging es mitten hinein, dass es nur so quatschte. Der Morast hielt die Beine oftmals ganz schön fest, wie beim Wattwandern in der Nordsee, und besonders Dama in seinen Gummistiefeln bekam da so seine Probleme. Meist waren solche Moräste schon von Elefanten und Kaffernbüffeln völlig zertreten, was das Hindurchkommen nur noch erschwerte, denn ständig fiel oder rutschte man in die tiefen Löcher ihrer großen Füße. Am Abend im Lager waren meine Füße beim Ausziehen der Turnschuhe und Strümpfe jedes Mal vom Wasser völlig aufgemaddelt.

Als wir auf weichen, vom verkrusteten Matsch bedeckten Füßen über die Piste dem Lager auf dem Hügel zuschritten, jedoch noch gut drei Kilometer von diesem entfernt, blieben wir abrupt stehen. Da war die Fährte eines Rhinos. Groß, deutlich, rund. Aber auch die weiteren Trittsiegel waren recht deutlich erkennbar. Mit gespannter

Aufmerksamkeit folgten wir der Spur erst in die eine, dann in die andere Richtung. Gerade hier, wo sie auftauchte, führte sie rechts ab in das trockene Gras, über einen runden Termitenplatz und immer weiter. Wäre es noch früher, hätten wir ihr folgen können und das Rhino vielleicht in zwei Stunden eingeholt. Aber dazu war nicht mehr genug Zeit. So folgten wir der Spur rückwärts auf der Piste, bis sie nach einer Weile nach links abwich. Hier war das Kenge also herausgekommen, dann der Piste gefolgt und nach einigen hundert Metern zur anderen Seite weitermarschiert.

Ich nahm wie gewohnt die Maße der Abdrücke auf. Es waren ja wirklich mächtige Füße. Sie mussten von einem ganz schweren Bullen stammen. Es waren die größten, die ich sah, und wir nahmen uns vor, morgen früh hierher zurückzukehren und nachzufolgen, obwohl wir natürlich wussten, dass er dann schon weit gegangen sein konnte. Aber es war ein Alttier, und die hatten schon eher Reviere als die subadulten Jünglinge, die viel mehr durch die Gegend streiften, wenn auch ihre Wanderungen noch gänzlich unbekannt waren. So waren wir eine Stunde vor Dunkelwerden wieder im Camp.

Das alte Flusspferd tobt

»Ich gehe kurz zum Fluss, ein Bad nehmen«, rief ich Mbadi und Dama eines Nachmittags zu, die sich mühten, das Bohnenwasser zum Kochen zu bringen. »Sollen wir mitkommen«, fragte Mbadi. »Nein, nicht nötig«, gab ich zu verstehen, schnappte mir Handtuch und Seife und schlurfte auf Badelatschen davon. Der schmale Pfad führte durch dürres Gras vom Hügel über mehrere Termitenflecken hinweg. Eine Anzahl großer schattiger Bäume stand am Fluss entlang, umgeben von hohem Krautgestrüpp. Der Garambafluss hatte steil eingeschnittene Ufer, in die viele Steilwege von Hippos getreten waren.

Wie ich so auf der Suche nach einer günstigen Badestelle das Ufer immer weiter und weiter entlangzuckelte, stand mit einem Mal unweit ein riesiges Flusspferd mir abgewandt offen mitten im Fluss. Den schweren Kopf hielt es gesenkt, so dass das breite Maul ins flache Wasser tauchte. Das massige Tier hatte mich wohl rascheln gehört und drehte sich leicht zu mir um, hängte das Maul dann aber wieder in das Wasser. Hätte ich bloß die Kamera mit, dachte ich bei mir. Als das alte Hippo erneut aufguckte, sah es mich und starrte mich bewegungslos an. Dann riss es das Maul so gewaltig auf, dass ich meinte, man könnte sich aufrecht hineinstellen. Dabei entblößte das Tier zwei gigantische Eckhauer, aus denen die Zairer diese angegilbten Figuren schnitzten. Wahrscheinlich täte ich gut daran, mich nun doch vorsichtig zurückzuziehen, aber es sah so faszinierend aus, dass ich ahnungslos weiter zusah, ja sogar noch zwei Schritte näher an das steile Ufer trat.

Da brach plötzlich der Aufruhr los. Vielleicht war es gar nicht so gefährlich, aber es kam so gewaltig und unvorhergesehen in der lauen Ruhe des Nachmittags. Das Hippo brüllte mit einem Mal tief und schnaubte, dann setzte es offensichtlich zum Angriff an, und die so plump aussehende schwarzrosa Masse tobte mit gewaltigem Anlauf und platschenden Fontänen direkt auf mich los. Als sich der Fleischberg so blitzartig in Bewegung setzte, direkt auf mich zu, fast als wollte er sich mit Gebrüll auf mich stürzen, um mich niederzumachen, drehte ich mich um zur Flucht, trotzdem blickte ich mich kurz verharrend noch einmal blitzschnell um, um zu sehen, ob ich auch tatsächlich richtig sah, aber das Kiboko, wie die Zairer das Flusspferd nennen, war wie der Blitz bereits unter mir am Ufer und soeben im Begriff, dieses zu erklimmen. Voller Schreck sauste ich in großen Sätzen durch das hohe Gras davon, auf den nächststehenden Baum zu, fiel unterwegs in einen tiefen, von eben diesen Hippos tief ausgetretenen Graben, verlor Latschen und die Seifendose, krabbelte auf allen Vieren blitzartig wieder hervor und hatte doch das mulmige Gefühl, nicht schnell genug zu sein im Vergleich, wie rasch der Koloss auf mich zu walzte, nach allen Seiten spritzend.

Ich flüchtete noch ein paar Sätze und war auch schon auf einem Baum, das heißt zwischen zweien geklemmt, mit dem Rücken gegen den einen, die Füße gegen den andern gestemmt. Da die Stämme nach oben auseinander zu driften drohten, blieb mir nur eine bestimmte Höhe erreichbar, schien aber gerade ausreichend, um vor dem zornigen Tier sicher zu sein. Unweit tobte das verärgerte Flusspferd am Uferhang, dem es mir nachgefolgt war, ohne allerdings ganz zu dem Baum zu kommen, um mich vermutlich in der erlahmenden Stellung zu belagern. Zwar rief ich laut nach Mbadi und Dama, aber bei leichtem Gegenwind konnten die beiden mich auf die Entfernung zum Hügel nicht hören. Dann begann ich zu rutschen, hielt mich krampfhaft fest, aber es ging nicht mehr. Die Bäume bogen sich, so dass ich herabkrabbeln musste, den Hang hinauflief ins dürre Gras und nun raschen Schrittes barfuß ins Lager zurückging. Zum Glück hatte das aufgebrachte Hippo mich nicht weiter verfolgt. Die Kob-Antilopen sahen mich erstaunt an, während das Kiboko noch immer ärgerlich hinter mir bei den Bäumen rumorte.

Mbadi und Dama guckten nicht schlecht, wie ich so abgehetzt erschien. Wir gingen auch gleich wieder zu dem Wüterich zurück und fanden ihn in einem Wasserloch im Fluss untergetaucht, und nur Augen, Ohren und Nase blickten hervor. Die kleinen Augen schienen mich noch immer anzufunkeln. Wahrscheinlich kühlte er sein erhitztes Gemüt erst mal ab. Ein zweites Tier war gerade im Begriff, am anderen Ufer einen Gang hinab in das Wasser zu steigen. Ich hätte ja nicht gedacht, dass mich ein Hippo noch mal auf einen Baum jagen würde. Während Dama die Flusspferde bewachte, krabbelte ich mit Mbadi durch das Gestrüpp, um die verlorenen Sachen zu suchen, und wir fanden tatsächlich alles wieder. Anschließend nahm ich noch das Bad, trotz Krokodilspur, die sich über das sandige Flussbett zog. Mbadi meinte noch, es sei wohl nur ein Drohangriff eines alten Revierherrn gewesen, der mir nur zeigen wollte, wem der Platz gehörte, um seine Ruhe dort zu haben.

Die beiden Wildhüter fanden währenddessen noch einen kleinen Frosch mit roten Fingern. Wie wunderschön war doch der Garambafluss mit seinen jetzt ausgeprägten Sandbänken, durch die sich das Wasser schlängelnd seinen Weg suchte. Dazu die vielen Vögel drumherum. Meine Haare waren schon nach wenigen Minuten trocken, als wir zum Lager zurückwanderten. Abends beim Lernen von Bangala mit den beiden Gefährten erschienen die nächtlichen Geräusche der afrikanischen Sudansavanne. Vor allem die Hyänen ließen sich vernehmen. Dazu ein beeindruckendes Sirren und Surren inmitten der Welt aus Gras.

Wilderer dringen ein

Morgens, wir waren im Camp auf dem Hügel gerade beim Frühstück, wir hatten ja noch immer einige Spagetti aus Kinshasa sowie Käse und Kerne aus Kisangani, da sprang Mbadi auf und meinte aufgeregt, da kämen zwei Leute. Bald darauf erschien gleich ein ganzer Trupp erschöpfter Guards, kam den Hügel herauf, eine klassische Gruppe wilder fröhlicher Wildhüter, die sich auf Patrouille befanden und zur Rast bei uns vorbeikamen. Der idyllische Haufen trug alte abgewetzte Kleidung, grüne Uniformstücke, Flinten, einer gar ein modernes Schnellfeuergewehr. Sogar Speere trugen einige bei sich, und aus den Gürteln guckten Dolche hervor.

Es gab eine herzliche Begrüßung und Händeschütteln. Dann schöpfte sich die Guardtruppe Wasser aus dem Topf, steckte sich

Zigarettenstummel an, worauf sie sich um uns lagerten. In dieser einsamen Landschaft wirkte alles so urtümlich, als käme ein Trupp Urzeitjäger von der Jagd zurück. Die Speere hatten sie in den Erdboden gesteckt. Man hatte sie Wilderern abgenommen, von denen diese stammten.

Die Wildhüter waren auf sudanesische Eindringlinge gestoßen, die ebenfalls mit Gewehren bewaffnet waren. Es kam zu einem Schusswechsel, aufregenden Verfolgungsjagden, wobei schließlich die Wilderer entkamen, indem sie sich buchstäblich den Weg freischossen. Das erzählten die Guards so selbstverständlich, als hätten sie gerade einen schönen Sonntagsausflug hinter sich. Mbadi beriet sich mit ihnen, wie sie sich beim weiteren Zusammentreffen mit Wilderern verhalten sollen. Man soll nicht sofort auf die Wilderer zustürmen, sondern sich vorsichtig heranpirschen, dann die Feinde im Gras umzingeln, den Kreis enger ziehen und auf ein Kommandowort losstürmen und die Wilddiebe im Überraschungseffekt dingfest machen, ehe diese zu ihren meist modernen Waffen greifen können. Denn meistens waren die Wilderer besser bewaffnet als die zairischen Wildhüter, handelte es sich doch um sudanesisches Militär, das mit modernen Schnellfeuerwaffen ausgerüstet ist, während die Zairer gewöhnlich nur alte rostige Karabiner bei sich trugen, die noch von den Belgiern aus der Kolonialzeit stammten, und mit denen man oftmals gar nicht mehr richtig schießen konnte. Natürlich wären wohl Naturschutzverbände bereit, die Guards mit besseren Gewehren auszustatten, aber der Präsident Zaires würde es angeblich nicht erlauben, da Wildhüter kein Militär sind und er Sorge hat, das mit den Waffen nicht etwa die Tiere bewacht, sondern Stammeskriege oder gar ein Putschversuch gegen ihn durchgeführt werden könnte. Und so wurde im Allgemeinen das Tragen solcher Waffen verboten, so dass die Wildhüter weiterhin mit den alten Flinten auf Patrouille gehen mussten, wobei sie natürlich ihr Leben aufs Spiel setzten. Das kleine Arsenal moderner Schnellfeuergewehre in Nagero stand nur für Spezialeinsätze zur Verfügung, befand sich somit meist ungenutzt unter Verschluss. Nach einer Weile rüsteten sich alle zum Aufbruch, und ebenso fröhlich, wie sie gekommen waren, verschwanden sie wieder, um sich ihrer gefährlichen Mission zu widmen.

Bald darauf machten wir uns zum wiederholten Male auf die Suche nach dem Pistenrhino, wie wir es nannten, konnten es aber nicht finden, entdeckten dafür aber Hinweise in Form neuer Spuren, dass es wieder zur linken Seite von der Piste gewechselt hatte. So beschlossen wir, den nächsten Tag unser Hügellager namens Bac Garamba zu wechseln in die Richtung, wohin das Kenge abwanderte. Alles wurde also wieder auf den Kopf bzw. Rücken verladen, und nach mehreren Kilometern erreichten wir eine Baumansammlung, rings einer tiefen und lang gezogenen spaltenartigen Schlucht befindlich, die Source Godowa. Hier wurde das neue Lager errichtet. Wir hofften von hier aus das Pistenrhino eher entdecken zu können.

Immer wieder fanden wir frische Spuren dieses geheimnisvollen Tieres, das uns fast schon geisterhaft erschien, und als wir einmal die charakteristische Fährte dicht bei Godowa vorüberführen sahen, dachten wir bereits, es könne doch nicht mit rechten Dingen zugehen, so oft die Anwesenheit des Tieres zu beobachten, aber es doch nie zu sehen, vor allem, wo es auch noch so riesig sein musste. Lange Strecken verfolgten wir die Spur, bis sie sich in der Weite verlor oder gar in großen Bögen der Fährte des Vortages folgte. Es war klar, das Kenge hatte ein Revier und benutzte genau festgesetzte Rundwanderwege, die sicherlich auch gut durch Urinversprühen markiert wurden. Es folgte auch nicht zielstrebig einem weit entfernten Punkt oder anderen Spuren, zum Beispiel einer Rhinokuh, wie junge revierlose Bullen es oft tun, sondern drehte fortwährend seine großen Runden durch die Landschaft, und zwar beidseitig der Piste, die zur Bac Garamba führte. Die zweispurigen Wagenspuren wurden jeweils ein Stück mit einbezogen. Aber die Geschwindigkeit des Rhinos variierte, und mal konnten drei Tage verstreichen, ehe die Fährte wieder frisch erschien. Würden wir den schweren Bullen noch finden, und wenn, wann würde es sein?

Ohne ein Rhino zu sehen, wanderten wir in den Nachmittag hinein. Es war wieder eine atemberaubend herrliche Wanderung bis in den Abend hinein, auf der uns viele Tiere begegneten. Wirklich wunderschön waren die flachen Täler. Eines war stark mit dichtem Papyrus bewachsen. Dort auf einem Baum entdeckten wir das Nest des Hammerkopfes, eines dieser riesigen Gebilde. Der Hausbesitzer hatte uns natürlich längst entdeckt und wusste gar nicht so recht, was er tun sollte, um die drei Neugierigen loszuwerden, und flog in weiten Kreisen rund um uns dahin. Seine Behausung war ebenso auffällig wie er selbst. Stand der Schattenvogel, der auch wissenschaftlich *umbretta*, also Schatten, heißt, am Ufer eines Tümpels oder sonst eines Gewässers, um für das leibliche Wohl zu sorgen, sah er tatsächlich bizarr wie ein Schatten aus, was nicht nur durch seine verzogene Form, sondern auch durch die einfarbige Bräune unterstützt wurde. Wir dagegen liefen oft genug schattenlos umher und drehten wir uns auch rundum, so war doch nicht das geringste Abbild erkennbar, obwohl die Sonne hell vom blauen Himmel strahlte, so dass man sich ganz als Chamissos Schlemihl fühlte, nachdem er seinen Schatten verkaufte. Blickte man jedoch zu den Füßen, dann sah man, wo die Schatten sich befanden, quasi standen wir darauf. Das war natürlich immer um die Mittagszeit herum, wo die Sonne vertikal vom Zenit auf uns schien. Dann sah man gelegentlich ein fantastisches Halo, einen großen Sonnenhof rund um die Sonne stehen. Auch eine schöne eindrucksvolle Naturerscheinung. Angenehm war es zu bemerken, dass auch Mbadi und

Dama immer wieder begeistert von unseren Naturbeobachtungen und Tierbegegnungen waren, obwohl sie bereits viele Jahre im Garamba tätig waren.

Frühmorgens und spätnachmittags bekamen wir meist schönes kontrastreiches Licht, das die Tiere in der Landschaft sehr farbstark präsentierte. Natürlich erschienen auch wir den Tieren gegenüber kontraststark, und da war auch wirklich und wahrhaftig schon eine Büffelherde, kohlrabenschwarz, und alle starrten uns an. Ein großer breiter Wall stand da, mit gewaltigen Kopfplatten, die sich als ausladende Hörner beidseits des Schädels in elegant geschwungener Linie ausbreiteten. Die Phalanx sah aus, als stände dort ein Heer von behelmten Wikingern, bereit, sich auf den Feind zu stürzen. Aber selbstverständlich waren sie allesamt nur neugierig und traten dann auch alsbald staubend den Rückzug an, gefolgt von einer weißen Schar Reiher, die sie wie eine Wolke begleitete. Interessant sah es aus zu beobachten, wie Mbadi oder Dama gelegentlich allein ein Stück vorausliefen und wie die Tiere die aufrechte Gestalt betrachteten, ganz aufmerksam und jede Bewegung registrierend und abschätzend. Neugier und Flucht spielten die dominierende Rolle und waren ständige Gegenspieler im Tierverhalten. Da tauchte in einem grasigen Tal vor uns eine Elefantenkuh mit Kalb auf, ohne uns bemerkt zu haben. Leise und vorsichtig näherten wir uns ihnen Schritt für Schritt. Es war ganz ruhig, bis auf einige Ibise, die sich mit babyartigen Rufen bemerkbar machten. Als wir schließlich dicht dran waren, bemerkte uns das Kalb und begann sich neugierig für uns zu interessieren. Doch die Mutter war anderer Meinung. Kaum sah sie uns, da begann sie , das kleine Elefantchen mit dem Rüssel herumzudrücken, um es zum Gehen zu veranlassen. So schob sie ihr Kleines vor sich her, bis sie hinter einem Hang verschwunden waren.

Mit den Tälern hat es mitunter eine ganz besondere Bewandtnis. Denn nicht alle sind natürliche Bodenwellen von stärkerer Ausprägung, sondern einige waren einmal Flüsse, oft erst vor wenigen hundert Jahren versiegt oder nur zur Regenzeit noch einmal wasserführend. Es waren meistens die schönsten Senken, und deutlich hoben sich ihre ehemaligen Uferkanten ab. Breite Flüsse waren es einmal gewesen, und sie mussten dem Garamba einen völlig anderen Ausdruck gegeben haben, und unwillkürlich ist man versucht, sich das Bild von damals vorzustellen. Es ist ja längst bekannt, dass der afrikanische Kontinent wie überhaupt die gesamte Weltkugeloberfläche sich in einem beständigen Zustand des Ein- und Ausatmens befindet. So sind die zentralafrikanischen Urwälder im Rückzug begriffen, nicht direkt durch menschliche Holzgewinnung als vielmehr einem globalen rhythmischen sich immer wiederholenden Klimawechsel unterworfen, wogegen sich Wüsten im Norden und Süden der in den Äquatorbereichen des Kongobeckens liegenden Wälder dementsprechend ausbreiten. Dies hat zur Folge, dass Flüsse versiegen, Seen, wie auch der berühmte Tschadsee, schrumpfen und sich in vielen Gegenden, wo noch die Forscher der Jahrhundertwende grünes fruchtbares Land vorfanden, nun menschenleere Ödnis dehnt. Das Unheilvolle bei diesem Naturgeschehen ist, dass Menschen dazu beitragen, diesen naturbedingten Vorgang noch zu beschleunigen, sei es durch einen rücksichtslosen Raubbau an den Wäldern, sei es durch gut gemeinte Entwicklungshilfe in Form von Brunnenbau und Sesshaftmachung von Nomaden. Man muss bedenken, dass auch das Leben im Garamba von begrenzter Dauer ist. Die Sahara ist weiß Gott nicht weit im Nachbarland Sudan, wo heute bereits Hungersnöte in der Sahelzone herrschen, und betrachtet man den durchschnittlichen Boden des Nationalparkes einmal genauer, der nur von inselartigen Grasbüscheln, den Tussocks, bedeckt ist, ohne Humus, nur trockener harter Boden unter heißer Sonne, dann fällt es nicht schwer, sich vorzustellen, wie schnell hier eine Wüste entstehen kann. Dann werden auch die nicht anpassungsfähigen Tiere nach Süden ausweichen müssen. Aber irgendwann kehrt sich der Vorgang wieder um, die Wüsten schrumpfen, Seen und Flüsse füllen sich erneut, und der Urwald dehnt seine Ausmaße nach allen Seiten.

Nur wir Menschen sind in der Lage, etwas so zu verändern, dass dem nicht so sein könnte, weil wir die letzten unter dem Wüstensand befindlichen Wasseradern abpumpen, weil wir die gesunden Wälder roden und vernichten, weil wir uns vermehren wie die Ratten, weil wir das Klima künstlich verändern und die natürliche Rhythmik zerstören. Natürlich werden wir nie in der Lage sein, einen wirklich unbewohnten Planeten zu schaffen ohne irgendwelche Form von Leben. Wir werden Arten ausrotten können auf immer, wir werden Tiere und Pflanzen vernichten und die Atmosphäre verändern, wir werden uns selbst ausrotten können. Doch immer werden Lebensspuren übrig bleiben, die sich erneut anpassen, leere Räume füllen, neue Arten schaffen, die die Erde erneut besiedeln werden. Und vielleicht wird auch wieder ein menschenähnliches Wesen dabei sein, wenn die Chance wohl auch sehr gering ist. Aber das kann doch nicht unser Ziel sein. Es gilt, unsere fantastische, atemberaubende, menschliche Entwicklung in der Natur vernunftgemäß zu steuern, zu erhalten und fortzusetzen. Unser Wissen dazu ist ausreichend. Heute darf niemand mehr sagen, er hätte dies oder jenes nicht gewusst oder nicht in Erfahrung bringen können. Die Vernunft muss letztendlich den Sieg davontragen, woran ich auch glaube, wenn es auch noch oft schwer fällt. Sonst könnten wir gleich unsere Kisten klopfen. Es gibt Apfelbäumchen zu pflanzen, sehr viele, und es dürfen nicht die letzten sein. Und jede bedrohte Art, und sei es auch nur eine Unterart, die erhalten wird, ist ein solches Apfelbäumchen.

Schlangen liegen uns zu Füßen

Tag für Tag durchwanderte ich mit meinen Guards die Savannen des Garamba auf der Suche nach Weißen Nashörnern, diesen urzeitlich anmutenden Tieren, die fast schon als Relikt, als lebendes Fossil unter den Säugetieren anzusehen sind. Wir wussten von den Flugzeugzählungen, dass es nun wieder fünfundzwanzig der Nördlichen Cottonis gab. Sie waren ein Symbol für alle vom Aussterben bedrohten Arten und Unterarten. Sie waren mehr für mich als nur ein Forschungsobjekt, dessen Verhaltensweisen stur rational weiße Schemenbögen füllen.

Die Kenge sind die schmale Scheide zwischen Leben und Tod, die alles zwischen Mensch und Virus beherrscht. Sie zeigen diese unumkehrbare Endgültigkeit, die auftritt, wenn eine Art von der Erde verschwindet. Im Garamba ist beinahe etwas verschwunden, was unwiederbringbar ist. Das *Ceratotherium simum cottoni*. Gelingt es, dieses zu retten, so ist es eine Hoffnung aller Menschen, auch noch im letzten Augenblick das berühmte Apfelbäumchen Martin Luthers zu pflanzen, dazu ist es fast nie zu spät. Es gibt zu denken, dass selbst der mit unverwüstlichem Optimismus ausgestattete Wiener Biologe Prof. Hans Hass in dieser Beziehung mittlerweile schon die globalen Gefahren eindeutig zugesteht.

Wir drei jedoch lebten hier im Garamba, und zwar äußerst aktiv und bewusst. Schon lange bemerkte ich an mir, wie ich noch kräftiger und lebendiger wurde, wie sehr gerade Gefahrenmomente mich unbändig aufleben ließen. Und auch mein körperlicher Kühlapparat funktionierte ausgezeichnet, wenn nur immer genug Flüssigkeit zugeführt wurde. Meine Nase hielt sich deutlich feucht in der trockenen hitzeflimmernden Luft. Unter dem Hemd fühlte sich mein leichter fettloser Körper direkt kühl an. Das es so blieb, dafür sorgten die wunderbaren kühlen erfrischenden Quellen im Park.

Morgens um sechs Uhr maß ich heute sechzehn Grad Celsius. Da froren wir natürlich schon fast. Bald darauf zogen wir wandernd durch endlose abgebrannte Steppe, und es wurde bald heiß und aschestaubig. Die verkohlten Stängel hinterließen überall auf uns schwarze Streifen wie vom Kohlestift. Wieder sprangen Warzenschweine direkt zwischen uns aus Löchern heraus und rannten lärmend davon. Ab und zu schienen sie blind und gedankenversunken, wühlten im Gras, dann sahen sie uns plötzlich schon ganz nah, nur noch wenige Meter entfernt, guckten ganz erstaunt und liefen dann weg, die Jungen hinterher. Beim Überqueren der Piste entdeckten wir wieder die Fährtenabdrücke des geisterhaften Pistenrhinos. Diesmal fanden sich dazu auffällige Kratzspuren, die offenbar mit dem Horn gemacht wurden. Es handelte sich um Bögen, die mehr oder weniger breit und lang auf dem Boden durch seitliches Hornreiben entstehen, aber nie länger als siebzig Zentimeter waren, meist kürzer. Aber wir sahen nie während unserer Forschungszeit Nashörner dies ausführen, stattdessen sah ich später bei den wenigen Zootieren in Dvur Kralove, wie Nashörner solche Spuren mit den Füßen anfertigten. Diese verliefen dann allerdings nicht seitwärts, sondern von vorn nach hinten.

Dann fanden wir Stacheln vom Stachelschwein herumliegen, die richtig hübsch aussahen und den Eindruck erweckten, man müsse sie einstecken, um sie für irgendetwas zu gebrauchen. Ferner tauchte eine stattliche Herde von Schwarzfuß-Moorantilopen auf. Über einhundert Weibchen waren es und nur zwei erwachsene Männchen. Mittags wanderten sie gern an Gewässer, um dort Feuchtgräser zu weiden. Die zwei Böcke waren ohne Reviere, sonst hätten sie diese gemeinsam mit anderen Böcken gebildet. Da sahen wir einen massigen weißen Fleck aus dem Gras ragen. Als wir näher kamen, sahen wir, dass es sich um einen über zwei Meter hohen dicken, völlig von Elefanten glatt geriebenen Termitenhaufen handelte, der nun wie ein heller Naturfels aussah. Auf einem anderen Termitenhaufen sahen wir einen in der heißen Luft hechelnden Kafferhornraben stehen, einen so genannten Callao. Eigentlich ist er gar kein Rabe, sondern ein Hornvogel und sah mit seinen bunten Farben und der merkwürdigen Schnabelform, die aus den rabenschwarzen Federn leuchteten, wirklich sonderlich aus. Unsere Handrücken waren vom scharfen Gras bereits völlig zerschnitten, was immer geschieht, wenn wir hohe Grasfelder durchstreiften. Auf der Piste sahen wir heute den Konservateur Muhindu fahren. Es erschien mir wie eine Störung von der Außenwelt in der Wildnis. Lieber wollte ich niemanden sehen. Doch in einem Wäldchen entdeckten wir wieder Interessanteres. Einen Specht und Grüne Tauben. Und in einem Tal Sattelstörche.

Wir waren wieder zurück in Source Godowa. Am Abend erkletterte Dama noch einmal einen Baum und ragte hoch über dessen Krone hinaus, um zu sehen, ob das Pistenrhino vielleicht zu entdecken war. Aber das war es nicht. Noch nicht. Heute gab ich den beiden je eine Schachtel Zigaretten. Unser Lagerfeuer hatten wir zwischen drei Termitensteinen errichtet, und es flackerte unter den Töpfen lustig vor sich hin. Mbadi war ein recht gemütlicher Typ, Dama mehr ruhig. Ab und zu stand Dama still aufrecht am Lager und blickte in die Weite der abendlichen Savanne. Er strahlte eine große Zufriedenheit aus und war sehr bescheiden.

Wir führten ein herrliches Nomadendasein. Wenn sich doch nur endlich die Nashörner finden ließen. Morgens wollten wir erneut das Lager in eine andere Gegend verlegen. Es dunkelte, wir hatten gegessen, schlürften heißen kräftigen Kaffee, da erschien eine große Gruppe von Kaffernbüffeln auf der anderen Schluchtseite, ganz nahe, und gab merkwürdige Geräusche von sich, die fast so klangen, als unterhielten sie sich mit tiefer Stimme. Alles raschelte, während sie weideten. Während die Büffel um uns herum rauschten, erzählte ich Geschichten aus Norwegen. Als ich von meinen Erlebnissen der Skiüberquerungen von Hochplateaus im Winter berichtete, bei denen wir in selbstgebauten Schneehöhlen nächtigten, meinte Mbadi: »Nicht mit mir«, schüttelte sich, und alles lachte. Ja, so schnell änderten sich die Perspektiven.

Unser neues Lager hieß Mulinda und war fünfzehn Kilometer von Source Godowa entfernt, und es war ein langer Marsch mit Gepäck, ehe wir dort mit Sack und Pack anlangten. Unterwegs fanden wir erneut Rhinospuren, die ich vermaß und eintrug. Es war ein uns unbekanntes Tier. Das Lager war diesmal sehr offen unter einem einzelnen Baum gelegen, der nicht gerade viel Schatten warf, und auch rundherum war es ziemlich offen, wenn da das zwei Meter hohe schilfartige Gras nicht wäre, das uns rundherum einschloss. Wirklich erstaunlich erschien es mir, wie zielsicher Mbadi und Dama unser Ziel ansteuerten, nur hier und da einige Bäume als Anhaltspunkt nutzend.

Trotz des späten Nachmittags zogen wir gleich nach Aufbau der Zelte los zu einem Suchausflug. Dabei ahnten wir nicht, dass es zweimal hätte fast schief gehen können. Während wir einen Wechsel entlangschritten, hörten wir plötzlich unmittelbar zwischen unseren Beinen etwas rascheln. Ohne zu sehen oder zu wissen, was der Verursacher des Geräusches war, sprangen wir blitzartig zurück und ich gar gleich einem Oribi steil in die Höhe und tänzelte fast fliegend außer Reichweite. Wir konnten jedoch nichts sehen, hatten aber intuitiv sofort an eine Schlange gedacht und völlig reflexartig gehandelt. Beim zweiten Mal war es aber tatsächlich eine. Ganz offen lag sie da, klein und schwarz bläulich und der Kopf bereits aufgerichtet zur Abwehr. Mbadi war bereits neben ihr, als ich warnte und zurücksprang. Er meinte, solch eine hätte seine Großmutter umgebracht. Voller Respekt guckten wir dem fortkrauchenden Reptil nach, und ich merkte, wie sehr Afrikaner Schlangen hassen.

Überall fanden wir die bereits abgestreiften pergamentartigen Häute herumliegen und bekamen so den Eindruck, dass sie wohl wesentlich häufiger sein mussten, als wir welche sahen. Auf meine Frage bestätigten die beiden es auch. »Ja, aber wenn man eine sieht, ist auch meist ein Unfall nahe.« Trotzdem waren Schlangenunfälle im Garamba unter den Wildhütern außerordentlich selten, trotz ihres oftmals schlechten Schuhwerks, und auch ich trug ja nur gewöhnliche Turnschuhe, die nicht mal den Knöchel bedeckten. Das war ja heute ein richtiger Schlangentag, wie vieles plötzlich gehäuft auftritt. Mbadi, der sonst alles sah, guckte in die Landschaft, und ich guckte nur gerade zufällig zu Boden und hatte nicht einmal gleich erkannt, dass es eine Schlange war, sondern sah es erst auf den zweiten Blick. Aber im Allgemeinen muss man wirklich schon großes Glück haben, eine Schlange zu Gesicht zu bekommen, sind sie doch scheu und teils auch getarnt. Nur durch unsere wochen- und monatelangen Streifzüge hatten wir hie und da mal welche entdecken können.

Es ist nicht zu viel gesagt, wenn ich unser Parkleben mit einem Nomadendasein vergleiche, wie wir mit Zelten und Proviant hinter den letzten Nördlichen Weißen Nashörnern herzogen. Längst hatten wir uns an unseren Rhythmus gewöhnt. Morgens früh wurde losgewandert, spätnachmittags oder abends ging es zurück ins Lager. Gelegentliches Wechseln des Camps. Wir führten ein wunderschönes ursprüngliches Leben, frei und wild. Hier in der Gegend von Mulinda fanden wir nun öfter Spuren der Kenge. Die Region war gewissermassen ›heiß‹. Man ahnte schon, dass jetzt welche zu finden sein mussten. Schließlich entdeckten wir eine Fährte direkt am Camp. Wir waren gerade zurückgekehrt, da stießen wir auf sie. Den Tag über waren ständig welche zu sehen gewesen. Ein großes rundes Schlammloch war so ausgetrocknet, dass das Rhino es vergeblich aufgesucht hatte. Aber die Spuren gingen kreuz und quer über den verkrusteten und zerrissenen Matsch hinweg. Bei Regen waren dieses die ersten Stellen, die sich wieder mit Wasser füllten und wo es sich auch eine Weile hielt. Am Nachmittag hatten wir beachtliche 54 Grad Celsius in der Sonne.

Wir durchquerten diesmal endlose Grasfelder mit einer Höhe von über zweieinhalb Metern. Gras konnte man gar nicht sagen, es war wie Schilf, oder besser noch, wie klapperdürres Reet. Wie so oft durchwanderten wir von Büffeln und Elefanten zertrampelte Sumpfsenken, morastige Flussbetten, wo wir bis über die Knie versanken, um uns dann in den Flüsschen sauber zu spülen, freuten uns an den Quellen und warfen uns drumherum, schlürften, die Gesichter abwechselnd ins klare Nass steckend, fanden eine Pangulinspur, das ist ein Schuppentier und sah aus wie ein Tannenzapfen. Da sie nachtaktiv sind, waren sie nur schwer zu entdecken. Aber auch eine Krokodilspur war zu sehen sowie eine weitere der kleinen schwärzlichen Schlangen, und ich überlegte mir, ob etwas höhere Schuhe nicht doch angebracht wären. Auch ein Flugzeug war zu vernehmen. Das konnte nur Charles Mackie sein, der aus Simbabwe zurück war, um den neuen Piloten und Wildlife Manager des Garamba-Projektes, Joseph Kalpers, einzuarbeiten. Seit Monaten hatte ich Charles schon nicht mehr gesehen. Einen Waran sahen wir im Flussdickicht liegen. Und ganz zum Schluss auch noch die Rhinospur am Lager, nach all der langen schönen Plackerei.

Abends kamen Hyänen an das Camp und kicherten gespenstisch durch die Nacht. Wir kochten unseren Reis mit Bohnen, was das Standardmenü bei uns war, seit die Spagetti zur Neige gingen. In der Dämmerung hörten wir schwere Geschütze im Sudan, wo der Bürgerkrieg in vollem Gange war. Mbadi erzählte, wenn die Zairer mal in den Sudan gingen, würden sie gleich als Ausländer erkannt. Was ist das für einer, hieß es gleich in den Dörfern. Die Guards begaben sich des Öfteren in den Sudan, um dort auf den Märkten einzukaufen. Das mag sonderlich klingen in Anbetracht des Krieges und der Hungersnöte, aber hier ist die Grenze zu einem fruchtbaren sudanesischen Landstrich, der bis an die Grenze der Zentralafrikanischen Republik nach Westen hin reicht. So gibt es Zeiten, wo die Märkte in Maridi oder Garmabe überquellen und das Angebot größer ist als in Zaire. Damit ist es aber schlagartig zu Ende, wenn die Front sich wieder hierher verlagert. Viele aus Faradje hatten um 1980 und danach im Park gewildert, vor allem Nashörner, oft zusammen mit Sudanesen. Danach mussten alle ihre Flinten abgeben. Anschließend unterhielten wir uns über Raketen und Menschen auf dem Mond. Mbadi hatte sich über derlei Dinge schon öfter Gedanken gemacht und blickte nachdenklich empor. Dama dagegen zog seine Stammesnarben in Falten. Ihm war es egal.

Heute Morgen war wieder fernes Löwengrollen zu vernehmen. Dazu sangen viele Vögel und unterhielten uns aufs Schönste mit ihrer Morgenfrischemusik. Wieder verließen wir früh das Lager. Wir waren noch gar nicht weit gekommen, wie wir auf ganz frische Rhinospuren der letzten Nacht stießen. Dama zog die Luft vielsagend ein und blickte uns an. Da war gar nicht viel zu sagen, die Fährte war so frisch, dass wir ihrer Richtung nur vage zu folgen brauchten, um dem Kenge zu begegnen. Da der Boden hart war, konnten wir etwa die Richtung festlegen. Plötzlich hörten wir in der Luft wieder etwas brummen. Charles war erneut mit dem Parkflugzeug unterwegs, dann sahen wir die Cessna am Himmel auftauchen, wie sie immer größer wurde. Es schien, als fliege sie an uns vorüber, dann hatte man uns wohl entdeckt. Charles steuerte herüber, neben ihm Josef, der Neue, und drehte zur Begrüßung eine steile Kurve um uns. Wir winkten hinauf, und schon waren die beiden wieder fort, und schließlich verklang auch das Motorengeräusch in der Ferne. Ich war schon neugierig darauf, Josef kennen zu lernen.

Dann tauchte es vor uns auf. Es war gerade neun Uhr, und im selben Moment sackten wir auch schon zu Boden. Da vorne stand der graue Koloss und graste. Kaum schien er sich zu bewegen. Wir drei hockten beisammen und beratschlagten unser Vorgehen. Die ganz schwache, kaum wahrnehmbare Luftströmung stand günstig. Zunächst ging es erst mal darum, näher an das Tier heranzukommen. Ich machte die erste Eintragung. Uhrzeit, Art der Aktivität, äußere Umstände wie Wind und Bewuchs.

Dann ging es los. Tief gebückt ging es näher heran, ganz langsam, den Blick ständig nach vorn gerichtet, um jede Veränderung wahrzunehmen, dazu hintereinander, damit wir als Einheit kleiner erschienen. Nach zwanzig Minuten konnten wir das Fernglas fortlassen. Mit bloßem Auge konnten wir es nun gut erkennen. Da schnellte der Kopf in die Höhe, jedoch nicht in unsere Richtung. Ein massiger lang gestreckter und sehr breiter Kopf, der in einen hohen Nackenbuckel auslief, war nun zu erkennen. Auf der Nasenspitze ragte ein langes gebogenes Horn und gleich dahinter saß, wie ein aufgesetztes spitzes Karnevalshütchen, ein weiteres kurzes Horn, das aussah, als hätte es einmal zwischen den Ohren gesessen und wäre von dort herabgerutscht und gegen das große Horn gestoßen. Eine ungeheure Spannung und Begeisterung erfasste uns alle drei. Keine Bewegung des Kenge entging mir, kleinste Tätigkeiten fanden ihren Weg in mein Protokoll, immer mit betreffender Uhrzeit versehen.

Auf allen Vieren gerieten wir noch näher heran. Dort war noch ein flacher Termitenhaufen, bis zu dem wir unbedingt noch gelangen mussten. Wir krabbelten weiter. Das Weiße Nashorn hatte keine Ahnung, wer sich da an es heranmachte. Es fraß und graste, machte mal einen oder auch zwei Schritte voran, alles nur mäßige Bewegungen, die auf völliges Sicherfühlen hindeuteten. Wir krabbelten auf Knien und Ellenbögen weiter. Eine Stunde war bereits vergangen, da legte sich das Rhinozeros nieder. Wir waren jetzt sehr nahe heran, der Luftzug stand weiterhin günstig. Nach ungefähr zehn Minuten stand das Nashorn plötzlich auf und schien sehr aufmerksam in die Ferne zu lauschen. Zunächst wussten wir gar nicht, was los war. Doch dann vernahmen auch wir es. Charles und Josef kamen zurück, und das Nashorn hatte das Motorengeräusch der Cessna gehört. Die zwei großen Ohren waren ständig in Bewegung, eins nach vorn, das andere nach hinten gedreht, dann umgekehrt. Wir sahen das Flugzeug dahinbrummen, ohne selbst gesehen zu werden. Dann kehrte wieder Ruhe ein.

Ein bisschen ratlos schien das Kenge noch dazustehen und über das merkwürdige Himmelsgeräusch nachzusinnen. Die Trichterohren schienen langsam herabklappen zu wollen. Da begann eine Lerche ihren Gesang. Zack – standen die Ohren wieder hoch, aber nicht weiter lauschend, eine kleine entspannte Bewegung ging durch das Rhino, und es legte sich mit einem schweren Plumps wieder nieder, wobei zuerst die Hinterbeine eingeknickt wurden, bis es auf dem Hintern saß. Dann kamen die vorderen dran, wovon eines unter dem Hals wie ein Kissen zu liegen kam. Offenbar wirkte der Lerchengesang ebenso beruhigend wie belebend. Die Ohrmuscheln blieben jedoch weiterhin in Bewegung. Auch wir hockten herum, beobachteten und warteten. Kein Stück unserer Spannung hatte nachgelassen. Auch nicht während der Zeit des Wartens.

Um zehn Uhr siebenundzwanzig stand es plötzlich auf, schaute in entgegengesetzter Richtung, dann zu uns. Erstaunt blickten wir uns fragend an. Der Wind, verflixt. Einen Augenblick hatte er nur von hinten aufgebrist und uns dem aufmerksamen Tier auch schon verraten. Eindeutig nervös windete es, zog hörbar den Geruch ein, erschien reichlich beunruhigt. Und schon lief es zügig davon.

Verärgert über den unberechenbaren Wind, standen wir auf und blickten dem flüchtenden Rhino nach. Doch wie erstaunt waren wir allesamt, als es um zehn Uhr einundreißig langsam wieder zurückkehrte. Ganz so, als habe es es sich anders überlegt. Eine ganze Weile ging es da vor uns hin. Schließlich schlenderte es doch fort. Unauffällig folgten wir nach. Das Nashorn wechselte zwischen schnellem Trab und langsamem Dahintrotten, nahm sich aber genügend Zeit, zwischendurch zu grasen und zu weiden. Eine gute Dreiviertelstunde gelang es uns, ihm noch zu folgen. Dann war es doch zu schnell und verschwand hinter den Hügeln der Savanne. Zwei Stunden und fünfundzwanzig Minuten konnten wir es somit beobachten.

Auch wir wanderten auf der Suche nach weiteren Rhinos umher. Da tauchten auch schon bald wahrlich riesenhafte Vögel in der Brousse auf, die gar das Gras noch überragten. Das waren Kori-Trappen von solch einer enormen Größe und Körperhaltung, dass sie aus der Entfernung genau wie Menschen aussahen. Ich war wirklich außerordentlich überrascht. Toll, wie sie da standen und so gar nicht an Vögel erinnerten. Ja sogar Scharlachspinte ritten gelegentlich auf ihren Federn mit. Erneut entdeckten wir einen großen Nilwaran.

Ach, war das ein Leben nach ausgiebiger Pirsch. Wir faulenzten auf unserer Spätnachmittagsrast im Schatten eines Baumstammes hintereinander und drehten uns auf bewährte Art immer weiter mit, summten Lieder dabei. Die Einsamkeit war kein Problem für mich. Im Gegenteil. Ich war froh, der Idiotie und dem Chaos Kinshasas entronnen zu sein, und hatte nicht das Bedürfnis, hier so schnell wieder in die fragwürdige skurrile Zivilisation aufzutauchen. Dazu war immer noch Zeit. Ja selbst nach Nagero hatte ich nicht das geringste Verlangen und war froh, hier niemandem weiter zu begegnen.

Letzte Nacht schrie ein Büffel. Seine Schreie klangen ärgerlich und abwehrend. Er schien in großer Not. Möglicherweise wurde er von Löwen oder Hyänen attackiert. Bald wurde sein Brüllen verzweifelter, dringlicher. Ich lag schlaflos im Finstern und horchte. Es ging durch Mark und Bein. Dann wurde es still.

Seit Charles wieder zurück war, brummte es von früh bis spät in der Luft. Wo hatten die bloß den vielen Sprit her. Am Abend drehte er erneut eine Runde über uns. Wieder schlürften wir den Kaffee mit viel Zucker. »Mbadi, sag, kennst du keine Nashorngeschichte von den Leuten hier herum?«, fragte ich erwartungsvoll. Mbadi überlegte. »Ja, da gibt es eine. Also. Hier herum leben ja die Asande, Damas Stammesleute. Viele von ihnen sind Jäger, und früher, als die Kenge noch häufig waren, jagte man auch diese. Ein solcher Jägersmann fand einmal auf seinem Streifzug durch die Brousse ein schlafendes Weißes Nashorn. Wie du weißt, schlafen Nashörner aber sehr fest, wenn auch nur kurz. Aber so lange merken sie auch fast nichts rundum. Wie der Asande das schlafende Tier so vorfand, war er vor Freude völlig außer sich, denn er dachte, es wäre wohl tot, und er wollte das Rhino ausweiden und sich im Dorf damit brüsten und feiern lassen, wie er das große Kenge mit großem Mut ganz allein besiegt hätte. So hängte er denn seinen Rucksack mit der Machete, Pfeile und Bogen und Sonstigem drin dem vermeintlich toten Tier über das Horn, um darauf einen Sieges- und Freudentanz über so viel unverhofftes Jagdglück aufzuführen.« »Und dann, wie ging es weiter?«, wollte ich wissen. Mbadi nahm einen großen Schluck Kaffee, Dama stocherte im knisternden Feuer, dass die Funken stoben.

»Eh, er hatte also den Rucksack am Horn angehängt, wie auf einen Haken, und begann zu tanzen. Er tanzte und tanzte und geriet in einen wahren Freudentaumel, bis mit einem Mal das Nashorn erwachte, voller Schrecken über den Lärm aufsprang und samt Rucksack am Horn das Weite suchte. Starr vor Überraschung, blickte der

Jäger dem flüchtenden Tier nach und sah seine ›Beute‹ im Gras verschwinden, samt seinen Jagdgerätschaften im Rucksack. So hatte er nun nichts mehr, kein Nyama und keine Jagdwaffen. Alles war verloren.« »Das ist ja eine tolle Geschichte. Und was steckt dahinter?« »Also, die Moral ist folgende.« Wieder nahm Mbadi einen kräftigen Schluck. »Man soll sich nie zu früh freuen. Erst muss die Arbeit gemacht werden. Der Jäger wollte erst tanzen und dann das Rhino ausweiden. Hätte er das gleich gemacht, so hätte er bemerkt, dass es nur schlief, und es bequem erlegen können. Dann, nach getaner Arbeit, hätte er tanzen und sich freuen können.« »Das ist ja gut, die Geschichte. Eine richtige kleine Fabel. Ähnliche gibt es auch bei uns, natürlich nicht mit Nashörnern, aber zum Beispiel mit Hasen und Igeln.« Und dann fiel mir ein, das es bei uns auch ein Theaterstück mit Nashörnern gibt, und ich erzählte die merkwürdige Verwandlung der Menschen zu Nashörnern von Eugene Ionescu, wo sich eine ganze Stadt zu Dickhäutern verwandelte und die nasenbehörnten Menschen schnaubend durch die Straßen trabten, bis auf einen, der wollte nicht und weigerte sich verbissen, sich aufzugeben und, wie bereits seine Freunde, ein Nashorn zu werden, und das war gut so, denn er blieb sich treu und folgte nicht den Menschenmassen auf ihren Wegen. Mbadi war begeistert und übersetzte das Ganze Dama, dessen Gesicht sich staunend in die Breite zog.

Nach mehreren Tagen wechselten wir erneut das Camp und zogen von Mulinda nach NaZege Zege. Es war ein flacher Talkessel, nur nach einer Seite offen, und bot einen weiten Blick in die Savanne, während es auf allen anderen Seiten mehrere Meter teils recht steil aufragte. Gleich hinter dem Zeltlager zog sich eine ganz schmale Schlucht nicht breiter als eineinhalb Meter hinein, die sich schnell in der Steilwand verengte. Ein paar NaZege-Zege-Bäume und andere mit riesigen kastanienartigen Kronen gaben kühlenden Schatten. Oben in einem der Bäume wohnte ein einzelner Colobus-

Affe mit langem schwarzweißen Fell. Mitunter schüttelte er ärgerlich die Äste und blickte wild zu uns herab. Er lebte schon lange hier und war bekannt als der NaZege-Zege-Lageraffe. Wir freuten uns an seiner Anwesenheit und begrüßten ihn wie einen alten Freund.

F 4, genannt Borkina

Es war ein unheimlich feuchtschwüler Tag, als wir Mulinda verließen. Dabei fanden wir die frischen Überreste eines Kaffernbüffels, die Reste einer Löwenmahlzeit. Auch Hyänen hatten mitgespeist, denn ihr weißer Kot fand sich überall rundum. Da sie sich oft von übrig gebliebenen Knochen ernährten, hatten sie ganz hell gefärbten kalkigen Kot. Die besonders schönen Pferdeantilopen begegneten uns unterwegs. An einem Hang befanden sich Paviane. Erst saßen sie jedoch in langer Reihe da, lausten sich, fraßen und zogen später in langer Reihe an uns vorüber, wobei sie ständig bellten. In NaZege Zege flogen abends Leuchtkäfer phosphoreszierend durch die Finsternis. Beruhigend grünweiß blinkten und schwirrten sie umher. Im Hintergrund erklang das Konzert der Frösche mächtig beeindruckend. Die Nacht war vielhundertstimmig erfüllt mit abenteuerlichem Gequake.

Wieder war es morgens. Wir hatten NaZege Zege früh verlassen, um durch die Gegend zu streifen. Es war gerade acht Uhr fünfzig, als Mbadi aufgeregt rief: »Da – ein Rhino!« Sofort ergriff uns geballte Spannung. Durch das Fernglas sahen wir sie deutlich stehen, es war nämlich ein Kalb dabei, welches noch gar nicht so groß war. Das war natürlich sehr wichtig für uns. Ich hatte nämlich einen Skizzenschlüssel dabei, mit dessen Hilfe man das Alter der Jungtiere im Vergleich zum Alttier ziemlich genau abschätzen kann. Hier ergab sich nun die Gelegenheit, ihn einmal in der Praxis anzuwenden. Für gescheite Beobachtungen hieß es aber nun erst einmal dichter herankommen, wozu noch ein gutes Stück Weg zurückzulegen war, denn sie befanden sich hinter einer Talsenke und zogen da langsam grasend entlang, während wir noch am oberen entgegengesetzten Flachhang waren. Schon jetzt stellten wir ein großes Handicap fest, der Wind wehte alles andere als konstant, sondern kam alle fünf Minuten aus anderen Richtungen. Es war also außerordentliche Vorsicht geboten und eine Annäherung unter zwanzig Meter nicht ratsam.

So rückten wir also heran, alle Sorgfalt berücksichtigend. Es brauchte schon einige Zeit, ehe der Abstand sichtbar schrumpfte und die beiden Tiere mit bloßen Augen einigermaßen gut erkenntlich waren, und sie standen ja auch nicht still, sondern bewegten sich ständig hin und her. Meistens war das Kalb gar nicht zu sehen, weil es noch so klein war, dass es das Gras schwerlich überragen konnte. Die Kuh graste weiterhin ungestört.

Schließlich hatten wir eine geeignete Beobachtungsentfernung. Das Erste, was mir nun auffiel, war, welche gewaltig urweltliche Masse das Rhinozeros darstellte. Der Riesenkopf war bizarr geformt und die Augen darin nur ganz klein. Der Hals ließ zwei tiefe wulstige Falten erkennen, die sich fast bis zum Nasenhöcker hochzogen. Das Jungtier tauchte immer wieder einmal kurz auf, blieb aber die meiste Zeit unsichtbar. Endlich erhob die Kuh den Kopf, so dass ich nun die Hörner genau und ausführlich studieren konnte. Wir guckten sämtliche Karteikarten durch, die die Hörner skizziert zeigten. Das war es nicht. Auch das nicht. Aber dann, das hier, ja, weiblich, die Form des Horns, Länge, Dicke und Ansatz, alles stimmte überein, auch das kleine Zweithorn. Was stand da? F 4. Das war Borkina.

F stand für female, 4 für das Individuum. Es gab auch noch ein M 4. Das war male Nr. 4. Auch das Kalb erhielt eine Nummer, jedoch noch keine Geschlechtsangabe, da dieses noch nicht bestimmt werden konnte. Das Kalb Grzimek beispielsweise hatte sich inzwischen zu einem stattlichen jungen Weibchen gemausert.

Mutter und Kind waren nun unterdessen an einer Kigelia angelangt. Eine ganze Weile standen sie dort herum. Dann legte sich Borkina in den Schatten nieder. Unter den einzelnen Bäumen wuchs in den meisten Fällen kein Gras mehr, da viele Tiere sich diese suchen, um hier vor der heißen Sonne geschützt zu ruhen. Sehr häufig führten Wildwechsel direkt auf die Bäume zu und von diesen wieder weg, so dass das Gras drumherum hoch stand und eine Art überdachter Nische oder Räumlichkeit entstand. Das Kleine stand einen Augenblick tatenlos neben der Mutter. Dann machte es es ihr nach und legte sich ebenfalls direkt neben sie. So schliefen sie erst mal eine Weile tief und fest. Ein Blick auf die Uhr zeigte mir auch, dass dies die Zeit war, wo alle Weißen Nashörner gerne mehr oder weniger lang zu ruhen beginnen. Das war gewöhnlich um zehn Uhr herum. Der Wind hatte sich auch gelegt, und wir nutzten die gute Gelegenheit, ein bisschen näher heranzukriechen, um vielleicht noch irgendetwas hören oder sehen zu können, was interessant sein könnte, denn das Kalb war nunmehr nur zu erahnen und Borkina nur am massigen Rücken zu erkennen, der jetzt beinahe wie ein grauer Stein aussah.

Plötzlich schnaubte Borkina laut durch die Nasenlöcher, dass der Staub nur so aufwirbelte. Überrascht, mit dem Gedanken, nun womöglich zu dicht herangerobbt zu sein, krochen wir sicherheitshalber doch wieder ein paar Meter zurück. Die Zeit verging. Wir warteten. Knappe zwanzig Minuten waren verstrichen, da stand das Kenge auf. Ganz schnell war auch das Kälbchen hoch. Aber sie hatten uns auf keinen Fall bemerkt. Still standen beide da, die behaarten Ohren spielten. Manchmal pendelte der Kopf Borkinas ein wenig. Ein bisschen wurde mit dem breiten Maul über den sandigen Boden geschnobert, ein paar Halme gezupft. Dann legten sie sich wieder nieder. Allerdings war der Schlaf nun nicht mehr tief, vielmehr ein Dösen. Borkinas Kopf pendelte im Liegen nach mehreren Seiten, wobei die Ohren in ständiger Bewegung waren. Doch dann, wie so oft, drehte der Wind wieder auf, führte unsere Witterung in einer kräftigen Brise direkt in die große Nase des Weibchens. Mit einem Satz sprang es entsetzt hoch und rannte im gleichen Augenblick auch schon auf und davon. Das kleine Kalb schaukelte ganz eng hinterher. Nur der Hintern war noch eine Weile zu erkennen. So fand auch diese Begegnung ein vorläufiges Ende.

Wir strichen weiter durch die Graslandschaft, als uns drei Löwen begegneten. Das war kein Grund zur Befürchtung, doch zogen wir es vor, nicht lange stehen zu bleiben, sondern zielstrebig und zügig an ihnen vorbeizuwandern. Natürlich hatten uns die drei auch gesehen und trollten sich zunächst. Aber dann blieben sie auf einem Hügel stehen, blickten zu uns zurück, legten sich nieder und guckten uns drei aufrechte ungewohnte Lebewesen mit offenem Maul aufmerksam an. Bald sahen wir eine weitere Gruppe von Pavianen. Auch sie schienen auf der Wanderschaft und hatten die Löwen bereits entdeckt. Deutlich konnte man beobachten, wie sie im Vorübergehen fortwährend zu den Löwen hin blickten, mehr noch als zu uns.

Bald entdeckten wir etwas Fantastisches. Wir waren aus einem Grasfeld getreten, vor uns die Savanne abgebrannt, der Boden schwarz, da sahen wir überraschend eine Siedlung vor uns, klein nur, wie von Zwergen. Eine Termitenstadt. Überall ragten die pilzförmigen Wohnungen auf, knapp bis zum Knie reichend, so weit man den Ort überblicken konnte. Das war ja fantastisch. Betonharte Häuschen, alle mit einem hübschen überstehenden Regendach versehen. Manche trugen einen schmalen Turm auf dem Dach, wie einen Schornstein, und sogar Eingangstüren konnte man entdecken. Ich knipste ein Häusle hier, ein weiteres dort. Hat man so etwas schon gesehen. Ich kannte ja schon vieles von diesen Insektenstaaten, ihre aufragenden Burgen, ihre Betonplätze, auch die Pilze kannte ich, aber nicht so geballt, so nebeneinander gehäuft wie hier. Das war wahrhaftig eine Stadt.

Eine ganze Weile streiften wir begeistert durch die Gassen, verglichen die Pilzbehausungen miteinander, aber nirgends war auch nur die geringste Spur von Leben zu entdecken. Nirgendwo eine neugierige Termite. Sie steckten, vor den gleißenden Sonnenstrahlen geschützt, im Bau, der ja auch bekanntlich unterkellert ist. In der Nacht kamen sie erst hervorgekrabbelt, und selbst das nicht regelmäßig, sondern in größeren Zeitabständen zu besonderen Anlässen. Jetzt erst sahen wir, dass uns eine Gruppe von Kuhantilopen erstaunt zusah, sich wohl wundernd, was wir dort trieben. Sie machten ein sehr langes Gesicht, das ihrem Namen alle Ehre machte.

Noch waren wir auf der Suche nach Weißen Nashörnern, es war kurz nach drei Uhr nachmittags, da verdunkelte sich am Horizont der afrikanische Himmel zusehends. Die Vorboten der Regenzeit nahten, allerdings reichlich verfrüht. Nun wurde es aber höchste Zeit, sich zum Camp zurückzubegeben, ehe der Regen herniederrauschte und wir schutzlos in der Savanne hockten. Wir rannten förmlich durch die Savanne, und mit Erstaunen sah ich, wie schnell die Unwetterfront rabenschwarz nahte. Eine merkwürdige, fast unheimliche Atmosphäre hatte die Brousse erfasst. Eine tiefe Stille lag unheilverkündend rundum. Ganz still standen die Tiere, völlig bewegungslos wie im Wachsfigurenkabinett. Nur wir eilten dahin. Rasch wurde es schwärzer, es war totale Windstille. Drückende tropische Luft erfüllte die Umgebung. Schon sahen wir die großen Bäume von NaZege Zege, näher rückten sie. Dann, dort angelangt, tobte der Sturm herbei, fuhr in den Talkessel, blähte die Zelte auf, um sie darauf zu Boden zu pressen, und wir hatten Mühe, sie zu befestigen. Der Himmel war nun vollends verdunkelt.

Kaum hockten wir drin, da ging es auch schon los. Ein Regensturm brach los und ergoss sich mit gewaltigem Wolkenguss auf die verdorrte Erde. Ich blickte aus der Moskitonetztür, den Kopf auf einen Arm gestützt, rauchte eine Okapi-Zigarette, der ›fidele Freund‹, wie auf der zairischen Packung stand, und überlegte mir, was all die vielen Tiere jetzt wohl machen, die Elefanten, die Löwen, natürlich die Nashörner, wie sie aneinander gedrängt unter einem verdorrten tropfenden Baum standen. Mein Blick ging aus dem Talkessel heraus in die weite Savanne. Gewaltige Blitze zuckten mit ohrenbetäubendem Knall. Das Zelt bog sich gewaltig und blähte sich.

Ein greller Blitz mit sofortigem furchtbaren Knall schmiss mich plötzlich regelrecht auf den Zeltboden, während der Sturm schon nachließ. Nur der Regen pladderte noch. Mein Herz klopfte schnell, Mbadi und Dama waren in ihrem Zelt verstummt. Was die zwei verspielten Eidechsen hinten in der Schlucht wohl jetzt machten, die ich neulich beobachtet hatte, wovon die eine munter die Ameisen futterte und wohlig wegschmatzte und so gar keine Scheu vor meinen Bewegungen zeigte. Ihr kleiner Bauch war ganz leuchtend rot. Das fiel mir gerade ein und beruhigte mich gleich. Das Zelt sah ziemlich zerknautscht aus. Es bewegte sich aber auch wie auf den Wellenbergen eines sturmzerzausten Meeres. Eineinhalb Stunden dauerte das Unwetter. Danach wusste ich nicht, wie ich mein Glück und Wohlbehagen unter den Tieren ausdrücken sollte. Paradiesisch.

Unser Colobus-Affe oben im Baum saß nun nach dem Regen ganz brav und nass da und hielt sich frierend am Ast fest. Die Regenfälle schon um diese Zeit waren außergewöhnlich. Ganz in der Nähe des Camps standen Elefanten nass unter den Bäumen und ließen ihre Rüssel hängen. Interessant war, dass auch die Afrikaner von einer Klimaveränderung sprachen.

Die ganze Nacht hatte es in Intervallen fortgeregnet. Auch jetzt am Morgen donnerte es wieder. Nass, frierend und zerzaust kamen wir aus unseren Zelten gekrochen und hatten Mühe, das nasse Holz zum Brennen zu kriegen, um uns wenigstens an einer heißen Tasse Tee erwärmen zu können. Alle waren wir übermüdet. In Zaire ist für irgendetwas Böses immer eine Person mit Fetisch verantwortlich. Mbadi sagte zum Spaß, Dama wäre dafür verantwortlich, und wir alle lachten herzlich, aber früher wie heute ist es wirklich für viele Leute gefährlich. Praktisch konnte man jedem etwas anhängen und ihn verderben, wenn auch psychisch oder per Gift nachgeholfen wurde.

Wieder regnete und regnete es, und es war kalt. Zusammengekauert saßen wir in den Zelten. Mbadi erzählte Erlebnisse von Conrad Aveling und Marc Colyn, die er auch im Park geführt hatte. Der Colobus-Affe saß noch immer im Baum und wartete darauf, dass wir den Platz räumten und etwas Zucker zurückließen, wie es sich in NaZege Zege eingebürgert hatte.

Alle meine bisherigen Erlebnisse sind ein Versuch zum Verstehen des Ganzen. Und das Schöne ist, dass Erkenntnisse Spaß machen. Vieles fühlt und sieht man jedoch nur in bestimmten Momenten. Aber die Harmonie mit Tieren habe ich noch nicht finden können. Ich glaube, sie ist, selbst wenn man sie zu sehen meint, eine Täuschung. Menschen sind zu einem bedrohlichen Wesen für Tiere geworden, im Allgemeinen weder mit Respekt noch mit Ehrfurcht vor der Lebensvielfalt und den Wundern der Erde ausgestattet. Das war nicht immer so. Schon in Frühzeiten der Menschheit entschuldigte man sich bei erbeuteten Tieren, dass sie ihr Leben lassen mussten, man hatte Achtung vor der Kreatur. Scheu und voller Angst sehen die Tiere uns an als unberechenbare Wesen, während sie untereinander selbst zwischen Jäger und Beute eine Harmonie aufrechterhalten.

Heute wanderten wir nach Nagero zurück. Unsere Vorräte waren zu Ende. Auch musste ich nach Post sehen. Unterwegs trafen wir

Frazer Smith. Er machte immer einen ruhigen freundlichen Eindruck. Ausgeglichen. Ich war ein bisschen traurig, dass es für ein paar Tage nach Nagero ging. Die Station nervte mich, die blöden Fragen, als kommt man geradewegs aus der Hölle. Dazu die vielen Leute, die sich hier langweilten. Langsam merkte ich, dass ich zum Parkmensch wurde. Dama nahm kurz vor Erreichen von Nagero den Rucksack vom Kopf auf den Rücken, und die ersten Leute, denen wir begegneten, krümmten sich vor Lachen darüber, wie sie ihn so sahen. Wir zogen in den Ort wie drei Helden nach langen aufregenden Abenteuern und strahlten wie Jungs, die sich ausgetobt hatten. Überall an den Häuschen wurden wir begrüßt, und fröhlich grüßten wir zurück.

Nun saß ich wieder vor meinem Haus und blickte träumend über den Dungufluss in den Park. Auch der Tonleitervogel sang wehmütig seine Strophe dazu, in den schläfrigen Samstagnachmittag. Ach ja, Samstag. Fast hätte ich die Wochentage vergessen.

IV Wanderungen übers Grasmeer

Ein paar Wochen war ich in Poko bei der deutschen Mission und in den Mangbetudörfern gewesen. Als ich wieder in Nagero eintraf, war Mbadi der Erste, der mir begegnete. Er war jetzt Empfangssoldat am Eingang vom Parkgelände. Zusammen mit Mbayma holte ich meine schwere Metallkiste von der Dungu-Faradje-Route, die ich aus Poko mitgebracht hatte, samt dem großen Wäschesack mit alten Kleidungsstücken für die Guards. Dann begab ich mich zu Charles und Joseph, die jetzt zusammen das große Haus am Fluss bewohnten. Morgen wollten sie schon los nach Nairobi. So gab ich noch einen Brief für Daphne Sheldrick mit, um einen Besuch im Vierteljahr anzumelden, denn sie unterhielt eine Art Waisenhaus für verlassene Nashorn- und Elefantenbabys. Draußen begegnete ich Kes. Sie wirkte wieder einmal rational mechanisch, ihre Stimme klang angestrengt schwach, während zwischen ihren Worten ein nervöses krampfhaftes Lächeln aufzuckte, das sofort wieder blitzartig verschwand. Dabei war sie im Grunde durchaus sympathisch und eine schöne zierliche Frau. Aber irgendetwas stimmte mit ihr nicht.

Abends kam Dama zu meinem Rundhaus, um mich zu begrüßen. Gerade war er von einer Patrouille zurück und kam sofort zu mir, um zu fragen, ob wir wieder zusammen in den Park könnten. Aber natürlich, wenn die Parkleitung ihre Einwilligung gab. Wir blödelten noch ein wenig herum, indem wir die Stimmen der Tiere imitierten. Aus dem Sack suchte ich ihm noch schnell eine neue Hose heraus, Socken, Pullover sowie ein Paket Salz. Glücklich zog er damit zu seiner Frau ins Wildhüterdorf. Auch Mbadi und meinem

Koch Banda-Mburu brachte ich einige Kleidungsstücke, die sie bei ihrem kargen Gehalt immer dringend gebrauchen konnten. Ich hatte noch ein paar Tage Zeit, ehe es wieder in den Park ging, die ich nutzte, um meinen Freund in Angwe zu besuchen. Ich lieh mir das Fahrrad von Geraume und radelte los ins Dorf der Asande.

Am Abend vor dem Aufbruch in den Park kamen Dama und der neue Guard, um sich bei mir vorzustellen. Ich war ein wenig verwundert, dass Mbadi fehlte, erfuhr dann jedoch, dass er strafversetzt worden war. Deshalb war er also als Portier an der Einfahrt. Er hatte im Park nämlich einen toten Kaffernbüffel gefunden, der eines natürlichen Todes gestorben war. Das Fleisch war noch völlig frisch und wirklich eine ganze Menge. Da konnte er nicht widerstehen und hatte das Fleisch mit Dorfleuten fortgeschafft. Dabei waren sie erwischt worden. Es ist natürlich verboten, etwas aus dem Nationalpark wegzutransportieren, und so musste er nun darauf warten, was die IZCN-Zentrale in Kinshasa als Strafe rüberfunkte. Das konnte noch Wochen dauern. Der neue Wildhüter, der einsprang, hieß Lengwa. Dama freute sich riesig, dass er wieder dabeisein konnte. Mbayma fuhr uns, so nahe es ging, an das Camp Source Nanvue. Sieben Kilometer davon entfernt verabschiedeten wir uns, Mbayma fuhr davon, und wir drei waren wieder in der Wildnis allein auf uns gestellt.

Nanvue war ein sehr schönes Lager. Wir hatten zunächst viel Wind, es war nicht heiß. Eine angenehme Bewölkung bedeckte den Himmel. Wir schwelgten in Gewürzen, die ich aus Poko mitgebracht hatte. Es waren ja längst keine Spagetti mehr da, so mussten wir uns nun vom Einheitsstandard-Menü Losso na Nkunde à la Dama ernähren. Das gab es dann zum Frühstück. Mittags gab es gar nichts, weil es zu heiß war, und abends erneut dasselbe, und es war nichts anderes als Reis mit Bohnen sowie Palmöl, das rote Mafuta als Soße, das wir immer erst erhitzen mussten, damit es flüssig aus der Flasche lief und damit es sich von der roten in gelblich klare

Farbe verwandelte, da es sonst in der Kehle brannte. Die roten und bunten Bohnen mussten endlos gekocht werden, ehe sie gar waren. Lengwa kam aus Ndu, also aus dem Urwald, und war strenger Protestant, daher rauchte er auch nicht. Aber vom Kümmel waren beide total begeistert. Ich fand das ganze Gewürzzeug in einem gelben Karton mit der Aufschrift ›Zauberartikel‹ und war froh, es mitgenommen zu haben für den Reis mit Bohnen.

Wieder begannen unsere Fußmärsche und Exkursionen zu den Nashörnern. Es befanden sich zahlreiche Elefanten in der Landschaft, große Herden, die wir durchwanderten und querten, Büffel und natürlich die seltsamen Kuhantilopen. Hier in der Gegend gab es auch etwas, was wir sonst kaum antrafen, Giraffen. Es handelte sich um so genannte Kongo-Giraffen, an denen bereits in den fünfziger Jahren Dr. Backhaus Studien durchgeführt hatte. Zwei Stück sahen wir, und es war ein angenehmer Anblick, diese sich so sanft bewegenden Tiere mit ihren langen Hälsen zu beobachten, die wie Aussichtstürme aussahen und dazu auch noch Hörner trugen. Wie viele Fotografien sah ich schon von ihnen, wie viele Fernsehfilme, und doch war es etwas absolut anderes, sie zu Fuß in natura zu sehen.

Abends kamen wir braungebrannt (ich) und mit schwarzen Streifen und Kratzern auf Handrücken und Armen, mit Altholz beladen, das wir auf dem Rückweg für das Feuer auflasen, ins Lager zurück. Afrikanische Campabende haben immer etwas Zauberhaftes an sich. Lagerfeuer, wilde Tiere und Beethovens Violinenkonzert bestimmten oftmals das Bild. Jeden Abend rückten wir dichter an das Feuer heran, wegen der Löwen, deren Spuren wir dicht bei Nanvue fanden. Überall rundum waren Elefanten weit über die rollende Savanne verteilt. Ein Anblick wie zu Urzeiten. Wahrhaftig – so muss früher die ganze Erde bedeckt gewesen sein, nur ein paar Steinzeitjäger dazwischen. Welch Panorama gaben diese grauen Riesen, wie friedfertig und ruhig waren sie.

Die Nacht wurde sehr kalt. Nur zwölf Grad Celsius. Aber die ausgedehnte Suchexkursion darauf wärmte uns wieder reichlich. Zwar blieb sie ohne Rhinosichtungen, dafür gab es aber viele Elefanten mit ihren Babys. Drollig sahen sie aus mit ihren kleinen Spielzeugrüsseln, die sie wie Gummischläuche schwenkten oder damit zwischen den Vorderbeinen der Kühe tasteten, um zu trinken. Wieder trafen wir auf Büffelherden, Schwarzfuß-Moorantilopen, Warzenschweine und Kuhantilopen. Aber in einem Sumpf stöberten wir etwas sehr Hübsches auf, eine Schirrantilope, die wohl schönste Antilope im Garambapark.

Wir befanden uns im Gebiet des Flüsschens Eleti, das wir wohl ein gutes Dutzend Mal überquerten. Ganz tief eingeschnitten lag das Flussbett, aber es fanden sich meistens von Tieren getretene Zugänge, die wir benutzten und die ein Herumklettern ersparten. Dabei mussten wir doch schon etwas aufpassen, dass kein Flusspferdbulle zufällig in der Nähe war und sich von uns belästigt fühlte, denn die konnten unter Umständen doch schon mal angreifen, wie ich ja schon wusste und sogar mit ihren Hauern richtig kräftig beißen, wenn sie auch sonst nur Gras und Wasserpflanzen futtern. Aber bei uns zu Hause in den Städten schaut man ja auch erst mal nach links und rechts, ob nicht ein Auto gerade herannaht und einen überfährt, und so guckt man eben im Garamba auch vorher, ob ein Flusspferd vorhanden ist. Im Grunde ist es fast dasselbe, nur dass Flusspferde mir sehr viel sympathischer sind.

Am Ufer des Eleti machten wir noch eine kleine Entdeckung. Schon aus der Entfernung sahen wir dort etwas Helles liegen. Als wir hingingen, sahen wir, dass es ein auf dem Rücken liegender Waran war, dessen Kopf bereits fehlte. Zwei Bussarde waren aufgestiegen, die ihn bereits am Bauch angefressen hatten. Ob das Tier eines natürlichen Todes gestorben war oder wie es sonst sein Leben verloren hatte, konnten wir nicht feststellen. Bei den Zairern gelten sie übrigens als sehr schmackhaft. Oft werden sie lebend gefangen und auf die Märkte gebracht. Man sollte sich nur nicht beißen lassen, da sie sekundär giftig sind, nicht sie selbst, sondern die faulenden Fleischreste ihrer Mahlzeiten zwischen den Zähnen, die Gift bilden.

Oft fanden wir auch eine kriechende Pflanze mit gelben Blüten, und in einigen Jahreszeiten trug sie runde Früchte. Sie schmeckten wie Gurken und waren rund wie grüne Tischtennisbälle. Wir steckten sie in die Taschen und hatten somit eine weitere Bereicherung zu unserem Einheitsmenü Reis mit Bohnen. Wir freuten uns sehr darüber, und das zu Recht. Man lernte die kleinen Dinge zu schätzen. Wohlstand hängt doch wohl wirklich nicht von dem ab, wie viel man sich kaufen kann, wie unsere Gesellschaft so selbstherrlich verkündet und der Welt aufzudrängen versucht. Warum werden denn die Tiere ermordet und ausgerottet, die Urwälder gerodet und Flüsse verseucht. Doch nur ausschließlich des Geldes wegen, weil einige nie genug bekommen können, weil uns die Philosophie der immerwährenden Wachstumssteigerung weisgemacht wird. Weil, je seltener die Nashörner werden, der Preis ihrer Hörner umso mehr in die Höhe steigt. Und weil wir nie denken können, dass mal alles ein Ende finden wird, denn bisher waren wir Menschen noch nie so mächtig, irgendetwas Wichtiges tatsächlich zu vernichten.

Häufig liegen die Flüsschen in flachen Tälern, die durchwegs sumpfigen Grund hatten. Was staksten wir hier drin herum, um hindurchzukommen, bis zum Knie ging es durch die von Büffeln zerstampften Matschlöcher. Wieder sprang diesmal Dama schnell vor einer Schlange zurück. Und da saß auch ein Callao und beobachtete, was wir trieben. Und wir hatten Glück und fanden erneut ein Nest des Schattenvogels. Vor dem Abendrot der afrikanischen Sonne, die ihre Farben stark skizzierte, flogen sieben Ibisse zu ihren Schlafbäumen. Jetzt im März versammelten sich viele Schwalben zu ihrem Flug in den Norden. Auch sie hatten hier ihre Schlafplätze.

Der innerafrikanische Schwalbenzug ist sicherlich ein interessanter Forschungsbereich. Noch mehr Ibisse folgten knapp nach Sonnenuntergang. Dama war mit sich und der Welt zufrieden.

Anschließend hatten wir ein tolles Spektakel im Lager, während wir schlafend in den Zelten lagen. Eine große Elefantenherde lief auf ihrer Wanderung mitten durchs Camp hindurch. Wir hörten ihre Geräusche, die weichen Schritte, das Magengrummeln. Ganz dicht gingen sie an den Zelten vorbei, vorsichtig, ohne irgendetwas zu berühren. Sie waren noch nicht vorüber, da schlief ich wieder ein.

Weitere Nashornbeobachtungen

Unterdessen hatten wir das Lager gewechselt und befanden uns wieder in der Source Godowa. Immer und immer wieder trieb uns die Hoffnung, die letzten Nashörner zu finden, erneut los. Und wir sahen ja, letztendlich fand man sie doch, und jede Beobachtung entschädigte einen für die lange und anstrengende Suche, und jede Sichtung ergab neue Bausteine für ein Lebensbild dieser hochgradig bedrohten Tiere. Jede Spur, jedes Zeichen ihrer Anwesenheit war von Wichtigkeit und wurde exakt notiert, und selbst abends war für uns oft noch nicht Feierabend, sondern Tagesergebnisse mussten dann erst noch umgeschrieben, miteinander kombiniert und verglichen werden, und wir mussten diskutieren, wie wir die nächsten Tage vorgehen wollten. Aber nach und nach ergaben sich immer mehr Beobachtungsergebnisse zum Mosaik, welches dann später in Deutschland von mir wie ein Puzzle zusammengesetzt werden musste.

Als das Nashorn auftauchte, waren wir auch schon entdeckt. Es hatte sofort Wind von uns bekommen. Wenn auch nicht viel, so reichte es doch aus, um die Flucht zu ergreifen. Zwar hatten wir uns auf der Stelle niederfallen lassen, damit der höchst ungünstige

Wind über uns hinwegwehte, doch es war schon zu spät. Durch die eilige Flucht des Rhinos angesteckt, ergriffen die anwesenden Elefanten gleich mit das Weite. So hatten wir völlig ahnungslos beinahe eine ganze Massenflucht ausgelöst, die aber offenbar dafür sorgte, dass keines der Tiere so recht wusste, vor was sie eigentlich davonliefen. So blieben sie bald wieder stehen, guckten sich erstaunt und sichernd neugierig nach allen Seiten um, konnten aber nichts entdecken, und bald hatten sich alle beruhigt. Erleichtert stellten wir fest, das auch das Kenge anhielt. Sie waren zum Glück allesamt aus dem Wind gerannt. So schnupperte es eine Weile in der Luft herum, roch den Menschengeruch nicht mehr und schien sich nicht mehr ganz sicher. Dann war es wohl beruhigt und begann zu fressen.

Das Maul der Weißen Nashörner ist wirklich wie geschaffen, um auch kurzes Gras abzuweiden. Breit und gerade streift es wie ein Rasenmäher über den Erdboden. Links und rechts davon befinden sich auch gleich die von dicken Faltenringen umgebenen Nasenlöcher. So ist es kein Zufall, dass man sie auch Breitmaulnashörner nennt, im Gegensatz zu den wesentlich bekannteren Schwarzen oder Spitzmaulnashörnern des östlichen und südlichen Afrikas, denen es aber ebenfalls an das Horn ging, so dass auch sie bereits selten geworden sind und im Anhang I des Washingtoner Artenschutzübereinkommens aufgenommen werden mussten.

Das Rhinozeros hatte sich tatsächlich völlig beruhigt und graste friedlich vor sich hin. Da sich aber Büffel in der Nähe befanden, die, mit guten Augen versehen, jede Bewegung unsererseits registrieren würden, und auch der Wind aus wechselnden Richtungen säuselte, waren wir gezwungen, ständig auf Distanz zu bleiben. Es war ein adultes männliches Tier mit einem auffällig massigen und hohen Nackenhöcker, wogegen das Haupthorn relativ kurz, das hintere sehr kurz war. Bald begann der Bulle doch wieder zu sichern und blieb auch dabei, das Fressen ständig mit Sichern zu unterbrechen. Wir hatten das Nashorn relativ spät am Tag entdeckt. Es war nun gerade siebzehn Uhr vorbei, als es plötzlich schnell einige Meter nach rechts lief, sich dann umdrehte und so stehen blieb. Ob es doch feine Geruchsspuren von uns zugetragen bekam? Der aufmerksamen Kaffernbüffel wegen waren wir nicht in der Lage, völlig aus dem Wind zu schleichen. Plötzlich lief es nach zwei Minuten ohne ersichtlichen Anlass schnell davon.

Gebückt liefen wir hinterher. Da blieb es aber schon wieder stehen und hob aufs Neue lange sichernd den Kopf. Nach bald fünf Minuten stand es immer noch so da, jedoch begann der schwere Kopf mitunter bereits leicht herabzusinken, während die Hinterbeine nach hinten gestemmt waren. Noch eine kurze Weile blieb die Haltung unverändert, dann endlich begann es wieder zu fressen. Doch erneut wendete es sich uns voll zu. Wir sahen es direkt von vorne, mit dem Horn hoch in der Luft, während die Nasenlöcher arbeiteten. Es konnten sich nur ganz feine, kaum wahrnehmbare Geruchsspuren sich von uns in der Luft befinden, gerade um das Misstrauen des Kenge aufrechtzuhalten.

Plötzlich rannte es wieder davon, direkt zu den Büffeln, blieb bei ihnen stehen, wie um dort Schutz zu suchen. Oder sollten die Büffel uns dem Rhino mitteilen? Die bei ihnen befindlichen Madenhackerspechte waren sicherlich nicht dafür verantwortlich. Die Entfernung war denn doch zu groß, als dass sie uns als mitteilungswert erachten würden. Nach weiteren Minuten lief es weiter davon, die Büffelgruppe verlassend, stoppte aber ständig, um rückwärts zu sichern. Mit einem Mal blieb es stehen und begann sofort, ohne zu sichern, mit dem Grasen, was verwunderlich erschien. Ob es eine besonders wohlschmeckende Pflanze gefunden hatte? Schrittweise ging es langsam voran, immer lange verharrend. Schließlich blieb es stehen. Wie es das nächste Mal weiterlief, verloren wir es aus den

Augen. Es begann zu dämmern, und so wurde es höchste Zeit, rechtzeitig zum Camp zurückzukehren, denn wir konnten unmöglich noch in der Nacht unvorbereitet in der Savanne umherirren. Nicht nur, dass es dann wesentlich gefährlicher wäre und wir auch keine Nahrung dabeihatten, sondern dass wir womöglich auch das Lager nicht wiederfinden würden. Gerade noch mit der allerletzten Spur von Licht erreichten wir todmüde Godowa.

Tags darauf versuchten wir frühmorgens das Rhino vom Vorabend wiederzufinden, fanden auch schon bald nach einigem Suchen die frische Spur. Natürlich hatte ich sie vermessen. Aufgrund der Ähnlichkeit beim Vergleichen in der Kartei kam mir der Verdacht, es könnte vielleicht eines sein, das wir bereits bei Mulinda beobachtet hatten. Und tatsächlich, als wir der Fährte lange Zeit folgten, führte sie über die Piste auf die andere Seite und weiter direkt in Richtung auf Mulinda zu. Dabei wurde die Piste auch ein gutes Stück als Weg benutzt, aber ohne dass es sich um das geheimnisvolle Pistenrhino handelte, das viel größere Fußabdrücke hatte. Der Weg unseres Rhinos war recht ausgetreten, offensichtlich ein fester Wechsel, der regelmäßig begangen wurde und durch eine Art Revier führen musste, wenn es auch über große Entfernungen führte. Vermutlich hatte sich der Bulle während seiner subadulten Zeit frei und wild kreuz und quer wandernd langsam an eine bestimmte Wanderstrecke gewöhnt und war nun dabei, ein erstes Revier zu bilden.

Der Wind frischte bald auf und kam aus allen Richtungen. Die Früchte der Kigelia schaukelten an den Ästen. Einmal schwankte auch der Boden unter uns beim Durchqueren eines Moores, so dass wir uns ganz schnell zurückziehen mussten. Mbadi hatte mir einige Wochen zuvor erzählt, dass er einmal fast in einem Moor versunken wäre und schon bis zur Brust eingesackt war, ehe er von den Wildhütern ergriffen und herausgezogen werden konnte. Das hatte ihm einen ziemlichen Schrecken und Respekt vor schwankenden Böden eingebracht. Ein Elefant neben uns wedelte verärgert mit den Ohren, lief dann aber mit hoch erhobenem Rüssel auf seinen Kollegen zu. Dama wurde einmal von einer Elefantenkuh mit Jungem im hohen Gras ernsthaft attackiert. Man fühlte sich ja doch immer sehr hilflos, wenn einem so etwas zu Fuß geschieht, was auch wir drei noch zu spüren bekommen sollten. Die großen fingerlangen Heuschrecken, die so hübsch bunt, ja oftmals feuerrot aussahen, waren jetzt wirklich überall. Die runden betonharten Flächen, die sehr oft anzutreffen waren, wirkten in ihrer häufigen Anzahl wirklich beeindruckend. Auch unter unseren Zelten mörtelten und knasterten und scharrten die Termiten nächtelang unablässig, und baute man sie ab, waren unter den Zeltböden bereits ganze Siedlungen gebaut. Im Park gab es auch äußerst riesige glänzend schwarze Ameisen und zeitweise viele Braunkehlchen und Weihen. Aber wie dünn der Boden doch bewachsen war. Nirgends war Humus. Leicht konnte man sich vorstellen, wie schnell so etwas sich in Wüste verwandelt.

Wenn der heiße Wind mal nachließ, war es tagsüber unendlich ruhig in der Savanne. Sie rollte endlos wie ein Meer bis an den Horizont und darüber hinweg. Aber wie sehr musste das Ganze bewacht werden. Kaum mochte man es glauben. Sogar der Dungufluss im Süden wurde per Pirogen überwacht, da auch viele Zairer die Parkgrenzen von Süden überschreiten, um zu wildern. Neulich waren erst zwei solche Bewachungseinbäume gegeneinander gerollt und die Insassen mit ihren Flinten ins Wasser gefallen.

Stunden zogen wir schon dahin. Längst waren unsere Wasserflaschen leer, und so wurde es höchste Zeit, endlich eine Quelle zu erreichen. Aber wie enttäuscht waren wir, als wir endlich hinkamen, mit Vorfreude auf das frische Nass, aber die Quelle völlig verschmutzt vorfanden, weil ein Kaffernbüffel darin herum gestampft war. Alles war aufgewirbelt und sah aus wie eine dicke schwarze Matschsuppe. Das kann sich nur der vorstellen, der schon mal so richtig nach langem Marsch unter afrikanischer Sonne völlig ausgetrocknet war. Enttäuscht schimpften wir unsere Verärgerung von uns und versuchten ein Stück abwärts genießbares Wasser zu finden, aber auch das war alles verdreckt. Mit trockener Kehle zogen wir zur nächsten Quelle, die sich noch fünf Kilometer entfernt befand.

Die Flügelschnappenden Cystensänger waren noch immer fleißig aktiv am blauen Himmel. Und überall die vielen prächtigen Elefanten. Plötzlich schoss ein Falke inmitten eines Kleinvogelschwarmes und holte sich blitzartig einen einzelnen heraus, dass die Federn der Beute nur so stoben, als seine Krallen sich einschlugen, und leise zu Boden schwebten. Als sie ins Gras fielen, war der Falke schon längst auf und davon. Selten waren wir wirklich verschwitzt, aber dafür umso durstiger. Der Wind war außerordentlich trocken. Erneut fanden wir saftige runde Melonengewächse, die wie Gurken schmeckten. Durch die ersten Regenfälle waren viele Kigelia wunderbar aufgeblüht. Groß und schön gefärbt waren die Blüten, eine wahre Augenweide. Ab und zu fanden wir auch gebleichte Knochen in der Savanne zwischen den Grasbüscheln liegen. Sie stammten meist von Büffeln oder Elefanten. Niemand wusste mehr zu sagen, was ihre Todesursache war. Es starb sich mitunter so schnell und auf so verschiedene Weise in der Brousse, deren Gesetze vom Fressen und Gefressenwerden bestimmt sind, dass Fragen des Wie und Wann an Bedeutung verloren. Trotzdem ging man hin, fand hier noch einen Knochen und dort, drehte den Schädel, der kleinen Tierchen inzwischen als Wohnraum diente, und ging unbeeindruckt weiter.

Die Wildhüter freuten sich, dass ich von der Sonne so schön kräftig braun geworden war, was sie besonders unter dem Armband registrierten. In der Ferne des Secteur Rouge tobten noch immer die

Grasfeuer, und der Qualm verdunkelte die Atmosphäre darüber. Die starken frühen Regenfälle hatten sie nicht völlig zum Erlöschen bringen können. Vielleicht hatte man sie aber auch gleich anschließend aufs Neue entfacht. An der Quelle fanden wir wieder eine der kleinen schwarzen Schlangen, die offenbar sehr häufig zu sein schienen. Diese verharrte ganz ruhig. Eine große hellbraune Krabbe mit Scheren war auch da und hockte im Wasser. Sicher beobachtete sie uns. Das Thermometer zeigte unter den schattigen Bäumen dreißig Grad Celsius. Eine ganze Weile bewegte sich eine Gruppe von Kuhantilopen vor uns her. Immer wieder guckten die Büffel neugierig, was wir sind, ehe sie davongaloppierten. Die Abendexkursion verlief ohne Rhino.

Irgendwann führte uns der Weg auch wieder nach NaZege Zege. Es war ein stundenlanger Gewaltmarsch quer durch das Gebiet der Weißen Nashörner, beladen mit unserem tragbaren Camp, alles andere als leicht. Während des Marsches träumte ich gelegentlich von angenehmen Dingen, Wanderungen im Harz zum Beispiel, wo sich an jeder Ecke ein Gasthaus mit kühlem Bier befand. Oder Dünenwandern auf Sylt und Amrum, Schwimmen in der Nordsee mit anschließenden Eisbechern. Aber eine Leckerei stand uns doch noch am Abend bevor. Zwei Freunde, die mich in Kinshasa besuchen kamen, hinterließen mir nämlich auch eine Packung Kartoffelmuspulver mit einer Tüte Dr. Ritters Eiweiß 2000. Na, wenn das nichts war, worauf man sich freuen konnte. Heute also kein Reis und keine Bohnen.

Ich kochte also Wasser, kippte das blätterige Muspulver hinein, tat Doktors Eiweiß 2000 dazu, verrührte das ganze zusammen mit den vielen Gewürzen, und fertig war das Festessen. Dama war der Erste, den wir probieren ließen. Erwartungsvoll beobachtete ich ihn und vernahm zu meiner Genugtuung, wie sich sein mit den Narben seines Stammes versehenes Gesicht verzückt in die Breite zog und ein verklärtes ›Kitoko‹ zu hören war, was so viel wie wunderbar bedeutete. Offensichtlich verlangte ihm nach mehr, leider hatten wir nicht so viel davon. Lengwa war schon wesentlich vorsichtiger beim Probieren, denn die Medizinmänner seines Urwaldstammes hantierten ja mit den verschiedensten Giften für jeden Zweck. Wenn man da aufgewachsen ist, bekommt man das Misstrauen gleich in die Wiege gelegt. »Wie Fufu«, sagte Dama und meinte damit den Maniokbrei. Als auch ich meinen Teller verputzt hatte, musste ich zugeben, das es ausgezeichnet war, wenn auch glücklicherweise nicht wie Maniok, und selbst dieses Pulvereiweiß 2000 war gar nicht so schlecht. Es erinnerte mich an eines Freundes Überlebensnahrung aus der Astronautentechnik, was er uns für eine Winterskitour in der norwegischen Hardanger Vidda mitgab. Selbst mein dortiger Expeditionschefkoch Schlenker hätte es nicht besser kochen können. Als Nachspeise gab es für jeden zwei kugelige Gurken aus der Savanne. So brachten wir den anstrengenden Wandertag mit einem lukullischen Mahl zu einem gelungenen Abschluss.

Ein spannender Rhinotag stand uns bevor. Zwei Sichtungen sollten uns beschert werden. Es ist wirklich besonders schön, dass man morgens nie wusste, was bis zum Abend alles geschehen würde, und praktisch jeder Tag brachte schöne aufregende Erlebnisse verschiedenster Art. Die eigentlichen Höhepunkte brachten immer die Weißen Nashörner, und nicht immer waren wir die Ersten, die sie entdeckten, sondern gelegentlich wurden wir als Erstes wahrgenommen. Als wir es sahen, war es auch schon am Schnuppern und lief uns davon. Aber wir fanden es wieder und mussten uns sehr beeilen, denn es befand sich in weiter Ferne, und wir rannten förmlich auf das Kenge zu, ehe es sich davonmachte. Zwischendurch ging es auf einen Baum hinauf, schnell wurde die Richtung gepeilt, und wieder ging es auf das Rhino zu. Schließlich hatten wir dem Tier den Weg abgeschnitten und duckten uns hinter einem Termitenhaufen. Da kam es auch schon daher, der Savannenkoloss, lief direkt am Haufen vorüber, und wir hängten uns an seine Fersen. Mitunter war es sogar so, dass das Nashorn uns folgte und wir vorauseilten. Das klingt unglaublich, war aber tatsächlich so, denn wenn der Wind ungünstig, das heißt von hinten, wehte, mussten wir schon voraus sein, sonst würde es uns riechen und flüchten. So befanden wir uns also voraus, und es war alles andere als einfach, denn Nashörner wandern oft sehr zügig, und wir rannten förmlich dem Rhinozeros voraus, das uns nichtsahnend folgte.

Der Nasenhöcker war nicht sehr hoch. Dadurch wirkten die trichterförmigen Ohren noch auffälliger als sonst. Sie waren sehr stark behaart und mit einem weichen kastanienbraunen Saum versehen. Das Horn war lang, aber sehr dünn. Das deutet auf ein weibliches Tier hin. Oder sollte es ein junger Bulle sein? Und da war auch die Spur. Dreißig Zentimeter lang, vierundzwanzig Zentimeter breit, las ich vom Maß ab und notierte es. Da war noch eine. Diesmal vermaß ich achtundzwanzigeinhalb sowie zwanzig Zentimeter. Das musste also der hintere Abdruck sein. Vorne waren sie immer größer als hinten. Es war noch keine neun Uhr, wenn wir uns also vorsichtig verhielten und Glück mit dem Wind hatten, könnten wir es auf seiner Wanderung begleiten, bis es müde zu werden begann. Hätten wir zwanzig bis dreißig Meter Abstand, könnten wir dem Nashorn sogar aufrecht folgen, und nur wenn es stehen blieb, um sich umzusehen, mussten auch wir stehen bleiben. Natürlich sah es dann irgendetwas hinter sich, da dieses sich aber nicht bewegte, hielt es uns in seiner Kurzsichtigkeit wohl für drei abgestorbene Bäume.

Das Rhino lief langsam trottend weiter, während ich per Kartenskizze und Kompass in etwa die Wanderrichtung festzuhalten versuchte. Plötzlich trabte es wieder recht schnell. Es war eine lange und spannende Verfolgung. Große Bögen wanderte es, durch Flusstäler, über Höhenzüge, und ich hatte den Eindruck, das Nashorn wusste jeweils immer, wo es sich befand, und hatte einen genauen Weg vor Augen. Zu sicher bewegte es sich. Es sah beeindruckend aus, wie der seltene hochgradig bedrohte Dickhäuter durch die Savanne streifte, ein grauer Fleck im Gras, unter einem weiten Himmel, wo er kaum noch Möglichkeiten zum Überleben fand.

Oft herrscht die irrige Meinung vor, Nashörner würden plump und stumpfsinnig durch die Gegend trampeln und alles niederwälzen, was ihnen an Buschwerk in den Weg kommt. Das ist allerdings überhaupt nicht den Tatsachen entsprechend. Sie schweben nämlich beinahe durch das Gras hindurch. Ganz locker und luftig ist ihr Gang, erfüllt von federndem Elan, der ihnen den Anblick eines eleganten Wesens gibt. Das kann man sich auch leicht vorstellen, indem man sich einmal das Fußskelett näher betrachtet. Sie stehen gar nicht flach mit der ganzen Fußfläche am Boden, wie wir Menschen beispielsweise,sie stehen auch nicht mit den fünf Zehen flach da, nein, sie stehen und wandern auf Zehenspitzen, und das auch nicht einmal auf allen fünf je Fuß, sondern nur mit dreien. Die beiden außen stehenden Zehen sind zurückgebildet und funktionslos geworden. So sind ihre Bewegungen tänzelnd wie die einer Ballerina, und die Verwandtschaft zu den Pferden wird ebenfalls verständlicher. Das, was die Beine so dick aussehen lässt, ist eigentlich nur ein Stützpolster, aus dem vorne die drei nicht zusammengewachsenen Hufe hervorsehen. Nashörner gehören zu den Huftieren, genauer zu den Unpaarhufern, so wie auch Büffel und Klippschliefer. Tatsächlich sind diese optisch wie Murmeltiere wirkenden Tierchen stammesgeschichtlich mit Nashörnern verwandt, wie morphologisch nachgewiesen ist. Auch Tapire gehören in diese Verwandtschaftsgruppe hinein.

Was mochte das Rhino veranlassen, so zügig und zielstrebig dahinzuziehen? Offensichtlich war es ein subadultes Männchen. Ob es auf der Suche nach einem weiblichen Tier war? Auf der Suche nach Artgenossen überhaupt? Weiße Nashörner leben sehr gern in lockeren Gruppen zusammen. Sie brauchen den Kontakt zu ihren Artgenossen, aber wie sollen sie ihn bei etwa zwei Dutzend Exemplaren finden, die hier in einem riesigen Areal verteilt leben und sich nur zufällig einmal begegnen? Leichtfüßig eilte das Kenge dahin, gleichmäßigen raschen Schrittes, ausdauernd und zielstrebig.

Wieder kam ein Flusstal, herrlich grün, von einem Flüsschen mit ganz flachen Ufern durchzogen. Bestimmt würde es dort zum Fressen rasten wollen. Aber dem war nicht so. Ohne auch nur einmal stehen zu bleiben, zog es dahin, links das Tal entlang, dann über den Bach, den Talhang hoch und drüben wieder rechts zurück. Da stieß es auf eine kleine Gruppe Elefanten, die die gleiche Wanderung innehatten. Und da geschah es. Das Nashorn schloss sich diesen anderen Dickhäutern kurz an. Warum tat es das? War es aus Einsamkeit? Oder einfach nur, weil der Weg in etwa der gleiche war? Leider konnten wir es nicht fragen. Ein faszinierender Anblick bot sich uns allemal dar. Die beiden größten Savannenriesen, die größten Landtiere auf der Erde, gemeinsam auf Wanderschaft. Nashorn und Elefant. Unten am Talgrund folgten wir parallel der ungleichen Gruppe, die neben uns ihren gemeinsamen Lebensraum durchwanderte. Mit welchen Gedankengängen mochten sie einander begegnet sein? Welche Emotionen spielten eine Rolle? Vielleicht ja auch gar keine? Elefanten haben durchaus zahlreiche Gedanken, können kombinieren und sind individuell veranlagt. Warum sollen Nashörner das nicht? Mir war schon lange klar, dass sie nicht diese stupiden angriffslustigen Rhinozerosse waren, die man aus ihnen zu machen pflegte, sondern unterschiedlich veranlagte Individuen, über die noch viel zu wenig bekannt ist.

Eine ganze Weile schritten sie gemeinsam dahin, ehe sie sich trennten. Das heißt, die Elefanten wurden langsamer, und das

Kenge ging weiter voraus, tief in die Brousse hinein. Schließlich durchquerte es einen Sumpf, ohne jedoch die Gelegenheit zu einem Bad zu ergreifen, watete hindurch, matschend und platschend, und wanderte weiter fort über das trockene Gras. Mühsam folgten wir nach, zogen die Beine aus dem zähen schwarzen Schlamm, um sofort wieder zu versinken, ehe wir schwer mit Schlick beladen und beschmiert auf der anderen Seite hervorschwankten und die Grashalme den trocknenden Dreck abreiben konnten.

Dann endlich, der Vormittag war halb vorüber, blieb das Nashorn im Schatten eines einzelnen Baumes stehen, verharrte lange, und nur gelegentlich kringelte sich der Schwanz. Mit derselben Ausdauer, mit der es sich fortbewegte, stand es nun bewegungslos. Nichts rührte sich, die Ohren waren aufrecht mit der Öffnung nach vorn gerichtet. Eine halbe Stunde verging, noch mehr, da öffnete es mit einem Mal den Mund und gähnte. Ohne Zweifel war es müde. Gleich darauf legte es sich hin, stand aber nach wenigen Minuten wieder auf. Viele Braunkehlchen flogen um das Rhino herum. Nach einer Viertelstunde knickten die Hinterbeine erneut ein, und es plumpste nieder, stand bald aber noch einmal auf, die Vorderbeine zuerst hochstemmend, um den schweren Körper hochzuwuchten.

Die Lerchen sangen wunderschön in der Stille des heißen Tages und hatten auf das Nashorn, wie es schien, eine sehr beruhigende Wirkung. Zwischendurch zupfte es ein paar Halme. Wiederholt war mir dies in solch einer Situation aufgefallen und diente sicherlich nicht einer echten Nahrungsaufnahme. Vielleicht war es eine Übersprungshandlung, um irgendetwas zu tun. Vielleicht einfach, um die Kiefer spielerisch zu bewegen. Plötzlich kam eine Windbö auf, direkt von uns zum Rhino, und ohne zu überlegen oder auch nur zu schnüffeln, rannte das Nashorn davon und war auch schon über alle Berge entschwunden, so schnell, dass es unmöglich war zu folgen. Es hatte eine volle Prise Geruch erhalten.

Ein bisschen verärgert über den unberechenbaren Wind erhoben wir uns und überlegten, was wir nun am besten zu tun gedachten. Wir beschlossen, erst einmal eine bestimmte Richtung einzuschlagen, um dort die Gegend zu durchstreifen, entdeckten aber zu unserer großen Überraschung nur ein paar hundert Meter entfernt ein anderes Nashorn, das dort unter einem Baum ruhte. Das war ja ein Ding. Die ganze Zeit befanden wir uns so dicht beieinander, und weder wir noch das beobachtete Rhino hatte irgendetwas davon bemerkt. Wir freuten uns riesig. Doch dann wurde es wieder ernst, und mit erregter Spannung schlichen wir uns an.

Es war Viertel vor zwölf. Ein Termitenhaufen ragte nicht weit vom Schatten spendenden Baum mit dem Rhinozeros darunter allein aus den gelben Grashalmen. Das war ja ideal. Ein im wahrsten Sinne des Wortes hervorragendes Versteck. Vorsichtig pirschten wir herbei, erreichten auch unbemerkt die steinerne Burg und spähten darüber hinweg zum nahen Kenge. Ein großer Bulle war es, sehr groß, und auch seine Ohren waren stark behaart. Hatte der geflüchtete Jungbulle tatsächlich nicht gewusst, in wessen Revier er sich befand? Anhand der Geruchsmarken hätte es ihm klar sein müssen. Aber vielleicht hatte er deswegen hin und wieder die einzelnen Grashalme gekaut auf seiner Rast, um wach zu bleiben, oder aus Nervosität, die aus der Unsicherheit resultierte.

Der Dickhäuter schien im Stehen zu schlafen. Der Kopf hing meistens herab, nur spärliche Bewegungen waren zu verzeichnen. Dabei können sie sich durchaus bequem hinlegen, einen Fuß wie ein Kopfkissen unter den Hals gelegt. Im Zoo und selten in freier Wildbahn sieht man sie auch seitlich liegen, alle Beine weit ausgestreckt. Dabei können sie auch ohne weiteres laut schnarchen. Dabei müssen sie sich aber schon außerordentlich sicher fühlen, dauert es aus dieser flachen Haltung doch wesentlich länger, wieder auf die Beine zu kommen. Dieses hier döste wohl mehr eine Weile vor sich hin. Ein beeindruckender Anblick, Auge in Auge mit dem Kenge.

Ich machte ein paar Notizen, dann einige Fotos. Das Nashorn hörte das Klicken der Kamera natürlich auch, klappte aber nur kurz die Ohren zu uns, ohne sich sonst viel darum zu kümmern. Für solche metallischen Klickgeräusche hatte es wohl kein Feindbild. Dabei reichte mitunter schon ein geringes ungewohntes Geräusch, um ein Nashorn in die Höhe schnellen zu lassen. Ein Baum mit Nashorn, ein Termitenhügel mit drei Menschen, befanden sich gegenüber. Rundherum wellige Savanne. Es war schon beeindruckend.

Heiß stach die Mittagssonne vom Zenit. Wir waren wieder schattenlos, in jeglicher Hinsicht. Ich sah die Karteikarten der Rhinobullen durch. Sie waren teilweise schon veraltet und nicht mehr up to date. Schließlich wächst so ein Rhinohorn ständig. So fiel die Bestimmung sehr schwer, und ich machte zum Foto eine neue Skizze, die die aktuelle Hornform wiedergab. So verging die Zeit.

Überraschend hörten wir plötzlich Wind. Starr standen wir da, ich hielt noch den Fotoapparat erhoben. Wir alle drei wussten sofort Bescheid. Die drei oder vier Sekunden, bis der Wind uns erreichte, nahmen wir voll bewusst wahr, hörten am herannahenden Rascheln, dass er von hinten kam, jeden Moment bei uns sein musste und im selben Augenblick unsere Gerüche in die Nase des Rhinos trug. Aber es war keine Zeit, irgendetwas zu tun, etwas zu denken. Da richtete sich das Weiße Nashorn auch schon laut schnaubend hoch empor, drehte sich um sich selbst, dann auch schon bedrohlich aufschnaubend uns zu und sprang in gewaltig dynamischen Sätzen, durch das gelbe Schilfgras brechend, direkt auf uns zu. Blitzartig war es dicht vor uns, das Horn hoch aufragend.

Alles ging rasend schnell vor sich. Dama versuchte zu flüchten, ich zerrte ihn zurück, Lengwa rief und fuchtelte herum, und ich, kaum mochte ich es hinterher glauben, drückte auf den Auslöser der Kamera, zweimal, dreimal, bis die wuchtige springende Masse sich vor uns befand, uns eindeutig vor sich sah. Wütend schnaubte uns der Steppenkoloss entgegen, nur noch zwei Meter entfernt, tänzelte herum und lief links neben uns vorbei, schlug einen großen Bogen um uns herum, dabei öfter stehen bleibend, und war schließlich in der Savanne untergetaucht.

Puh, das ging ja gerade noch einmal gut. Erleichtert atmeten wir auf. Etwas, was ich kaum für möglich hielt bei all den flüchtenden Rhinos, war soeben glimpflich verlaufen. Ein überraschender Scheinangriff, denn ich bin immer noch überzeugt, dass es einer in der ersten Überraschung und kein wirklicher Angriff auf uns war. Aber wenn man wirklich Pech hat, kann auch so etwas einmal schief gehen, obwohl Weiße Nashörner fast immer ausgesprochen defensiv sind. Aber eben nur fast immer. Einer Missionarsgruppe zerbeulte ein Nördliches Weißes Rhino einmal das Geländeauto. So beredeten wir erst mal ausgiebig den Fall, wiederholten, was wir sahen, lachten über uns, bis wir uns vom Herzklopfen auf den Schrecken hin wieder erholt hatten. Wir suchten noch die Spur, vermaßen sie, dann zogen wir weiter in die Brousse hinein.

Über das Verhalten

Grundsätzlich ist das Weiße Nashorn ein Graser. Das allein besagt schon, dass es abhängig von seinem Lebensraum ist. Bedenkt man dazu noch, dass nicht sämtliche Grasarten als Nahrung in Betracht kommen und an vielen Stellen diese in bestimmten Jahreszeiten nicht mehr ausreichend zur Verfügung stehen, so sieht man, dass wetterbedingt auch nur bestimmte Gebiete für die Verbreitung in Frage kommen.

Zur so genannten Steinzeit in Afrika waren die Weißen Rhinos noch wesentlich weiter verbreitet, ja gehörten selbst in Nordafrika wie in Algerien und Südtunesien zur üblichen Fauna. Das hat sich natürlich grundlegend gewandelt. Mit dem naturbedingten Schrumpfen der zentralafrikanischen Urwälder, die sich vor 50.000 bis 12.000 Jahren noch nach Ostafrika erstreckten, weitete sich, beschleunigt durch menschliche Eingriffe, im Norden des Kontinents die Wüste aus, und die Rhinos wurden südlich der Sahelzone in den Savannen zwischen Tschad und Uganda bis an die Ränder der Urwälder zusammengedrängt. Ähnlich, nur andersherum, geschah es bei der entstandenen südlichen Unterart *C. simum simum*, wobei die Flusssysteme des Nil und Sambesi eine offensichtlich wichtige Rolle in der neuen Verbreitung darstellten. Sicherlich waren sie früher mit mehr Wasser gefüllt und nahezu unüberwindlich. So haben sie dem heutigen Wissen zufolge in der Neuzeit nie östlich des Nils gelebt, wenn man durch menschliche Umsiedelungen während der letzten gut zwanzig Jahre nördlicher *C. simum cottoni* in Uganda und südlicher *C. simum simum* nach Kenia einmal absieht, obwohl sich dadurch gezeigt hat, dass sie auch dort noch hätten existieren können, so wie der frühere Vorläufer *Ceratotherium praecox*, aus dem die beiden heutigen Unterarten resultieren.

In allen Lebensräumen wird meist kürzeres Gras bestimmter Arten bevorzugt, und erst wenn dieses, jahreszeitlich bedingt ausfällt, fressen sie auch höhere Grasarten. Der bekannte südafrikanische Verhaltensforscher Norman Owen-Smith vertritt die Meinung, dass die beachtliche Körpergröße der Weißen Nashörner im Zusammenhang mit ihrer Körperfläche sich positiv gegen einen Gewichtsverlust während nahrungsarmer Zeiten auswirkt. Ähnliches kennt man ja auch bei Säugetieren gleicher Art, die nach den Polen hin größer werden und dadurch im Verhältnis zur Körpermasse weniger Wärme abstrahlen.

Die Hauptnahrungszeiten sind während der Morgen- und Nachmittagsstunden bis in den Abend hinein, können jedoch insbesondere während Trockenzeiten den ganzen Tag und sogar während der Nacht hindurch andauern. Kühe und subadulte Weiße Rhinos mitsamt etwas älteren Jungtieren grasen häufig in Gesellschaft miteinander, im Gegensatz zum Spitzmaulnashorn, das lieber solitär lebt, alte Bullen dagegen meist allein oder separat von einer Gruppe. Geruht wird meist an schattenspendenden Orten, also gewöhnlich unter Bäumen, und zwar sowohl liegend als auch im Stehen. Dazu nutzen sie sehr oft bekannte und immer wieder gern aufgesuchte Plätze. Doch selbst im Wasser von Tümpeln liegend, werden manchmal viele Stunden der heißesten Tageszeit verbracht.

Da Weiße Nashörner gerne gesellig leben, lässt sich mehr von ihrem Sozialverhalten beobachten. Die natürlichste und engste Gruppenbildung ist naturgemäß die zwischen Mutter und Jungtier, die bis zu drei Jahren andauert, selbst wenn ab dem zweiten Jahr ein weiteres Kalb geboren wird. Aber spätestens ab dem vierten Jahr verlässt das Jungtier die Mutter und sucht sich seine eigenen Wege, lebt dabei jedoch nicht selten mit anderen subadulten Rhinos zusammen, was besonders die jungen Männchen angeht, die dann lange Zeit durch die Weite der Savanne streifen, während die Weibchen sich gelegentlich immer wieder zusammenfinden, um gemeinschaftlich zu grasen. Erst wenn die Kühe ihren ersten Östrus etwa im Alter von fünf Jahren bekommen, erhalten sie des Öfteren Besuch von Bullen, die mit etwa acht Jahren geschlechtsreif werden. Spätestens dann sieht man diese auch hauptsächlich einzeln durch die Gegend streifen und gewöhnlich Reviere ausbilden, die sie gegen andere Bullen verteidigen und regelmäßig durchwandern und markieren. Erwachsene Bullen und Kühe haben getrennte Reviere, die sich jedoch an den Rändern überschneiden, so dass sie sich immer wieder begegnen, sich aber auch aus dem Weg gehen können.

Nun gibt es auch unter Weißen Nashörnern Rangordnungen, und zwar sowohl bei Bullen wie bei Kühen, so dass man sie als ranghohe

Alpha- oder rangniedrigere Beta-Tiere bezeichnen kann. Durchaus können diese Ränge im Laufe der Zeit variieren, sich verändern, was auf unterschiedliche Einflüsse zurückzuführen sein kann. Ja, selbst Freundschaften sind unter Nashörnern üblich, und sie kennen sich im Allgemeinen untereinander. In Gruppen hat man bereits bis zu achtzehn Individuen gemeinsam angetroffen, in seltenen Fällen sogar über zwanzig oder gar dreißig. Bullen werden jedoch fast nie geduldet, wenn doch, dann nur wenn sie sich sexuell von den Weibchen zurückhalten. Es ist beobachtet worden, dass diese die Anwesenheit von Jungtieren kaum tolerieren und die Kälber somit in ständiger Gefahr schweben. Ob es grundsätzlich so ist, vermag ich nicht zu sagen; bei Gefangenschaftsbeobachtungen im Auslaufsafaripark Hodenhagen habe ich bei den Südlichen Rhinos jedenfalls entgegengesetzte Beobachtungen gemacht, wo der adulte Bulle gar mit dem Jungtier spielte und eifrig des Öfteren Horndrücken veranstaltete, was die Mutter auch durchaus duldete. Trotzdem hielt er sich den größten Teil der Tageszeit solitär abseits der Gruppe. In Zululand selbst, wo diese Population herstammte, gelangen mir derartige Beobachtungen nicht, wo grundsätzlich die Kühe mit ihren Kälbern gemeinsam äsend durch den Busch zogen und die Bullen sich ohne direkten Kontakt zu Jungtieren abseits hielten.

Es ist natürlich verständlich, dass Jungtiere zunächst erst einmal den Lebensraum des Muttertieres genau kennen lernen, von ihr lernen und selbst beginnen, die Gegend für sich zu erforschen. Gelegentlich sieht man solch ein Jungtier ganz ruhig fast verträumt dastehen und in die Ferne lauschen, wo es möglicherweise irgendein Geräusch vernimmt und davon völlig gebannt zu sein scheint. Plötzlich regt es sich dann wieder und beginnt, irgendeine Tätigkeit aufzunehmen. Wie alle jungen Tiere sind auch kleine Nashörnchen sehr neugierig und müssen alles untersuchen und sich einprägen. Ganz Kleine halten sich noch sehr dicht bei der Mutter, jedoch umso älter sie werden, desto größer und weit entfernter werden auch ihre selbständigen Ausflüge und desto mehr nehmen sie Kontakt zu anderen Nashörnern auf, um auch den Umgang mit ihnen zu lernen. Mit Sicherheit spielt ihre Geruchswelt eine ganz außerordentliche Rolle, die für uns jedoch nur schwer kennen zu lernen ist.

Nashörner beriechen sich auch mit ihren Nasen direkt, weit wichtiger dürfte jedoch die Geruchsaufnahme aus den Kothaufen oder den uringetränkten Kratzspuren sein. Eine direkte Verständigung besteht in Form von diversen Gebärden, die somit optisch wahrgenommen werden oder durch Körperberührung. Eine Zeichensprache kann mit den Ohren beispielsweise durchgeführt werden, indem sie vor oder zurückgestreckt werden, Stoßen mit dem Horn, Heben und Senken des Kopfes, Umstülpen der Lippen oder Öffnen des Mundes. Relativ abwechslungsreich ist aber auch die stimmliche Lautäußerung, die ein ganzes Repertoire aufweist und die verschiedensten Bedeutungen haben kann. Die meiste Zeit sind die Nashörner jedoch stumm, was auch den Vorteil hat, dass sie sich besser auf Geräusche der Umgebung konzentrieren können, was wild lebende Rhinos immerzu praktizieren, wie man deutlich an der ständigen Bewegung der großen Ohrtrichter sehen kann.

Menschen scheinen offenbar vom Paarungsverhalten der Nashörner angetan zu sein, und vielen ist bekannt, dass sie sich sehr oft paaren. Tatsächlich kann eine solche Paarung weit über eine Stunde dauern, während der der Penis des Bullen eingeführt bleibt und es zu einer ständigen Folge von Samenergüssen während der recht langen Zeitdauer kommt. Es ist ein Bild von Urgiganten, wenn der Bulle hoch auf die Kuh aufgeritten ist und auf zwei Beinen steht, während die beiden Vorderbeine auf dem Rücken der Kuh liegen. Solch eine Paarung ist nur in größeren Abständen möglich, denn nur zur Zeit des Östrus lässt die Rhinokuh das Männchen an sich heran, das den Willen des Weibchens auch immer akzeptiert. Nur in engen Zoogehegen kann es zu einer ziemlichen Not des Männchens führen, wenn es keine Möglichkeit hat, sich ausreichend zu entfernen.

Das Bad der Nashörner ist von ziemlicher Wichtigkeit, vor allem der Schlamm, der in die Hautfalten eingepresst wird. In ihm trocknen zahlreiche Parasiten ein und werden nach dem Trocknen entweder an Steinen oder Bäumen herausgerieben, oder man rubbelt sich gar gegenseitig mit der breiten Schnauze wieder sauber, was gleichzeitig ein idealer Hautkontakt unter den Nashörnern ist. Ist weder Schlamm noch Wasser gerade in schnell erreichbarer Nähe, so reicht oft auch bereits ein Bad im Sand, in dem sich gewälzt wird. Des Öfteren beobachtete ich auch, wie Nashörner sich mit gespreizten Hinterbeinen über einen Stein oder Termitenhaufen stellten, um sich so den Bauch oder zwischen den Beinen ausgiebig kratzen zu können. Da häufig nur ein solch günstiger Stein gerade in der Nähe ist, so kann es dort auch zu kleinen Geplänkeln kommen, wenn mehrere Rhinos den Wunsch hegen, sich dort kratzen zu wollen. Dazu werden häufig immer dieselben Kratzsteine verwendet, so dass sie nach einiger Zeit ganz glatt poliert sind.

Eigenartig sind die halbbogenförmigen Schabespuren, die Weiße Nashörner im Sand anlegen. Dazu haben sie zwei Möglichkeiten. Entweder mit einem Vorderfuß oder aber mit dem Maul beziehungsweise dem Hornansatz, indem der Fuß einmal über den Boden streicht oder im zweiten Fall der Hornansatz auf den Boden gestemmt wird und somit Maul und Horn seitwärts hin und her gerieben werden. Das kann zehnmal oder öfter hintereinander geschehen. Auch mit den Hinterbeinen werden parallele Kratzspuren in den Sand gezogen, oft reflexartig, und genau darauf wird dann uriniert. Welche Bedeutung erstes Beispiel mit dem Vorderfuß hat, vermag ich nicht zu sagen. Das Reiben mit dem Horn oder Maul wird wohl einfach dem Bedürfnis entspringen, sich diese Gesichtspartie zu schaben, oder vielleicht auch dem Versuch, Mineralien aufzunehmen. Eine Parallelität ergibt sich zum ausgestorbenen Wollnashorn, die das schmale, aber sehr lange Fronthorn ebenso hin und her bewegen, um den Schnee zur Seite zu schieben. Die Tätigkeit der Hinterfüße könnte dagegen zwei Aufgaben erfüllen. Zum einen kann es einfach ein Reflex sein, um den Harntrieb bei den Bullen zum Markieren anzuregen, denn unmittelbar darauf erfolgen zwei oder drei kräftige Stöße der Urinabgabe genau auf die Kratzspur. Die andere könnte sein, dass es sich um das Anlegen eines Kommunikationsplatzes handelt, ähnlich den großen Kothaufen, die über Monate und Jahre hinweg angelegt werden und größer und größer werden. Information untereinander oder Hinweis auf Revierbegrenzung könnten hierbei ausschlaggebend sein. Sie kennen sich ja auch untereinander und bleiben so genau in Kontakt zueinander, auch über Entfernungen und Zeiträume.

Auch Rhinokühe haben durchaus Reviere, in denen sie sich bevorzugt aufhalten. Diese werden jedoch nicht streng eingehalten wie die der Bullen, sondern überschneiden sich ständig, was natürlich auch notwendig ist, wenn sie miteinander mit überwiegend subadulten Kühen auf gemeinsame Grasungswanderungen gehen. Auch bei Bullenrevieren kann es in den Randgebieten zu Überschneidungen kommen. So umfasst nach den Untersuchungen von Owen-Smith ein Weibchengebiet durchaus ein sechs bis siebenmal größeres Territorium als das eines Männchens. Aber auch diese sind ständig bemüht, ihr Revier auszudehnen, so unternehmen sie immer wieder Kundschaftsausflüge, um festzustellen, welche Gegenden der Umgebung noch oder wieder frei sind. Dazu kann es natürlich oft zu Streitigkeiten zwischen den Revierinhabern kommen, die dann mit gesenkten Hörnern Kämpfe durchführen, wobei jedoch meistens der Inhaber des Territoriums die Oberhand behält. Subadulte Bullen haben sehr oft das Recht, sich im Gebiet eines Alpha-Bullen aufzuhalten, ohne dass dieser sie zu vertreiben versucht. Kritisch wird es erst, wenn dieser selbst versucht, sich ein eigenes Revier festzulegen. Solange sie aber friedlich bleiben, dürfen sie all die Nahrungsplätze, Schlammsuhlen oder Kotplätze mit benutzen, was auch dafür spricht, dass adulte Männchen nicht gerne allein sein mögen, sondern eine gewisse Gesellschaft von Artgenossen durchaus zu schätzen wissen.

Wir haben festgestellt, dass Weiße Nashörner auch durchaus nachtaktiv sind und teilweise während einer einzigen Nacht noch bis zu zwanzig Kilometer weitergewandert sind, jedoch sind Beobachtungen im Dunkeln schwierig und daher selten. Im Zoo von Dvur Kralove beobachtete ich sie auch des Nachts, in freier Wildbahn jedoch nur selten über den Einbruch der Dunkelheit hinweg, während sie grasten und weideten, bis ich sie schließlich aus den Augen verlor. Lutz Heck und andere berichteten jedoch davon, dass Weiße Nashörner vor Blitzlichtern extrem erschrecken und sofort das Weite suchen. Eine fantastische Geschichte geistert durch das südliche Afrika, wonach Weiße Nashörner nächtliche Lagerfeuer angreifen, die drumherum ruhenden Menschen auf die Bäume jagen, um darauf mit den Hinterfüßen eifrig das Feuer auszutreten. Eine ernstzunehmende Bestätigung dieses märchenhaften Phänomens ist mir jedoch noch nicht zu Ohren gekommen. Aber ich bin mir sicher, dass noch so manches Unentdeckte bei den Nashörnern, diesen wunderbar urigen Geschöpfen, zum Vorschein kommen wird. Die Voraussetzung dafür ist jedoch, dass wir ihnen das Recht zu leben zugestehen.

Das Wildererlager

Am Nachmittag stießen wir auf einen Wildwechsel, und als wir ihm folgten, fanden wir Rhinospuren unterschiedlichen Alters. Das war ja eine richtige häufig begangene Straße von Nashörnern. Wir wanderten darauf entlang und erreichten so schließlich ein Rhinoklo. Es handelte sich um eine vegetationsfreie Stelle von gut sechzehn Metern im Quadrat, die vollständig vollgekötelt war. Eine richtig dicke Kotschicht, wohl schon Jahre alt, war dort aufgetragen, verschiedenen Alters natürlich, einige Ballen noch ganz frisch. Manche waren kürzlich erst aufgebrochen worden. Revierhabende und vor allem regelmäßig Wegwechsel gehende Nashörner machen nicht überall hin, wo sie gerade gehen und stehen, sondern suchen ganz bestimmte Toilettenplätze auf, die sie immer wieder benutzen. So entstehen schließlich diese großen Flächen.

Es sind gewissermaßen Komunikationsplätze, etwa vergleichbar mit unseren Marktbrunnen, wo sich die Frauen zum Wasserholen trafen und gleichzeitig Neuigkeiten austauschten. Kommt ein Nashorn vorüber, so schnüffelte es dort herum, findet Kotballen, beriecht die neueren kräftig riechenden und zerdrückt sogar mit dem Horn mehrere Tage alte, um den tief im Innern festgehaltenen Geruch noch wahrnehmen zu können, der drumherum bereits verduftet ist, wie wir es hier vorfanden. So konnten sie genau feststellen, welcher Nashornkollege hier wann etwa vorüberkam, in welchem Zustand er sich befand, ob es eine brünftige Kuh oder ein fremder Bulle war oder einfach ein alter Freund. Die Welt der Gerüche ist wohl mit das Wichtigste bei den Rhinozerossen.

Wir Menschen haben ja schon eine ganze Menge künstlicher Organe geschaffen, sekundäre Augen, mit denen wir die Oberfläche des Mondes oder die winzige Welt der Bakterien und Vieren beobachten, leistungsverstärkte Ohren, mit denen wir Fledermäuse hören und Stimmen transportieren können, aber wir haben noch keinen brauchbaren Geruchsapparat hoher Empfindlichkeit konstruieren können. Sicherlich würde uns damit eine völlig neue Welt erschlossen, was gerade für Nashornforscher von höchstem Interesse sein könnte. Aber vielleicht erfindet ja einmal jemand so etwas.

Bald kamen wir an einen Teich, der von einem schmalen Flüsschen durchflossen wurde. Dieser war voll mit Hippos, die dort fast völlig auf Tauchstation gegangen waren. Als diese uns herannahen sahen, schnaubten sie verärgert auf. Es war ein origineller Anblick, diese plumpen braunrosigen Walzengestalten so dicht gedrängt anzutreffen. Am Abend näherten wir uns auf schöner Wanderung unter wolkigem Himmel dem Camp. Ganz wenige Tropfen fielen herab. Eine ganz bestimmte Landschaft sah teilweise aus wie die Lüneburger Heide zur Blütezeit im August, und das sagte ich auch den Guards. Seitdem hieß diese auch bei ihnen so, und es kam vor, dass sie sagten: ›So Armin, morgen lass uns doch mal wieder in die Lüneburger Heide gehen‹, und heute heißt es bei ihnen vielleicht noch immer so. Eine Gruppe völlig verschieden großer Elefanten wechselte vor uns vorüber. Sofort blieben wir stehen, um sie zu beobachten und möglichst nicht auf uns aufmerksam zu machen. Der Letzte ließ ein paar Kötel fallen. Doch was war das dort drüben? Die scharfen Augen der Gefährten sahen in der Ferne eine dünne Rauchsäule aus einer lockeren Baumgruppe aufsteigen. Kaum war sie wahrnehmbar, aber es war uns gleich klar, das konnten nur Wilderer sein.

Zunächst waren wir uns nicht ganz klar, was wir nun machen sollten. Sollen wir Hilfe holen? Aber wo war die nächste Wildhüterpatrouille? Das wussten wir nicht und hätten womöglich noch stundenlang nach ihnen suchen müssen. Vorsichtig versuchten wir somit, uns anzuschleichen, die Gewehre wurden entsichert, und immer in Deckung der Termitenhaufen bleibend, pirschten wir uns im Gänsemarsch genau hintereinander näher heran. Wir wollten zumindest versuchen, zu sehen, was da los sei, eventuell die Wilderer in die Flucht schlagen oder vielleicht sogar dingfest machen. Wir brauchten lange, um heranzukommen, die Spannung wuchs, doch alles blieb ruhig. Mit dem Fernglas konnten wir nun auch die Baumgruppe durchblicken. Nirgends war ein Mensch zu sehen, und das Feuer schien nicht mehr zu brennen. Merkwürdig.

Wenig später standen wir dann im Lager der Wilderer, sprangen schnell umher, um rundum in die Landschaft zu spähen, schließlich wollten wir uns auch nicht aus dem Hinterhalt erschießen lassen. Aber es war niemand mehr da. Die Asche an der Feuerstelle war noch warm. Fleischreste lagen herum. Fallen, die wir vernichteten. Die Wilderer waren geflüchtet, wir waren zu spät gekommen. Natürlich sind diese auch nicht dumm. Sie werden einen Wachtposten in einem der Bäume postiert haben, der uns herannahen sah und seine Leute warnte, die darauf schnell ihre Sachen zusammenrafften und im Gras davonschlichen, während wir von der anderen Seite nahten. Wir zogen weiter durch die Wildnis.

In NaZege Zege saßen drei malerische Gestalten am Lagerfeuer. Der Abend war recht frisch, und es windete. Immer wieder flatterten Nachtschwalben geisterhaft durch das Camp. Sie waren verschieden groß, also handelte es sich um verschiedene Arten dieser interessanten Vögel, die nur bei Dunkelheit aktiv sind, wenn sie nicht gerade aufgescheucht werden. Die Savanne lebte auch des Nachts, und da wir inmitten der Wildnis lebten, kamen viele sogar an das Lager, sei es aus Versehen oder beabsichtigt. Am Tage nie gehörte Stimmen wurden lebendig, und wenn gerade Leuchtkäfer gelbgrün blinkten, schien die Nacht wie ein Märchen. Ein afrikanischer Zauber legte sich über alles, nahm Besitz von der Materie, bis schließlich am Horizont erstes Licht den Bann löste.

Aber noch hielt die Finsternis alles fest. Ich wusste, dass die Kenge gerade auch während der Nacht wanderten, ihr Leben aber dann unbeobachtet blieb. Welch Ausstrahlung solch ein Nashorn doch hat. Zwar weiß jeder, dass es in Afrika und auch in Asien solche Tiere gibt, die Hörner auf der Nase tragen, aber steht man einem solchen urweltlichen Riesen persönlich gegenüber, so begreift man erst die Faszination.

Merkwürdige Geräusche weckten mich tief in der Nacht. Erst horchte ich, dann öffnete ich das Zelt und kletterte nach draußen. Dama und Lengwa waren bereits hoch und bemüht, zwei Kaffernbüffel mit Rufen zu vertreiben, die gerade versuchten, vom steilen Hang oben ins Lager zu dringen. Der eine war schon fast unten. Im Licht der Taschenlampe leuchteten die Augen grell und unheimlich gespenstisch auf. Mürrisches Knurren war zu vernehmen. Wie wir den Hang hinaufleuchteten, sahen wir, dass noch eine ganze Büffelherde oben an der Kante stand und herabblickte. Ihre Augen tanzten auf und ab wie Kobolde. Dicht gedrängt funkelten die Augenpaare in einer tiefen Schwärze, die nichts rundum erkennen ließ.

Es war eine wilde Atmosphäre. Während der eine bereits abgestiegene Büffel mitten am Hang verharrte, wollte der andere partout in unser Lager hinein und ließ sich nur sehr schwer von uns davon abhalten, während die Lichter oben wie eine Schar Geister in der Finsternis weitertanzten. Der verdammte Büffel mit seiner Aufdringlichkeit sprang vor uns hin und her. Was, um alles in der Welt, hat sie nur veranlasst, uns einen Besuch abzustatten? Mit vereinten Kräften, Schreien, in die Hände klatschen und Vorwärtssprüngen gelang es uns schließlich doch, ihn wieder hochzutreiben, wo sich die Herde aber nur sehr langsam in Bewegung setzte.

Um die Büffel am Herankommen ganz zu hindern, entzündeten wir das Lagerfeuer, da sie immer noch nicht verschwinden wollten. Offensichtlich waren Kaffernbüffel während der Dunkelheit wesentlich mutiger als bei Tage, wo sie besser sahen, recht scheu waren und rasch die Flucht ergriffen. Schließlich hörten wir sie doch wegziehen und konnten beruhigt weiterschlafen. Nur die Termiten unter dem Zeltboden waren noch am Knistern.

Drei Schatten wandern durch das Gras

Der Tag begann mit stark aufsteigender Feuchtigkeit. Wir wollten heute in die Gegend der Source Nambira, die bereits weit im Osten des Garamba lag. Insgesamt brauchten die Frühstücksbohnen mindestens vier Stunden, um weich zu werden, meist waren sie es auch dann noch nicht. Zum Glück waren sie wenigstens schon gut vorgekocht. Unser Magistrat im Baum, so werden die hübschen Colobus-Affen ja genannt, wartete bereits, dass wir verschwanden. Ich konnte mir vorstellen, dass er anschließend das Lager inspizierte, aber seinen Löffel Zucker bekam er natürlich erst, wenn wir die Zelte ganz abbrachen, um woanders hinzuziehen.

Im östlichen Parkteil war ich bisher noch nie gewesen, so war ich natürlich neugierig, was uns da erwartete und wie die Landschaft überhaupt aussah. Schon frühmorgens nach dem ersten zurückgelegten Kilometer war zu spüren, dass es ein sehr heißer Tag werden würde. Langsam wurde die Umgebung immer schöner. Die braungelbe Savanne ringsum war von einzelnen Bäumen durchsetzt. Man hatte meist Blicke von Hügelhöhen, über gewölbte Wellentäler hinweg. In der Ferne ragte ein hoher Inselberg auf. In den letzten Tagen hatte der erste Regen das Bild des Parkes verändert. Überall waren hübsche, meist kleine Blumenblüten in verschiedenen Farben aufgetaucht, die dem ausgetrockneten kargen Boden ein belebtes neues Antlitz gaben. Ich begann, nebenbei Blumen zu fotografieren, was ja bisher kaum möglich war. Auch vervollständigte ich die Grassammlung, wovon natürlich besonders die Futtergräser der Nashörner von ganz besonderer Wichtigkeit waren. An einigen Stellen begann auch das Gras bereits frisch zu sprießen.

Schließlich sahen wir die Bäume der Source Nambira. Fast erschienen sie wie ein Wald, und ich war schon gespannt hinzukommen. Die Hitze wurde fast unerträglich. Es wurde noch gesteigert durch die Feuchtigkeit, die die Sonne zog, und das Fehlen jeglichen Windes. Die Luft stand unbeweglich, und selbst die Tiere schienen es zu spüren, denn sie standen meist unbeteiligt herum, gewöhnlich im Schatten, während die Elefanten ihre großen Ohren schwenkten, um sich Luft zuzufächeln. Bald stießen wir auf eine für Geländewagen befahrbare Piste, deren zwei Spuren sich durch das Gras zogen und an der auch Nambira lag. Dann war die Source erreicht, links ging es durch das hohe Gras auf die Bäume zu. Es war wirklich ein richtiger kleiner Wald. Noch gar nicht ganz herangelangt, tauchte vor uns der Hals einer kleineren Giraffe auf, die sich fast nicht von den gelblichen Halmen abhob. Zuerst sah sie uns nicht, sondern guckte in die entgegengesetzte Richtung, aber dann bemerkte die Dikala uns doch mit ihren guten Augen, gab sich in der ersten Überraschung unentschlossen und sprang dann erhobenen Hauptes davon, das es über den Halmenwald schwankte wie ein Leuchtturm. Aber sehr eilig hatte sie es nicht, sondern blieb bald wieder stehen, um sich umzusehen und dann langsam weiterzuschreiten.

Es war ein wunderschöner Ort in herrlicher Landschaft. Eine tiefe, ziemlich steile Senke war von Wald umrahmt, die wiederum mit alten dicht belaubten Bäumen bestanden war. Kühl und angenehm schattig war es hier, und wir genossen das frische Nass, das wir aus der Quelle schöpften, die dem Hangufer entsprang. Der Ostpark hier war wirklich landschaftlich viel schöner als der andere bekannte Teil. Aber Rhinos konnten wir hier nicht finden, obwohl das Gebiet dazu sehr geeignet war. Sicherlich waren auch welche hier oder streiften gelegentlich vorüber, aber man soll sie dann auch immer gleich finden können. Es war hier in Source Nambira wieder ein Gefühl wie früher in Source Naguga, als wäre man auf einer Insel im Meer oder in einer Oase in der Wüste. Eine kleine abgeschiedene Welt ganz für sich, in der man sich geborgen und heimelig fühlte und Monate zu verbringen können meinte. Ich liebte solche Orte im Garamba-Nationalpark, und Nambira war bestimmt einer der schönsten. Eine ganze Weile blieben wir hier und faulenzten und mochten gar nicht so recht wieder fort. Aber dann rafften wir uns schließlich doch auf und machten uns auf den langen und anstrengenden Weg zurück nach NaZege Zege. Auch hier trafen wir unterwegs wieder auf einen verlassenen älteren Lagerplatz von Wilderern.

Die heißeste Tageszeit war vorüber, so schritten wir tüchtig aus, um einiges zu schaffen, fanden unterwegs auch öfter Stachelschweinborsten, die auf dem Boden herumlagen. Da sprangen Oribis vor uns mit steifen Beinen hoch in die Luft. Wir hörten schon ihre Pfiffe, die sie zur Warnung von sich gaben, ehe alle vier davonsprangen. Die Bleichböckchen, wie sie auch noch genannt werden, sahen wirklich sehr anmutig und hübsch aus mit den kleinen geraden Hörnchen, welche die Ohren kaum überragten. Zu unserer Überraschung hörten wir bald ein Motorengeräusch, aber nicht von einem Flugzeug, ein Auto musste es sein. Und da kam es auch schon auf der Piste daher, einer der Parkwagen mit einer Ladung neuer Austauschguards, die zum Dienst in den Ostpark gebracht wurden, während man eine andere Patrouille abholte.

NaZege Zege tauchte bereits groß vor uns auf, man sah schon die Hangkante im Talkessel, in dem die Zelte unter den großen Bäumen standen, da hielten die Wildhüter und blickten aufmerksam den Boden an. »Nkoy«, stieß Dama hervor. Das hieß Leopard. Ich besah mir die Fährte, und richtig, das konnte nur ein Leopard sein. Da fanden wir auch bereits seinen Kot. Mal sehen, ob wir ihn vielleicht in der nächsten Zeit noch zu sehen bekämen. Einfach war dies jedenfalls nicht. Unten im Talkessel befand sich eine ganze Schar Perlhühner, und oben im Baum erklangen Rufe von Grüntauben.

Im Camp machten wir es uns wieder gemütlich. Ich holte den Walkman hervor und schob eine Kassette mit Edvard Grieg ein. Es ertönte ›Hochzeit auf Trollhaugen‹, und ich bemerkte, wie Lengwa den nur noch ganz leise an seine Ohren dringenden Tönen zu lauschen versuchte, ganz leise hatte er sich unbemerkt hinter mich gehockt. Immer häufiger zogen nun auch Wolken auf, aber richtig nach Regen sahen sie noch nicht aus. Doch noch hatte ja auch die Regenzeit nicht begonnen. Die Frösche lärmten noch immer im Sumpf von NaZege Zege, die einen riefen ›rääp rääp‹, die anderen ›crock crock‹. Später im Dunkeln erschienen wieder die Nachtschwalben und ließen ihr Gluckern erschallen.

Offenbar war den Mückenlarven der erste Regen gut bekommen, denn sie tauchten mit einem Mal auf und begannen uns zu belästigen. Ich holte Mückenöl hervor und erklärte den Beiden, wozu das gut wäre. Dama, der schon wiederholt ärgerlich mit seinen Händen die lästigen Moskitos zu verscheuchen suchte, kippte sich gleich begeistert einen Großteil des Inhalts in die Hand und rieb sich das Zeug ins Gesicht und auf die Füße. »Ngungi ezi matata«, meinte er, die Mücken bekämen nun Ärger.

Die Tage und Wochen flossen dahin. Manchmal fanden wir Rhinos, oft keine. Wir hörten die Elefanten über die Savannenhügel trompeten. Es fiel mir immer schwerer, mir das Leben in einer Stadt vorzustellen. Ja, ich begann mich der zivilisierten Welt zu entfremden. Die Natur mit ihrer Vielfalt, ihren Impressionen, schlug mich in ihren Bann. Es war seltsam. Über die Savannen könnte ich ewig wandern. Alles war so ausgeglichen, so selbstverständlich. Das Leben genauso wie der Tod. Wie oft sah ich beim Trinken aus den Quellen in das klare kühle Nass, auf den Kiesgrund, schlürfte, den Mund ein paar Zentimeter tief, und es sprudelte wunderbar unter dem eingetauchten Gesicht vorbei, aus dem Quellloch hervor, das einen ganz kleinen Trichter aufwarf, direkt gerade erst aus der Erde geboren. Ich kannte in Deutschland keine Menschen, die mich ohne Weiteres begriffen, mich begreifen konnten.

Etwas Eigenartiges konnten wir heute beobachten. Im trockenen Gras erschien mit einem Mal eine Schirrantilope, ganz ruhig und anmutig, und schaute uns lange aus geringer Entfernung an, um darauf ganz ruhig zu fressen zu beginnen. Sie zeigte nicht die geringste Scheu vor uns, und ich konnte sie ohne Eile fotografieren. Deutlich hoben sich die schönen weißen Streifen vom rötlich braunen Untergrund des Fells ab. Wie konnte das sein, diese Friedfertigkeit in der Stille, dieses anmutige Wesen, das nicht im Geringsten daran dachte, die Flucht zu ergreifen. Es war, als hätte es grenzenloses Vertrauen zu uns.

Ein dickes riesiges Flusspferd trottete an uns vorbei in völlig offener Samba, wie die Savanne in der hiesigen Bangala-Sprache heißt. Wir rasteten unter einem Baum, träumten in die Ferne, lauschten dem Vogelsang. Wo wir hier lagen, war vorher ein Nashorn vorbeigewechselt. Wir sahen es an den Fußabdrücken, aber das musste schon gestern gewesen sein. Gewaltige Elefantenbollen lagen herum. Hohe, drei Meter sich erhebende burgartige Termitenbauten, die *Gangala na dongia*, wuchsen hoch hinaus in die Luft, Türme wie in den Dolomiten bildend.

Später durchwanderten wir ein riesig großes Grasfeld, alles mit viele Meter hohem Elefantengras bestanden. Es raschelte und knackste beim Hindurchbrechen, und immer wieder musste ich über die Orientierungsgabe der Afrikaner staunen. Es war nicht ganz ungefährlich, diese Schilffeldern gleichenden Vegetationszonen zu durchqueren. Urplötzlich konnten Elefanten oder andere Tiere vor uns auftauchen und in der ersten Überraschung, womöglich nur zwei oder drei Meter entfernt, einen unangenehmen Angriff starten, bei dem wir aufgrund der Geschwindigkeit des Geschehens wohl ziemlich wehrlos wären. Man sah hier aber wirklich nichts, gerade so zwei Meter weit zwischen den Halmen. Aber dann standen wir plötzlich auf einer der kreisförmigen Freiflächen, meist in der Mitte mit Termitenhügel versehen, und man atmete unwillkürlich auf, ehe es gleich wieder in den Halmenwald ging. Ich verließ mich dabei ganz auf Dama mit seinem Spürsinn.

Da standen wir mit einem Mal erneut im Freien. Ein hübsches wildes Flusstal, recht schmal, mit frischem Grün versehen, zog sich durch die Graswälder. Es war ein Aufatmen und ein Anblick wie das Paradies. Wir sahen schneeweiße Silber- und Seidenreiher, Letztere mit hübschen Schöpfen auf dem Kopf versehen, dazu Störche verschiedenster Art, große und kleine. Abdims- und Sattelstörche waren zumeist üblich. Ganz am Ende lag ein kleiner allerliebster Weiher. Das Bächlein war ganz von üppiger Vegetation überwachsen, die mit ihrem kräftigem Grün den Augen wohl tat. Gleich dahinter auf der anderen Seite schloss sich wieder das gelbe verdorrte Grasfeld. Es war einfach wunderbar zu nennen. Ganz wundersam war einem zumute, und wir genossen es, hier zu lustwandeln. Die vielen bunten Vögel überall, eine ganz schwarze kleine Mohrenralle lief uns vor die Füße. Und da, ja tatsächlich, da flog eine Nachtschwalbe auf, ein Ziegenmelker, und landete gleich wieder unweit. Aber was war denn das? Wir waren ganz nahe herangegangen. Er verdrehte die Flügel total kreuz und quer, und obwohl ich nur zwei Schritte von ihm entfernt stand, war es unmöglich, ihn als Vogel zu erkennen. Nur das, ich ihn sich hinsetzen sah, verriet ihn mir. Aber was ich sah, war nur ein zerborstenes altes Rindenholz, selbst die Farbe stimmte exakt. Aber die Haltung! Also, so was von absolut perfekter Tarnung hatte ich ja noch nie gesehen. Als ich noch einen Schritt näher trat, flog die Holzrinde auf und etwa acht Meter davon.

Wir tauchten erneut ins Gras ein, und als wir endlich wieder herauskamen, nahte ein Gewitter, ein mächtiges Bula, aber es fielen nur ein paar dicke Tropfen. Doch es krachte tüchtig, und es war schwarz bewölkt und merklich kühler. Ein Ducker sprang auf und davon. Da leuchtete flauschiges Gras ganz silbern auf. Da dunkle

Wolken über uns dahintrieben, gab es einen prächtigen Kontrast, und selbst als wir die Gräser berührten, blieb die silberne Farbe erhalten, denn sie war echt. Auf hohem lang gestreckten Höhenrücken gingen ganz oben auf dem Kamm zwei Elefanten vor dem tiefdunklen Wolkenhimmel zügig entlang, ein hinreißender beeindruckender Anblick. Die Bäume strahlten auf, als würden sie aus dem Innern grün erleuchten. Die beiden Elefanten sahen fast so aus, als marschierten sie auf einem Deich. Kuhantilopen, die Bolongo, sahen uns an. Es wurde nun richtig kühl vom auffrischenden Wind, Donner rollte immerzu, dass die Elefanten aufgeregt die Rüssel steil hoch nach oben streckten. Unsere Füße trugen uns dahin, durch die Samba hindurch. Um uns war Leben, ich trank es aus vollen tiefen Zügen.

Der Löwenunfall

In der letzten Zeit hatten die Wildhüter mehrere Leute gefangen nehmen können, die auf frischer Tat beim Nachstellen von Tieren und illegalem Aufenthalt im Park erwischt wurden. Heute Morgen wurden die Wilderer verhört. Die zwei Wildfischer und ein Büffeljäger, die man kürzlich im Garamba-Park gestellt hatte, wurden aus der Gefängniskammer von Nagero geholt. Die Versammlung, die über sie Gericht hielt, bestand aus dem Konservateur Assistant Shabantu und Guards mit höherem Rang. Man versammelte sich vor dem Magazin beim Museum. Einzeln wurden die Straftäter vorgeführt, zunächst der Büffeljäger. Der Wilderer war ein armer Teufel und hatte erbärmliche Angst, wie er so allein vor den Guards stand. Er wurde befragt, dann folgte die Prügelstrafe. Er rollte sich mit dem Rücken auf dem Boden, und jedes Mal, wenn ihn der Stock traf, hob er sich, die Hände vor Schmerzen und Angst an die Ohren gehalten oder zum Himmel gestreckt. Er war vielleicht vierzig Jahre alt. Das Verprügeln konnte ich nicht mit ansehen und wendete mich ab zu Frazer, der in seinem Büro nebenan saß. Dem Burschen geschah es natürlich recht. Danach wurde er abgeführt und wieder in das Gefängnis gesteckt. Schwere Vergehen kamen in Dungu vor Gericht, wo sich auch das Provinzgefängnis befindet.

Natürlich ist es nicht angemessen zu sagen, ja, die armen Wilderer jagen doch nur, um zu essen zu haben, und aus Not. Lässt man sie im Park wahllos wildern, so ist er bald leer geschossen und nichts mehr an Tierbeständen vorhanden. Der Hunger wäre noch größer, weil nicht mal mehr Wild den Park in die Jagdgebiete hinein verlässt. Zur Verantwortung ziehen sollen hätten man die Ausländer, die Afrika einmal leer schossen und die herrlichen Tierbestände vernichteten. Herb Cook, ein Bekannter aus der Umgebung, der schon lange Jahre in Zaire lebt, war auch gerade anwesend, und wir plauschten und sahen den Guards zu, die auf dem großen Platz der Station zum Exerzieren angetreten waren. Jeden Morgen und Abend gab es einen militärischen Appell, dann nämlich, wenn die zairische Staatsflagge gehisst oder eingeholt wurde. Eine lahme Trompete trötete weltverloren dazu einen erbärmlichen Marsch, aber alle waren mit großem Ernst dabei.

Kurz vor der großen Geburtstagsfeier des Garamba-Nationalparkes gab es am Dungufluss, nicht weit von Nagero entfernt, einen schweren Löwenunfall. So ist es denn oft, da läuft man dauernd an Löwen zu Fuß vorbei, und es passiert nichts, und am Dungu in Höhe der Station geschieht es dann. Aufgeregt kamen drei Guards zu später Stunde bei Konservateur Muhindu angerannt. Was war geschehen? Es waren vier Wildhüter, die die Nacht am Platz der Hippos auf der Parkseite verbrachten, wo sie am Ufer ein kleines Lager aufschlugen. Es war gerade halb acht Uhr, da ging einer der vier nur zwei Meter vom Feuer weg, um sich die Hände zu spülen, als im gleichen

Moment ein Löwe aus der Finsternis ihn ansprang und am Genick fasste. Wenige Meter schleifte er das Opfer zum Ufer des Dungu hinab. Erschrocken sprangen die anderen auf und warfen Wasserbehälter und Holzscheite nach dem Löwen, der sich dadurch jedoch nicht stören ließ. Man wagte nicht zu schießen, um den Gefährten in der totalen Dunkelheit nicht womöglich zu treffen. Sie liefen schleunigst Hals über Kopf davon zu Muhindu, um ihm zu berichten. Der trommelte rasch Guards zusammen, und gemeinsam rückte man zum Ort des Geschehens aus, schwer bewaffnet und mit Fackeln versehen, bestimmt vierzig oder fünfzig Leute. Als sie endlich eintrafen, war der Löwe natürlich davongesprungen. Das Opfer war bis dahin allerdings schon am Hintern und Becken angefressen und natürlich tot. Wahrscheinlich war ihm bereits beim Ansprung das Genick gebrochen worden.

Am nächsten Morgen zogen erneut um die hundert Wildhüter aus, um den Löwen zu suchen und zu erschießen, denn es musste damit gerechnet werden, dass er auch weiterhin für Menschen gefährlich blieb. Man spürte ihn recht schnell auf, umstellte ihn und tötete ihn mit zwei gezielten Schüssen in den Kopf. Daraufhin hat man später dort am Ufer einen Pavillon errichtet, wo die Guards geschützter übernachten können, sowie einen Gedenkstein errichtet.

Bald darauf fand dann auch der fünfzigjährige Geburtstag des Garamba statt – mit großem Auflauf an Prominenz. Sogar Jacques Verschuren war gekommen, das frühere Oberhaupt der kongolesischen Naturschutzbehörde. Auch er ist einer der ganz großen Naturalisten und hatte mehrere tausend Nächte in den zairischen Nationalparks unter freiem Himmel verbracht. Mbadi berichtete mir von ihm und einer Exkursion im Park, wie er, bereits alt geworden, seinen Rucksack immer dabei trug, worin er die wichtigsten Dinge mit sich führte. Heute lebt Verschuren wieder in Belgien. Es gibt wohl niemanden, der die hiesigen Reservate so gut kennt wie er. Früher wurde er einmal von einem verärgerten Elefanten angegriffen und rannte, so schnell er konnte davon. Doch der Elefant war natürlich viel schneller, und schließlich stürzte Verschuren nieder und blieb sicherheitshalber auch gleich ganz ruhig liegen. Der Elefant kam darauf ganz zu ihm heran, beroch ihn mit dem Rüssel und ging dann ganz friedlich davon. Auf der Geburtstagsfeier zogen die Leute als lange Prozession zu den Flusspferden am Dungufluss und stimmten dort die Nationalhymne an. Die Hippos waren offenbar über die Ehre so angetan, dass sie allesamt begannen, lauthals mitzusingen, was natürlich großes Gelächter gab.

Lange Rhinoverfolgung

Wie groß war doch der Lebensraum der Nashörner und wie wenige leben darin. Ganze sechsundzwanzig waren es jetzt, und es waren einmal noch viel weniger, nur ganze vierzehn Stück im Jahre 1984. Das macht deutlich, wie schwer es ist, sie in den weiten langwelligen Landschaften, den weit gestreckten Hügeln und flachen Tälern, zu finden. Der gesamte Nationalpark ist fünftausend Kilometer im Quadrat groß, nur auf einer Fläche von vierzig mal fünfundzwanzig Kilometer leben sie nun noch.

Der Himmel war jetzt blauschwarz. Als wir uns daranmachten, ein Flüsschen zu durchwaten, tauchte am anderen Ufer eine ganze Warzenschweinfamilie auf. Die Sibhas suchten das Weite mitsamt ihrer Kinderschar hinten dran, eilten davon über Stock und Stein, alle Schwänzchen hoch in die Luft wie eine Signalflagge. Eine riesige Kaffernbüffelherde stand uns genau im Weg, und natürlich hatten auch sie uns bemerkt. Kundschafter trennten sich, kamen erhobenen Hauptes herbei, dann setzte sich die aus mehreren hundert Tieren bestehende schwarze Masse in Bewegung und tobte an uns vorüber. Es staubte gewaltig. Sie liefen eine Kurve, kehrten wieder in etwas größerer Entfernung zurück, rannten fortwährend, und der Erdboden dröhnte und erzitterte wie bei einem Erdbeben, während wir völlig frei und ungeschützt dastanden und das ganze Spektakel beeindruckt ansahen. Die gewaltig trappelnde Herde rannte einen Halbbogen um uns, bremste, alles sprang herum und richtete die Aufmerksamkeit auf uns. Hunderte Augenpaare starrten uns an, dann setzten sie sich erneut in Bewegung und galoppierten über die Wellen, die Hügel, in ein Tal, bogen schließlich schon weit entfernt nach rechts und verloren sich irgendwo da ganz hinten, während eine gigantische Staubwolke in der Luft hing, als wäre ein großes Feuer ausgebrochen, wo die Rauchsäulen sich schwarz zum Himmel erhoben, aber es war Staub, Staub von unzähligen Büffelbeinen aufgewirbelt.

Zurück im Lager, lärmten über uns im ausladenden Geäst des mit dem NaZege Zege-Baum zusammenstehenden Gero-Baumes zwei kleine Vögelchen. Dama hatte den Grund sogleich entdeckt. Zunächst konnte ich gar nichts Besonderes bemerken. Doch dann sah ich sie. Eine gewaltig lange hellgrüne Baumschlange hing zwischen den dünnen Zweigen und war durch die Farbe bestens getarnt. Sie hatte etwa einen Durchmesser von fünf Zentimetern und war bestimmt drei Meter lang. Ihr Kopf und Vorderteil ragten öfter frei in die Höhe. Mehr ins Grüngelbliche gehende Ringel umgaben die Schlange in Abständen. Die aufgeregten kleinen Vögel flüchteten, als die Schlange sich über ihr Nest hermachte. C'est la vie et le mort, en tout cas.

Das war auch gleich eine Gelegenheit, mir die drei großen Bäume einmal genauer anzusehen. Und da fiel mir nun auch auf, das sie ja gar nicht derselben Art angehörten. »Natürlich nicht«, meinten die beiden Kollegen. »Der mit der Schlange ist ein Gero-Baum, der dort ein Nunge-Baum, und nur dieser hier ist ein NaZege-Zege-Baum.« Immer noch zogen schwere Wolken hinweg, so dass wir vorzogen, heute nicht mehr das Camp zu verlassen, dessen wenige Bäume uns etwas Schutz boten.

Dann am Spätnachmittag begann auch erneut ein gewaltiger Sturmregen, der die Zelte niederdrückte und beutelte, so dass wir nur noch fröstelnd und rauchend im schlingernden Innern verbringen konnten. Lange grelle Blitze stießen aus den tief verhängten Wolken hervor, senkrecht auf die Erde hinab. Ich blickte durch die Moskitonetztür über die offene Seite des Talkessels tief in die Savanne und sah dort die Blitze in den Boden einschlagen, ein imposanter machtvoller Anblick, wahrlich. Aber gleichzeitig machte es auch Spaß und war behaglich. Ich bemerkte, wie sich mir ›die Haare‹ auf dem Rücken sträubten, und ich meinte, es war nicht bloß ein temperaturbedingtes Frösteln, sondern gerade ein Ausdruck wohltuender Behaglichkeit. Ja, genau das war es, ein wohliger Schauer, der mir über den Rücken lief.

So prasselte der Regen, gleißten die grellen Blitze und explodierten die Entladungen im Sturm und hallten durch den kleinen Talkessel. Zwischendurch aßen wir. Der Reis war gerade noch rechtzeitig weich geworden. Nur langsam klang das Unwetter ab. Diese Gewitter in der Brousse waren wirklich reichlich kräftig. Der Abend wurde kalt draußen und nass. Aber Glühwürmchen funzelten trotzdem, und diesmal erschienen auch Fledermäuse, huschten geschäftig in Zickzackkurven hin und her, und schließlich tauchten auch Hyänen auf und jaulten schauerlich. Zuvor hatte ich die elfenbeinernen Stoßzähne der friedlichen Elefantengruppe betrachtet, die wieder in der Öffnung des Talkessels stand. Wegen dieser Dinger mussten jährlich so viele illegal und legal sterben. Gibt es wirklich zu viele Elefanten? Oder gibt es nur zu viele Menschen, die sich überall breit machen?

Nach dem Regen quakte der Chor der Frösche vergnügter als je zuvor. Die Baumschlange über den Zelten hatte sich verkrochen und verdaute wohl die Insassen des Vogelnestes. Überall waren am Morgen Braunkehlchen aufgetaucht. Wahrscheinlich hielten sie sich die Nacht hindurch hier irgendwo versteckt, denn es stürmte kräftig des Nachts über Garamba. Wir dagegen mussten uns erst einmal warm laufen, bis die Sonne richtig schien. Als wir zur Suchexpedition aufbrachen, drang der Trompetenstoß eines Elefanten zu uns herüber. Wir erkletterten den steilen Hang, denn auf der offenen Seite lag der Sumpf, mittendrin zwei flache begrünte Inselhügel. Da konnten wir nur erschwert durchgelangen. Rasch schritten wir durch die feuchte Samba, aber die Sonne stand bald wieder hoch und strahlte heiß herab, sog die Feuchtigkeit auf, dass die Luft nur so davon geschwängert war. Wie automatisch schritten die Füße dahin, wir waren alle drei gute Geher. Nur die oftmals gewaltige Hitze konnte einen erschöpfen. Offenbar war Losso na Nkunde ein gutes Menü. Manches ist ja nicht die Bohne wert, aber in der Tat freuten wir uns auch immer darauf, wenn sie endlich weich zu werden begannen und wir sie auf unsere Reisteller drauflöffelten. Langsam bekam ich auch ein Gefühl dafür, mich in den Grasmeeren zu orientieren. Ich merkte mir die Formen irgendwelcher Bäume in der Ferne, den Verlauf von Wellen und Hügeln, erkannte sie wieder, zog gedankliche Linien und Winkel.

Unsere Ausdauer wurde immer wieder belohnt. Nie wusste man, wo und wie, aber es geschah so sicher wie Grzimeks Spendenkonto am Ende von *Ein Platz für Tiere* im Fernsehen. Bestimmt fiel uns nichts in den Schoß, jede Nashornsichtung mussten wir hart erlaufen. Wir waren Wanderer geworden, genau wie die Kenge, die sich ständig auf der Suche ihrer Artgenossen befanden wie das letzte Einhorn, und diese nicht mehr fanden, weil sie tot waren. Tot, weil sie ein Horn tragen. Ich konnte es nicht begreifen.

Wir waren gerade dabei, eine holperige, noch dazu glitschige Senke zu queren, da stand es schräg neben uns im Gras, etwas erhöht, doch es sah uns nicht. Ganz vorsichtig ließen wir uns zu Boden, ich sah auf die Uhr, noch war es keine elf. Tief gebückt pirschten wir vorsichtig zum höheren Gras, auf ein kleines Bäumchen zu, kramten Identifikationskarten aus dem Rucksack. Es war ein männliches Tier, wie wir am nicht ganz leicht erkennbaren Geschlecht sahen. Ein noch nicht ganz erwachsenes Kenge, subadult, mit ganz schwach behaarten Ohren und einem sehr großen Vorderhorn. Das Weiße Nashorn hatte wohl erst geruht und begann gerade mit dem Grasen. Wir wussten bereits, dass die subadulten Bullen eifrige unruhige Wanderer sind, und machten uns schon auf eine größere Verfolgung gefasst. Es gab kaum Wind, nur ab und zu einmal ein schwaches Gesäusel, das keine Gefahr darstellte.

Sehr lange fraß es nicht, da begann es auch schon, ohne ersichtlichen Anlass und ohne lange zu überlegen, zu marschieren, wir natürlich hinterher. Gerade fanden wir noch Zeit, unsere Sachen zurück in die Rucksäcke zu stopfen. Aber es lief schon eifrig voran, flink bewegten sich die vier Beine, es ging über Höhen und Täler, Stock und Stein, nicht einmal blieb es stehen. Erst nach mehreren Kilometern hielt es ebenso plötzlich, wie es losgelaufen war, an und begann sogleich zu fressen. Ausdauernd war es damit beschäftigt, ließ sich von nichts abhalten, benahm sich auch nicht sonderlich vorsichtig, witterte nicht, unterließ auch aufmerksames Lauschen und Ohrenspiel. Diese sahen mit ihrer schwachen Haarumrandung gar nicht so recht wie die der Nördlichen Weißen Rhinos aus und erinnerten mehr an die der Südlichen Breitmaulnashörner Natals. Es mussten hier gute Futtergräser stehen. Deutlich sah man, dass das Kenge über und über mit langsam abbröckelndem Schlamm bedeckt war. Das ist typisch nach dem Regen, wo sich die Suhlen mit Wasser gefüllt hatten und ein ausgiebiges Wälzen ermöglichten.

Nach bald einer Stunde hatte es wohl erst mal genug gefressen und lief sofort wieder eilig los, als müsse es irgendwo schnell noch hin und dürfe auf gar keinen Fall zu spät kommen. Nun merkten wir auch, dass es geradewegs in Richtung eines der uns bekannten Rhinoklosetts zueilte. Tatsächlich war es schließlich nicht mehr weit davon entfernt, schlug dann aber doch eine kleine Wende und lief geradewegs daran vorbei. Nun führte der Weg zielgerichtet nach Westnordwest, immerzu geradeaus, vorwärts, vorwärts, nur nicht stehen bleiben. Wir hetzten dem Tier nach und fragten uns ausgelaugt, wo es denn hin ginge. Kaum kam ich dazu, Notizen zu machen oder die Richtung zu überprüfen. *Noki-noki* ging es dahin, an anderen Tieren vorbei, die erstaunt guckten oder desinteressiert dastanden. Zum Glück ging es gelegentlich doch ein wenig langsamer, so dass wir Atem schöpfen konnten.

Endlich bequemte es sich doch zu einer gemütlicheren Gangart und zuckelte jetzt nicht mehr geradeaus dahin. Da begegnete es einem Warzenschwein, das direkt auf das Nashorn zu tappelte. Wir waren neugierig, ob sie vielleicht irgendwie Kontakt aufnahmen, aber nichts dergleichen geschah. Im Gegenteil. Sie ignorierten einander vollkommen. Nur höchstens zwei Meter voneinander entfernt passierten sie ohne besondere Kenntnisnahme und entfernten sich sang- und klanglos. Die ganze Zeit, wo es nun langsamer ging, ritt ein Kuhreiher auf dem breiten Nashornrücken mit und nahm ständig Nahrung auf. Es handelte sich dabei um Insekten, die vorbeiflatterten. Es erschien mir ein akrobatisches Kunststück, wie der kleine Stelzvogel bloß da oben Halt fand, ohne fortwährend mit den Flügeln zu flattern. Es waren häufige Begleiter der Nashörner, und wir fanden schon Dutzende von ihnen um ein Rhinozeros versammelt. Aber genauso gerne begleiteten sie Elefanten, und ganz besonders angetan waren sie von Kaffernbüffeln, die sie in großen Scharen bis zu vielen hunderten umgaben oder ihre Rücken besiedelten. Das war natürlich immer ein schöner Kontrast, die weißen Reiherscharen mit den schwarzen Büffeln.

Bald tauchte eines der Flüsschen auf, und während das Rhino links ging, folgten wir auf der anderen Flussseite nach. Gelegentlich blieb es jetzt stehen, und da hörten wir auch, wie es schnaubte, viel heller als sonst gewohnt und anscheinend ohne Wahrnehmung einer Gefahr. Oft schnaubten die Nashörner, wenn sie eine Geruchsspur von uns abbekamen, tief und unwirsch. Aber dieses schien einem anderen Grund zu entspringen und hatte wohl auch, wenn überhaupt, keine Warnfunktion. Über drei Stunden verfolgten wir nun schon den grauen Riesen. Mal trug er die Ohren hoch, dann wieder angelegt. Er blieb stehen, lief dreißig Meter und verharrte erneut. Da hörten wir ein Flugzeug mit schweren Motoren am Himmel. Das war ja merkwürdig, es konnte doch kein zairisches sein. Auf gar keinen Fall eine kleine Cessna, wie sie der Park hatte. Nein, das war ein großes Flugzeug, und zwar ein schweres, wie sie das Militär benutzt. Vermutlich flogen die sudanesischen Militärs aus Khartoum ein Stück über Zaire, um den Geschützen der Rebellen zu entgehen.

Nun hielt das Rhino wieder an, ging dann langsam zu einem Baum, stellte sich unter dem Nsete in den Schatten. Wir suchten uns einen anderen. Das Kenge stand ruhig und ließ sich den nun aufkommenden Wind um die Nase wehen. Dann lief es ein Stück zurück, nur etwas oberhalb des Flüsschens, wo das hohe Gras begann und eine Art vorspringende Ecke bildete. Das Nashorn wanderte dorthin, ging an den Grasrand, drang einen, zwei Meter ein und drehte sich zur offenen Seite hin um. Da blieb es einige Minuten stehen, die Ohren nach vorne gestellt, ehe es sich erneut umdrehte und im mehrere Meter hohen Gras verschwand. Es war unmöglich, dort nachzufolgen. So mussten wir uns mit dem Beobachteten zufrieden geben. Es war eine lange Beobachtung über große Distanz, bei der wir gut fünfzehn Kilometer zurücklegten.

Der verärgerte Elefant

Durch die Savanne marschierten an diesem Tag viele Ameisen, riesig große und mittlere, ja oftmals waren ganze Heerscharen unterwegs. Die starken Regenfälle mussten viele aus ihren Löchern getrieben haben. So hatten wohl manche Völker durch Hochwassereinwirkung ihre Behausung verloren und wanderten obdachlos auf der Suche nach etwas Neuem umher. Viele Ameisen liefen dicht gedrängt in langer schwarzer Masse dahin, und alle hatten sie es eilig. Auch die großen schwarzen Büffelherden tobten wieder um uns herum und beobachteten uns sehr aufmerksam. Wie eine riesige Phalanx aus gewaltig bewehrten Hörnern, wie Schilder geformt, standen sie plötzlich da, ja sie trappelten sogar auf uns zu, über die sturmflutgeschädigten Ameisen drüber weg, um uns besser sehen zu können. Zum Glück staubten sie diesmal nicht so sehr.

In den darauf folgenden Tagen fing ich einige Eidechsen und Frösche für das Museum Koenig. Die eine Eidechse bekam ich gerade noch am Schwanz zu fassen, sie verlor ihn aber gleich, und erstaunt hielt ich den Stummel in der Hand. Diese Schutzmaßnahme ist ja hinreichend bekannt. Allerdings konnten wir die Eidechse doch noch fangen, und ich hob sie zusammen mit dem abgebrochenen Schwanz in Alkohol auf. Ich war ein wirklich schlechter Amphibien- undReptilienfänger. Oft taten die Agamen mir leid, und ich ließ sie meist wieder laufen, wohl sehr zum Schaden der Wissenschaft. Aber einiges konnte ich Dr. Böhme doch zukommen lassen.

Ganz frühmorgens, wir lagen noch in den Zelten, da hörten wir so gegen fünf Uhr einen Leoparden rufen. Es musste der gewesen sein, dessen Kot wir fanden. Der Tag begann gut und ergab wieder einmal ein spannendes Abenteuer, unverhofft und plötzlich, wie immer. Zunächst aber fanden wir erst einmal die Fährte von einer Rhinokuh mit ihrem Jungen und folgten der Makolo lange Zeit, ohne sie jedoch einholen zu können, obwohl sie recht frisch war. Da lag vor uns quer eines der früheren Flusstäler, mit frischem Matiti bewachsen. Zu beiden Seiten stand das alte Gras dürr und hoch. Unten standen Elefanten vor uns in der Senke. Irgendwie mussten wir da hindurch, denn die Rhinospuren führten auch da hinein und auf der anderen Seite sicher wieder hoch.

Ganz leise gingen wir nach rechts hinüber, um die Elefanten herum, um sie nicht zu erschrecken, doch irgendwie mussten wir ja über das eingeschnittene Flüsschen. Noch im hohen Gras tauchte jedoch wieder ein Elefant auf und dann bald erneut einer und noch einer. Offenbar standen sie in langer unübersehbarer Reihe im Talgrund und im hohen Gras verdeckt. Weiter versuchten wir sie zu umgehen, aber auch hier waren sie wieder. Wir konnten ja nicht ewig so in falscher Richtung weitergehen, wie sollten wir die Rhinospur je wiederfinden. So gingen wir noch vor bis auf eine flache betonierte Termitenfläche, die ja immer frei von Gras sind, um von hier zu beginnen, den Elefanten vor uns zum Weggehen zu veranlassen, damit eine Lücke entstand, durch die wir zwischen den Dickhäutern hindurchschlüpfen konnten.

Uns begegneten ja oft genug Elefanten, wenn auch meist nicht in einer solch ungünstigen hochgrasigen Situation. Ja es kam auch vor, da standen wir ihnen unverhofft ganz plötzlich gegenüber, und sie waren von uns genauso überrascht wie wir vor ihnen. Meistens sagten wir dann ganz laut: »Buuh«, die Elefanten erschraken, drehten um und liefen weg. Selbstverständlich hofften wir, es wäre hier auch so. Zwar sagten wir diesmal nicht »buuh«, sondern riefen »hey« und »hooh« und fuchtelten auch mit den Armen. Doch der Dickhäuter dachte gar nicht daran, nun umzudrehen und das Feld zu räumen. Im Gegenteil. Überrascht blickte uns der Nsuku an, als fragte er, wie wir es nur wagen könnten, ihn zu belästigen. Schon gleich ahnte ich, dass hier irgendetwas nicht funktionierte. Wir waren auch viel zu nahe dran. Da stieß der Elefant auch schon einen ganz kurzen gepressten Trompetenstoß aus, klappte die Ohren auf, rollte den Rüssel und tobte wütend auf uns zu, das Gras brach und flog nur so auf die Seite. Ich hatte gerade mein Teleobjektiv auf Damas Schulter gelegt gehabt, um den Kopf zu fotografieren, der da im Matiti eben noch friedlich steckte, als es auch schon umherschaukelte wie ein Schiff im Sturm auf hoher See, während Lengwa in Kampfpose vor uns stand, Gewehr bereit in beiden Händen. Das war natürlich lächerlich, mit der Flinte hätte man höchstens in die Luft knallen können.

Gleich darauf ließen wir auch alles stehen und liegen und rannten in allen Himmelsrichtungen davon, ins hohe Gras hinein. Ich merkte jedoch gleich, dass es ruhig hinter mir blieb und der Elefant stehen geblieben war, um den fallen gelassenen Rucksack mit dem Rüssel zu beschnüffeln, blieb ebenfalls stehen und drehte mich um. Dama und Lengwa waren gerade wieder zusammengetroffen, und ich ging vorsichtig zu ihnen hinüber, da sah uns der Elefant erneut, kam noch einmal mit erhobenem Kopf auf uns zu, während wir aus Leibeskräften schrien und winkten. Da blieb der Elefant, der nun riesig vor uns stand, stehen, senkte den Kopf und blickte uns aus kleinen Äuglein an, drehte dann auf weiteres Geschrei und Gefuchtel von uns um und ging zögerlich davon. Wir schnappten die Sachen und gingen schnell und doch vorsichtig zugleich in die entgegengesetzte Richtung davon. Verärgert trollte sich der Elefant in das Flusstal und überquerte es dann, immer wieder stehen bleibend, um uns zu betrachten, was uns nun veranlasste, aus dem Versteck hinter einem Termitenhügel hervorzukommen und unseren Weg rasch und achtsam durch die nun entstandene Lücke fortzusetzen, denn links und rechts befanden sich ja noch die anderen Nsuku, schlichen durch das Tal, das andere Ufer hinauf.

Das war geschafft. Mein Herz pochte noch immer wie wild und beruhigte sich nur langsam, aber wir waren hindurch. Das Erlebnis hatte mir ein ganz besonderes Verständnis und eine persönliche Kontaktnähe zu den Elefanten verschafft, wie er so groß und ganz nahe vor uns stand und uns ansah, wie ich jetzt nach dem Schrecken und der Aufregung spürte. Ich hatte das Gefühl, er hatte ganz bewusst und überlegt gehandelt, eine Persönlichkeit, die uns verärgert erschreckte, dann uns kleine Wichtel als harmlos ansah und sich großmütig zurückzog. Ich war von seinem Verständnis beeindruckt und blickte noch mehrfach zu ihm zurück. Wie gern wäre ich mit den Elefanten gezogen.

Wir verloren die Fährte des Nashorns mit dem Kalb aus den Augen, erreichten aber schon bald eine landschaftlich sehr hübsch gelegene Quelle in einem kleinen grünen Tal, dessen weite Abhänge teilweise steil ein bis zwei Meter abfielen und kreuz und quer verliefen. Aus einem dieser Hänge floss die Quelle leise hervor. Ihr Grund war völlig mit feinem kiesigen Sand bedeckt, und man sah genau, wo das Wasser hochsprudelte, denn eine kleine Sandfontäne zeigte es deutlich an. Ein hübsches nettes Bild war das, eine Miniatur par excellence. Wenige Meter entfernt hatte sich eine Lache gebildet, in der lange Kröteneierschnüre schwammen. Hier und da standen einzeln zerstreut ein paar Bäume. Zahlreiche schwarze Abdimstörche waren rund um uns versammelt, es mussten weit über zweihundert sein. Sie belagerten einige bestimmte Bäume, flogen in Gruppen umher oder stelzten durch die Gegend. Die meisten von ihnen standen jedoch auf halb abgestorbenen Baumästen umher.

Man befand sich ja hier im Garamba an der Wasserscheide zwischen Kongo und Nil. So ist es möglich, dass der eine kleine Bach sich über mehrere Nebenflüsse schließlich in den Kongo ergießt und von dort in den Südatlantik, ein anderer Bach, nur ein paar Dutzend Meter entfernt, jedoch in den Nil fließt und das östliche Mittelmeer erreicht. Wir hockten uns um den schattenlosen Quell und erzählten noch mal von den Elefanten. Dabei wurde auch ein Fall angesprochen, der sich einige Jahre zuvor im Garamba ereignet hatte. Da attackierte auch ein Elefant eine Wildhüterpatrouille, die sofort die Flucht ergriff. Der angreifende Nsuku holte sie jedoch rasch ein, erwischte den Letzten und schlug ihn mit dem Rüssel nieder. Dann setzte sich der Dickhäuter auf ihn drauf und war durch nichts von den verängstigten Guards zu bewegen, wieder aufzustehen. Volle fünf Stunden blieb er so sitzen, ehe eine schwere Büchse herbeigeholt werden konnte und der Elefant mit mehreren Schüssen niedergestreckt wurde. Das Opfer unter ihm war vollständig zermatscht, regelrecht in den Boden gerieben und kaum noch als Mensch erkenntlich. Aber auch Büffelunfälle kamen im Garamba mehrfach vor. Oft waren sie bereits von Wilderern angeschossen und somit zu Recht nicht gut auf Menschen zu sprechen.

Wir Tierleute sind ja immer bemüht, die frei lebenden Tiere nicht als gefährliche Wesen darzustellen, was durchaus seine Berechtigung hat, und ich bekam auch tatsächlich den Eindruck, dass alles recht harmlos in Bezug auf Tier und Mensch zugeht. Wenn man allerdings oft zu Fuß mitten durch die Tierwelt marschiert wie wir, ist die geringe Chance gegeben, dass, wenn auch sehr selten, im Ausnahmefall doch etwas passieren kann. Natürlich kann ein Elefant erschrecken, wenn man im hohen Gras plötzlich aus heiterem Himmel vor ihm steht, und dann unter Umständen blitzschnell angreifen. Meist sind es, so hat sich immer wieder herausgestellt, nur Scheinangriffe, wie es auch bei uns der Fall war, die kurz vorher abgeblockt werden und einen quasi nur einen Denkzettel verpassen sollen, das nächste Mal gefälligst vorsichtiger zu sein. Ob man nun wegläuft, um sich in Sicherheit zu bringen, oder ›der Gefahr ins Auge‹ sieht, hängt meines Erachtens ganz von der jeweiligen Situation ab. Trotzdem hatte uns das Erlebnis einen gehörigen

Schrecken eingejagt. Charles brummte über uns vorüber, ohne uns zu sehen.

Inzwischen waren nicht mehr viele Schwalben da. Irgendwann flogen sie fort in ihre Brutgebiete. Dafür hatten sich noch mehr Blumenblüten auf dem kargen Boden ausgedehnt. Die Savanne blühte. Auch die großen Blüten der Kigelia waren herabgefallen und lagen unter den Bäumen herum. Fast alle Bäume hatten sich nun auch begrünt, schöne frische Blätter entfalteten sich an den Zweigen. Einer der Nsete wurde gewaltig von Bienen umschwärmt, die mit großem Gebrumm nach Nektar suchten oder gar ihr Wabennest darin errichtet hatten. Es gab auch Honiganzeiger im Park, Vögel, die bekanntlich andere Lebewesen auf das Vorhandensein solcher mit Honig versehenen Behausungen aufmerksam machen, damit diese sie öffnen und sie selbst sich über die Reste hermachen können. Ganz schön raffiniert von den Kleinen, wozu sie aber bewusst nichts beitragen, da es bei ihnen durch Auslese entstandene Verhaltensschemata sind, von denen aber auch wir Menschen nicht gänzlich befreit sind. Tausende von glasklaren transparenten Termitenflügeln lagen heute in der Savanne umher, oftmals zu ganzen Haufen zusammengeweht. Nachts begann erneut ein Regensturm von ziemlicher Heftigkeit. Frühmorgens rief der Leopard von Na-Zege Zege wieder vernehmlich.

Eines Tages ging es nach Nagero zurück. Unsere Nahrungsmittel waren verbraucht, ein langer Fußmarsch begann, auf dem uns zwei große Elefantengruppen begegneten und schließlich gar der Konservateur von Gangala Na Bodio in seinem Geländewagen. In Nagero gab es ein nettes Willkommen von allen. Kes stürzte sich gleich auf mich, um meine Ergebnisse in Erfahrung zu bringen. Ganz offensichtlich hatte sie Futterneid, wie es ja unter Wissenschaftlern leider so oft der Fall ist. Eigentlich hieß sie mit Vornamen Alison und war früher mit dem Tierschützer Chris Hillman verheiratet, der in Kenia tätig war und nun im Sudan arbeitet. Später heiratete sie dann Fraser Smith. Großzügig sah ich über ihre Nörgeleien hinweg, in Wirklichkeit war sie doch ein netter Mensch.

Nun musste ich nur noch schnell nach Faradje auf den Markt, um neue Lebensmittel einzukaufen. Zusammen mit Bunia vom Park radelte ich in das kleine Städtchen. Faradje ist eine einsame Stadt in der Savanne und erschien wie ein halb verlassenes Nest irgendwo im Wilden Westen. Es gab zahlreiche Häuser von Belgiern, die nun gerade noch so lange bewohnt werden, bis sie von selbst zerfallen. Die Straßen waren breit und sandig, Palmen ragten hoch auf. Die Häuser lagen breit und flach dahin gestreckt. Eines davon hieß ›Tata ya bwana‹, was Vater der Kinder heißt, und nichts anderes war als ein Geschäft, in dem man die wichtigsten Dinge an Hausrat kaufen konnte. Der Besitzer hieß Monsieur Fou. Erst einmal aßen Bunia und ich bei seinen Verwandten, dann ging ich zum Markt hinüber und kaufte bei verschiedenen Mammas bunte Bohnen und Mengen von Reis. Es brachte mir Spaß, mal wieder auf einem Markt zu sein, andere Leute zu sehen. Spätnachmittags, als die Sonne nicht mehr so heiß brannte, radelte ich, beladen mit Säcken, durch die Brousse nach Nagero zurück.

V Geboren zum Überleben

Die Dunkelheit hatte sich rasch über Afrika gelegt. Ich saß auf der kleinen Terrasse meines Hauses über dem Dungufluss und blickte träumend hinüber in den Park, wo die Scheinwerfer eines Autos hin und her schwankten und sich ganz langsam auf die Furt zu bewegten. Das musste Fraser sein, der die Schlaglöcher in den Pisten aufgefüllt hatte und nun mit seinen Helfern zurückkam. Ganz fern riefen Löwen in der Savanne. Es war genau wie damals, Februar 1981, als ich mich zum ersten Mal in Nagero aufhielt. Ja, auch da riefen die Löwen des Abends, nachdem Marc Colyn, Mankoto wa Oysenzoo und ich von der Rhinosuche zurückkehrten, den Landrover drüben abstellten und, auf Stöcke gestützt, durch den Fluss nach Nagero wateten. Viele Jahre waren seitdem vergangen, und viel hatte sich getan. Das Parkmuseum war dank der Aufbauarbeit von Kes und Fraser zu einem kleinen Prachtstück geworden, die Furt durch den Dungu inzwischen fertig gestellt, die gespendeten Autos in einem guten Zustand.

Wieder grollte draußen ein Löwe. Einige Tage hatte ich mich in Nagero ausruhen können, aber mir brannte es schon unter den Nägeln, in den Garamba zurückzukehren. Morgen früh sollte es endlich wieder losgehen. Diesmal mit Tandu und Dama.

Tandu, der augenblickliche verantwortliche Lagerleiter, erwies sich als der beste Wildhüter, den ich bekommen konnte, vom altverdienten Vukuyu einmal abgesehen. Tandu war nicht nur ruhig überlegt und sympathisch, sondern hatte auch eine enorme Erfahrung und verdammt scharfe Augen für die Wildnis, und ohne dass es lehrerhaft wirkte, lernte ich noch eine ganze Menge von ihm dazu, sei es über Spurensuche, Tierverhalten oder das Parkgeschehen allgemein.

Die Petroleumlampe warf einen ganz kleinen Lichtschein über den Tisch. Ich ergriff die Tasse heißen Kaffee, trank zwei Schlucke und stellte sie mit einem leichten Klirren zurück auf den Teller. Mittlerweile begannen die Flusspferde aus dem Fluss zu steigen, um auf den Rasenflächen Nageros zu weiden. Dabei kamen sie ganz nahe an meinem Rundhaus vorüber. Der Garamba lag nun in schweigende finstere Nacht gehüllt, der Mond war noch nicht aufgegangen, aber einige Sterne funkelten bereits am Firmament. Ich hörte leise Musik, Jean Sibelius und Rossini. An den afrikanischen Abenden in Nagero liebte ich klassische Musik. Sie passte in diese Welt, regte die Gedanken an und ließ sie schwingen, zusammen mit den Rufen der Löwen und Hippos, dem Sirren der Zikaden, die durchs Dunkel schrillten.

Da tauchten wieder Scheinwerfer auf, diesmal von der anderen Seite, von Nagero. Shabantu, der zweite Konservateur vor Ort, zusammen mit dem Officier Principal namens Kamate, waren es und brachten mir ein gekühltes Bier. Es war gar nicht einfach, so etwas hier zu bekommen. Eine gute Weile saßen wir zusammen, dann sprang der Motor erneut an, verstummte irgendwo. Das Bier war tatsächlich kalt, aus dem Kühlschrank von Muhindu, dem Chef. Für längere Zeit würde es nun wieder das letzte sein. Ich genoss es, zusammen mit Violine und den Tieren, die mich in die Wildnis zurückriefen. Der Mond war nun auch aufgegangen und warf sein weißes Licht über die nächtliche Savanne hinweg.

Den ersten Tag wanderten wir bis Naguga, das war die Quelle, an der die Malaria mich vor mehr als einem Jahr vollends niedergeworfen hatte. Unterdessen hatte sich auch ein großesFlusspferd unten im Sumpf einquartiert. Dama zündete sich ein abenteuerliches Ding von Zigarette an. Sie bestand aus Tabacongo, unverarbeiteten noch ziemlich feuchten Tabakblättern von zwanzig bis dreißig Zentimeter Länge, die man gerollt auf dem Markt in Faradje kaufen konnte. Diese wurden zerrupft, irgendwie zu einer Art Zigarillo gedreht und sahen dann fürchterlich lang, krumm und schief aus und wollten auch nie so richtig brennen. Eigenartigerweise pulte Dama auch die Zigaretten auf, die ich ihm fertig gab, um sie dann wieder zu einer neuen Form zusammenzusetzen. Ich hatte nie erfahren, warum er das tat, und offenbar wusste er es selbst auch nicht so genau. Eine Nachtschwalbe flog an diesem Abend durch das Dunkel der Bäume, dicht gefolgt von zwei kleinen Vögeln. Wirklich merkwürdig. Da war sie schon wieder, und jetzt erkannte ich erst, dass es ein Flaggenflügel war und die Verfolger keine Vögel, sondern die an Federbändseln befindlichen, zu einer Art Quaste verbreiterten Federenden. Der Flaggenflügel ist wohl die interessanteste und seltsamste Nachtschwalbe in Zentralafrika.

Als wir Tags darauf weiter in den Park wanderten, begegnete uns Mbayma. Er kam gerade von einem seiner langen Märsche auf der Nashornsuche zurück und berichtete von seinen Begegnungen während der letzten Wochen. Wir waren neugierig, wie es uns dieses Mal ergehen würde. Im Laufe des Tages erreichten wir erneut Source Godowa und richteten unser Camp ein. Schon gleich bei unserem ersten Ausflug entdeckten die scharfen Augen von Tandu die Fährte des Pistenrhinos, dessen geheimnisvolles Wandeln wir immer noch nicht hatten lüften können. Ob wir es diesmal wohl sehen würden? Winzige Mäuschen trippelten frühmorgens im erwachenden Tag umher. Blieben wir dann still stehen, kam immer wieder so eine kleine Panja bis zu unseren Füssen gelaufen, stieß diese gar an und tappelte unbeeindruckt weiter.

Von Godowa wanderten wir diesmal in eine Gegend, die wir bisher nur wenig begangen hatten. Selbst als ich meinte, nun bald sämtliche Landschaftsbereiche südlich des Garambaflusses zu kennen, musste ich doch erkennen, dass dies ein Irrtum war. Tandu kannte Gebiete, die zum zentralen Lebensraum der Nashörner gehörten, die wir eigenartigerweise noch gar nicht aufgesucht hatten und doch ein solch charakteristisches Aussehen hatten. Wie alle Wildhüter war auch Tandu ein guter Geher und führte zielsicher und aufmerksam durch das Gelände. Es war wirklich erstaunlich, wie gut er jeden Baum und jede Bodenwelle zu kennen schien.

Aber wie es so ist, auch wir blieben nicht von hautnahen Kontakten zu wilden Tieren verschont. Heiß schien die Mittagssonne herab, die Savanne sah hell und grell aus, wie wir im Gänsemarsch schattenlos dahinzogen. Dama stapfte in seinen Gummistiefeln diesmal voraus, dann kam ich, und hinter mir folgte Tandu im Abstand von einigen Metern. Wie immer gingen wir zügig, da diese Methode unser Suchgebiet und die Chance, eines der Rhinos zu finden, vergrößerte.

Mit einem Mal war mir so, als streifte etwas meinen Fuß, und ich guckte arglos zu Boden, kurz stehen bleibend, sah etwas am linken Turnschuh entlangschleifen und dachte, was ist denn das für eine dicke Agame, da sah ich auch bereits, dass es ja gar keine Agame war, sondern eine ziemlich große Schlange, die am Schuh vorbeischleifte, während ich völlig ungläubig auf sie hinabsah. Lange konnte dieser Augenblick nicht gewährt haben, wie ich auch schon erstaunt einen Schritt zur Seite trat und es gleichzeitig den beiden Begleitern zurief, die stehen geblieben waren und ebenfalls guckten, was da wäre. Es war eine dicke Viper mit zahlreichen knallgelben Ringeln, wohl gut dreiviertel Meter lang. Sie wand sich rasch von meinen Füßen fort in ein Termitenloch, um aber sogleich aus einer anderen Öffnung des Baums heraus und wieder auf mich zu zu krauchen, während ich rückwärts vor ihr herging. Ich hörte Tandu und Dama auch schon rufen: »Nioka, keba!« Da blieb das agile Reptil vor uns liegen, sich kaum bewegend, wohl eine Minute lang. Dann kroch sie erneut zurück, verschwand züngelnd in den Termitenbau, während wir nun auch vorzogen, lieber weiterzugehen. Dieses war in der Tat ein Erlebnis mit nachhaltiger Wirkung. Bei allen anderen Tieren, die uns auf den Pelz rückten, seien es Nashörner, Elefanten oder Flusspferde, hatten wir hinterher herumgespaßt, aber hiermit war es anders.

Erst einmal war ich natürlich heilfroh, dass sie nicht gebissen hatte, obwohl sie an meinem Fuß entlangglitt und ich fast auf sie getreten wäre. Es handelte sich nur um Zentimeter, und schließlich trug ich zerlatschte Turnschuhe. Vielleicht hatte der vorausstapfende Dama ihr aber auch schon eins mit dem Gummistiefel gelangt, dass sie ganz durcheinander war. Jedenfalls bestätigte es auch, dass Schlangen ganz offensichtlich nicht angriffslustig sind und keine große Lust zu beißen haben. Trotzdem meinte ich, Glück gehabt zu haben, und noch tags darauf guckte ich sehr wachsam vor mir zu Boden, was ich sonst ganz selten tat, denn schließlich suchten wir ja Nashörner in der Ferne und keine Schlangen zwischen den Füßen. Unwillkürlich malte ich mir abends aus, was geschehen wäre, wenn sie unglücklicherweise zugebissen hätte. Alleine nur um an die befahrbare Piste zu gelangen, wären zehn Kilometer zurückzulegen gewesen. Und dann kamen noch mal dreißig Kilometer bis Nagero dazu, also erst spätnachts hätte ein guter Läufer Hilfe erreicht, dann wäre es mit dem Geländewagen zurückgegangen, bis die letzten zehn Kilometer kamen. Man kann sich ausmalen, wie die Chancen gestanden hätten, ohne Serum davonzukommen und ich fragte mich, ob Lederstiefel nicht doch ganz brauchbar wären.

Interessant war es aber auch zu sehen, wie unterschiedlich man doch reagierte. Vor einiger Zeit hörten wir nur zwischen uns im Gras etwas rascheln, ohne jedoch gleich etwas zu sehen, und sprangen mit einem plötzlichen Stoß Adrenalin im Hirn auch schon steil in die Höhe und tänzelten blitzartig aus dem betreffenden Bereich. Hier dagegen guckte ich nur völlig ungläubig zu meinen Füßen und ging ganz ruhig und sachlich einen Schritt zur Seite. Als Augentier ist es doch wohl gut zu sehen, was einen bedroht. Aber ein mulmiges Gefühl blieb stundenlang brühwarm erhalten.

In einer ganz kleinen lochartigen Schlucht mit einem gleichzeitig steilen Hügel und wenigen Bäumen machten wir Mittagsrast. Hinterher zogen wir in ein wunderschönes flaches Tal, um zu angeln. Wir schnitten uns Stecken von den Palmen, die hier wuchsen, zogen Regenwürmer aus mit den Händen herausgerissenen Grasbulten, hängten eine Schnur und Haken an und hielten das Ganze ins Wasser. Was ich zuerst ein wenig misstrauisch als Zeitverschwendung ansah, erwies sich als rasche und ertragreiche Angelegenheit. Sofort bissen die Fische haufenweise, als hätten sie nur darauf gewartet, von uns an Land gezogen zu werden. Eine Menge kleiner Welse waren es sowie ein paar barschartige Tilapia, die wir alle mit den Kiemen auf einen elastischen Zweig reihten und hinterher transportfertig über die Schulter hängten. Schon waren die ersten Würmer weggehapst, und aufs Neue durchwühlten wir die Bulten des Ufers nach weiteren. In nur einer halben Stunde hatten wir so viele Fische geangelt, dass wir sie gerade am Abend schaffen konnten. War das eine Bereicherung zum sonstigen Einheitsessen Reis und Bohnen.

Es war aber auch ein reizendes Gewässer, landschaftlich gesehen. Durch das überaus kräftige Grün des Bodenwuchses und der Palmen sowie der weißen Haufenwolken entstand eine wunderschöne kontrastreiche Szenerie und ließ alles scharf und klar hervortreten und erstrahlen. Die Ufer waren teils sehr moorig und nicht ungefährlich, der Boden schwankte ab und an doch recht bedrohlich. Es war aber auch gleichzeitig trotz des Windes sehr heiß, so dass ich oftmals das Teleobjektiv kaum anfassen konnte. Verstreut standen ruhende Elefanten. Das Gewässer lag ganz offen, ab und an mit Papyrus bewachsen, und am flachen Ufer wuchsen Vergissmeinnicht und Knöterich. Ja, selbst Weidenröschen blühten üppig hübsch rosa zwischen dem Papyrus, und auf der Wasseroberfläche des Teiches schwammen blühende Seerosen, über die Gelbstirnblatthühnchen mit ihren großen Zehen wegliefen. Ich war überrascht, so viele unserer paläarktischen Blumen hier so zahlreich vorzufinden. Viele Kleinlibellen schwirrten hin und her. Die Parkkrabben hatten die dumme Angewohnheit, uns die Würmer vom Haken zu fressen. Dann, an einer anderen Stelle, wo der Teich ein Flüsschen bildete, hängten wir noch einmal die Angeln in das Wasser, um für das morgige Frühstück gleich mit zu sorgen. Diesmal benutzten wir ein Stück Holz als Pose. Schon begann es zu wippen, ein Ruck, und wieder hing ein Fisch am Haken und flog im Bogen ins grüne Gras. Die Welse knurrten, als sie so im Gras lagen. Es war ein Kinderspiel. Einer nach dem andern flog an Land. Ein Reiher guckte uns vom Baum aus zu. Wir reihten auch diese auf einen Papyrushalm, in den wir unten einen Knoten machten, damit die Beute nicht abfiel.

Plötzlich bog sich die Palmenrute mächtig, und mit Mühe zogen wir eine große Schildkröte aus dem Wasser. Etwa dreißig Zentimeter war sie lang, trug lange Krallen und hatte messerscharfe Kiefer. Der Haken ließ sich beim besten Willen nicht aus ihrem Schlund lösen, sosehr wir auch uns alle erdenkliche Mühe gaben. So blieb uns nichts anderes übrig, als sie schließlich loszuschneiden. Sie verschwand rasch im Wasser. Aber kaum vergingen drei Minuten, da biss sie doch schon wieder an. Zum Glück fiel sie diesmal gleich vom Haken. Trotz ihrer Rachenwunden hatte sie nichts Besseres zu tun, als sich mehrere Meter hin zum Haken zu begeben und prompt erneut anzubeißen. Damit vertrieb sie uns noch die ganzen Fische. Aber wir hatten nun langsam auch genug und zogen weiter.

Schon bald stießen wir auf eine Rhinokratzspur. Tandu hob einen trockenen Grashalm auf und sagte nur: »Zwei Tage alt.« Das war wieder ein Beispiel für seine große Kenntnis, kleine unscheinbare Dinge richtig zu deuten. Der Erlebniswert eines Tages war im Garamba ungewöhnlich hoch. Ich halte diesen Wert für außerordentlich wichtig, ohne ihn durch künstlichen Ersatz auf drei Dutzend Kanälen ersetzen zu müssen. Ich weiß aber natürlich auch, dass derlei Erlebnisse, wie sie uns hier Tag für Tag unverhofft entgegensprangen, nicht für alle erlebbar sein können. Heutzutage nicht mehr, auch wenn so viele davon träumen.

Auf dem Weiterweg sahen wir eine Manguste. Wir fanden sie nur selten, was wohl mit ihrem unterirdischen Leben zusammenhängt. Elefanten brechen gelegentlich durch ihre Bauten hindurch. Erneut kam ein riesiger Ameisenzug daher. Immer wieder flogen die riesigen, leuchtend zinnoberrot gefärbten Heuschrecken auf. Sie hatten die Eigenschaft, hoch über das Gras zu schnellen, um dann ein Stück zu gleiten, bei gutem Wind viele Meter weit. Dann schien es, als würden sie fliegen. An stehenden Gewässern fielen auch kleinere Großlibellen verschiedener Arten auf.

Baro, der König der Wilderer

Im Lager begann ein lukullisches Schlemmermahl. Wir hatten die Fische ausgenommen, gewaschen und auf Stöcke gespießt und über dem Feuer gebraten. Dazu gab es Reis mit wenigen Bohnen und Gewürze. Wir dinierten wie die Götter, während die Gräten hinter uns ins Gras flogen. Dazu muss ich noch anmerken, dass wir die Erlaubnis hatten, so viele Fische zu fangen, wie wir auf einmal essen konnten. Darüber hinaus oder gar aus dem Park herausbringen durften wir sie nicht. So gab es auch keine rechtlichen Bedenken.

Nach dem Festessen vertiefte sich Tandu in Grzimeks Kongobuch und guckte sich ausgiebig und versunken die Bilder des sympathischen Buches an. Dann begannen wir zu erzählen. So erfuhr ich denn auch, dass der Chefkonservateur von 1981, Makabuza Kabirizi, damals über fünfzig Guards auf einmal entlassen hatte und davonjagte, da sie ihren Dienst ziemlich schlecht verrichteten. Dadurch hatte er sich bei den Guards allgemein unbeliebt gemacht. Er stammt ursprünglich aus Ruanda. Grzimek hatte ihn in seinem Buch sehr gelobt. Tatala dagegen, der Konservateur 1981 in Gangala Na Bodio, hat mittlerweile einundzwanzig Kinder mit nur zwei Frauen. Demoleyele, der anschließende Konservateur, nach dem auch das Wildhüterdorf in Nagero benannt ist, war inzwischen pensioniert und nun in Dungu tätig. Er war der erste zairische Konservateur nach der Unabhängigkeit 1960. Die spezielle Equipe zur Bewachung der Rhinos bestand zurzeit aus zweiundzwanzig Eliteguards, Bewerber gab es auch, so dass es wohl bald siebenunddreißig sein würden. Jedoch brauchten sie neben einer Ausbildung dringend eine gute Ausrüstung, und ich überlegte, wie ich in Deutschland alte Bundeswehrkleidungsstücke, Rucksäcke und Kochgeschirr locker machen und später nach Garamba transportieren könnte. Am besten musste ein Verein her, über den alles läuft und der auch das nötige Geld beschafft.

Doch dann erfuhr ich etwas Wichtiges, etwas, was Aufschluss gab über die Zeit der Massenabschlachtungen der Weißen Nashörner im Garamba. Bisher hieß es ja immer, dass beinahe ausschließlich die Sudanesen für die Wilderei verantwortlich waren und die Zairer dabei fast gar nicht vertreten waren. Aber ganz so war es gar nicht, wie ich jetzt von Tandu zu hören bekam, während die Hyänen um das Camp schlichen, um sich die Fischgräten zu holen

Einer der übelsten Wilderer auf Rhinos im Garamba war nämlich ein Zairer namens Baro vom Stamm der Mundo, die in Nachbarschaft der Logo hinter Faradje leben. Zusammen mit Tandus großem Bruder hatte er sich vom Bürgermeister, dem Commissaire du Zone von Faradje, ein Gewehr geliehen, um damit in dem den Garamba umgebenden Jagdgebiet Büffel zu schießen. Aber er war damit schnurstracks in den Park marschiert und hatte in Kürze sämtliche Nashörner um das Flüsschen Aligassu abgeschossen. Seitdem nannte er sich Konservateur de Braconnieres, also Chefschützer der Wilderer. Als er die erbeuteten Hörner verkauft hatte, reichte ihm das noch nicht, sondern er wilderte weiter, bildete eine kleine Privateinheit aus ehemaligen Wildhütern, überfiel sogar die Guards, die zu der Zeit im verlotterten Park sowieso wenig Motivation zeigten, schlug sie in die Flucht, dass kaum noch einer von ihnen sich in seine Nähe wagte. Man sprach von Baro wie von einem großen Häuptling, der die Regie im Park übernommen hatte und darin zusammen mit sudanesischen Rebellen schaltete und waltete.

Als ihm die Rhinos um Aligassu nicht reichten, wilderte er überall, wo es Nashörner gab. Aber eines Tages wurde sein Kadaver aus dem Park und nach Faradje getragen. Er starb im Park, angeblich an einem Schlangenbiss. Man hatte ihn jedoch vergiftet. Warum, weiß man nicht genau. Aber er war sehr mächtig geworden und hatte viel Geld verdient, und so wird er sich auch manche Feinde und Neider geschaffen haben. Nur er allein hatte über achtzig Nashörner erschossen, die anderen wurde von den Sudanesen gewildert. Auch vorher hatte ich schon von einer diesbezüglichen Person gehört, ohne jedoch genauere Einzelheiten in Erfahrung zu bringen.

Als ich dann 1981 in den Garamba kam, waren nur noch wenige schwer auffindbare Rhinos am Leben. Niemand hatte über Garamba hinaus von der nahenden Ausrottung gehört, geschweige denn war dagegen eingeschritten. 1984 waren es nur noch ganze vierzehn Kenge, die das Gemetzel weltweit überlebten, von den

Zoos einmal abgesehen. So war es kein Wunder, dass mein Bericht bei der Zoologischen Gesellschaft wie der Blitz einschlug. Dem WWF war er offenbar so ungeheuerlich, dass man mir gar nicht glaubte. Ja, man hielt es nicht einmal für nötig, überhaupt zu antworten, es sei denn, es gab etwas zu verbergen.

Unsere Exkursion führte diesmal bis an den Garambafluss, jedoch ohne die Spur eines Rhinos zu entdecken. Ein Wasserbockweibchen blickte uns ruhig lange Zeit nach. Bald darauf sahen wir einen Warzenschweineber mit zwei gewaltigen aufrecht stehenden Hauern. Sie leuchteten in der Sonne schon von weitem. Noch nie hatte ich solch mächtige Zähne in so formvollendeten Aufwärtsbögen. Herrliche Greifvögel, graue Weihenmännchen, schaukelten über das Savannengras.

Gegen Mittag, als es am heißesten war, suchten wir wieder Regenwürmer und begannen zu angeln. Wir hatten jetzt nur einen Angelstecken dabei und hielten ihn in das Flüsschen, und auf der Stelle bissen die Fische. Aber wir hatten nun einen anderen Haken, da die Schildkröte den anderen verspeist hatte. So bissen die Welse nur die Regenwürmer ab und warteten, bis wir neue nachreichten, die genauso schnell aufgefuttert wurden. So ging es eine ganze Weile, doch dann bissen sie plötzlich, als wir den Platz unter das Nest eines Schattenvogels verlegten, das in einer wunderschönen tief eingeschnittenen Flusskurve auf einer Halbinsel niedrig in einem Baum mit benachbarter Palme errichtet war, zusammen mit Webervogelnestern, die an langen Palmenwedeln pendelten wie die Kigeliafrüchte. Das Nest hatte diesmal wirklich gewaltige Ausmaße, ständig riefen die Jungen im geschlossenen Bauwerk, und ein Altvogel schaute ab und zu, besorgt eine Runde drehend, vorbei. Es war ein ganz besonders hübscher Ort, aber unerträglich heiß, weil das Flüsschen tief eingeschnitten war, über drei Meter, wo der Wind nicht hinkam, und wir standen ja unten drin am schmalen Ufer. An flachen Stellen schimmerten winzige Goldsplitter im Sand.

Wir fingen wieder viele dicke fette Welse, einige kleine Tilapia sowie zwei andere Fische mit einem schwarzen Fleck im Schwanzansatz. Zwei der Welse waren wesentlich heller und grünlich und trugen eine Menge schwarzer Punkte. Das war eine andere Welsart. Sie waren mit sehr schmerzhaften Giftstacheln in den Flossen versehen, die erst vorsichtig abgebrochen werden mussten. Es waren sehr schmackhafte Fische. So gab es an diesem Abend auch wieder wunderbares gegrilltes Welsfleisch mit Tilapia und Pili pili, dem Minipaprika, der an den Büschen wächst, dazu Reis mit ein paar Bohnen und Mafutasoße.

Draußen wehte viel Wind, und weiße Kumuluswolken zogen vorüber und warfen wandernde Schatten ins Gras. Aber hier unten in der kleinen Schlucht wurde es geradezu kochend heiß. Als wir etwas trinken wollten, merkten wir, dass die Feldflasche mit dem klaren Quellwasser leer war. Wir drehten sie verkehrt herum und schüttelten, aber es kam natürlich nichts. »Vide«, leer, sagte Tandu. »Schiete, secht Fiete«, entgegnete ich, und sie lachten, weil es witzig klang. So mussten wir erst mal einigermaßen klares Wasser aus dem Flüsschen schöpften, um unseren Durst zu löschen. Währenddessen beobachtete uns ein Purpurreiher, vielleicht in der Hoffnung, uns etwas abgucken zu können.

Als wir weiterzogen, den Angelstecken geschultert, die Fische auf dem Rücken, flog vor uns mitten am Tage ein Flaggenflügel aus dem Gras auf. Deutlich sah man die seltsamen Flügelschläge, die durch die nachwehenden Federenden entstanden. Was mochte wohl deren Funktion sein? Die Nachtschwalben schlafen hier nie auf Bäumen wie bei uns in Europa, sondern verbringen den Tag im Gras. Erst in der Nacht werden sie aktiv. An Gewässern fanden wir wieder Weidenröschen und diesmal auch Hahnenfuß, der in modderigen

Sümpfen gut gedieh. Ein Krokodil lag am Ufer und sonnte sich. Es lief schnell ins Wasser, als es uns bemerkte. Sie waren immer sehr scheu. Da sah ich im Wasser dicht am Ufer einen Hammerkopf, also den Schattenvogel, stehen. Er ließ sich schön fotografieren, bis ein Kroko vorbeigeschwommen kam und er an Land watete, um von dort davonzufliegen. Riesige Elefantenfußstapfen befanden sich im Schlamm, und immer wieder stolperten wir hinein, aber irgendwie musste man ja das andere Ufer erreichen.

Am Spätnachmittag, zurück im Camp, wir saßen gerade beim Essen, brach dann der Himmel auf, und ein kurzer, aber kräftiger Regenschauer kam hernieder. Zurück blieben die Zelte wieder schief und krumm und zusammengefaltet wie Regenschirme.

Das Auge des Kenge

Frühmorgens brachen wir die Zelte ab und zogen hinüber nach Mulinda. Eigentlich müsste es Klein Mulinda heißen, das eigentliche lag noch ein ganzes Stück weiter entfernt, von uns aus gesehen, nun auf dem Weg. Es war auch der nächste Ort, Wasser zu finden, nachdem wir die Quelle Godowa verließen. Der Weg wurde weit und heiß, je höher die Sonne stieg. Querfeldein ging es, irgendwelche fernen Bäume als Richtungsweiser. Nachdem wir zwei Drittel der Strecke geschafft hatten, machten wir die erste Rast, legten das Gepäck an den Fuß eines Baumes, tranken ein paar kräftige Schlucke Wasser aus den Flaschen und ruhten eine Weile. Es war nun auch schon kurz vor elf, somit waren wir schon einige Stunden unterwegs, aber in spätestens eineinhalb Stunden würden wir unser Ziel wohl erreicht haben.

Tandu guckte ein wenig in der Gegend herum, als er plötzlich rief, er würde ein Rhino sehen. Wie elektrisiert sprangen wir mit dem Fernglas hinzu. Tatsächlich – dort hinten kam es und schien

Kurs genau auf uns zu zu halten. Gleich neben uns, zehn Meter vom Baum entfernt, befand sich ein gut zwei Meter hoher grasbewachsener Termitenhaufen, den wir schnell erkletterten, um besser sehen zu können. Es hielt noch immer schnurstracks auf uns zu, und in der Ahnung, es könne direkt bei uns vorübermarschieren, kletterte ich hinab, um zum Baum zu laufen und den Fotoapparat zu holen. Während ich noch herumkramte, riefen Tandu und Dama bereits mit gedämpfter Stimme: »Armin, beeil dich, das Kenge ist schon ganz nah.« Na, so dicht konnte es ja nun auch noch nicht sein, dachte ich. Als ich jedoch aufstand und mich umdrehte, sah ich es bereits mit bloßem Auge herannahen, und kaum blieb noch Zeit, den Termitenhügel wieder zu erreichen.

In letzter Sekunde saß ich dann oben bei den andern, als das Nashorn auch schon groß und massig geschwinden Schrittes dahertrabte, nicht ahnend, dass wir auf dem Hügel saßen. Im Sucher wurde es größer und größer und passte schon kaum noch ganz auf das Bild. Ich drückte auf den Auslöser, drückte noch einmal, es war nur noch der Kopf darauf, da war das Tier auch schon herbei und lief, ohne es zu ahnen, direkt unter uns vorüber, nicht einmal zwei Meter entfernt, dass man ihm ohne weiteres hätte auf den breiten Rücken springen können.

Mir stockte fast der Atem. Wie ein Koloss aus der Urzeit zog es mit leicht gesenktem Kopf vorbei, jede Falte war deutlich erkennbar, wie sie sich bei jedem Schritt strafften und zu dicken Wülsten zusammenzogen. Fast zum Greifen nahe sah man die tiefschwarzen Haare an den Ohren. Ich blickte direkt in das kleine Auge, und nur schwer konnte ich glauben, dass es uns wirklich nicht schräg über sich wahrnahm, aber es musste völlig auf den Boden oder vor sich konzentriert sein.

Mir klopfte noch stark das Herz, und ich holte das vergessene Atmen nach, als das Rhinozeros auch schon unter dem Baum stand, direkt vor unserem Rucksack. Abrupt blieb es davor stehen, so als hätte es nichts anderes im Sinn gehabt, als direkt zu ihm hinzugelangen. Da geschah das Unglaubliche. Das Nashorn verharrte und begann, zunächst ganz vorsichtig, mit vorgestrecktem Kopf prüfend den Geruch einzuatmen. Das war umso verwunderlicher, als das Gepäckstück mit unserem menschlichen Geruch behaftet sein musste, aber vielleicht dünsteten sie nicht kräftig genug? Das wäre verwunderlich. Ganz vorsichtig, mit einer Mischung aus Neugier und Argwohn, beschnupperte es die befremdlichen Gegenstände, zog den Kopf zurück, um erneut, angelockt durch die Gerüche, zu schnüffeln. Man sah deutlich, wie es prüfend den Duft einzog, wie die Nasenlöcher sich bewegten. Sogar die Ohren waren mit den Öffnungen nach vorne gerichtet, die ganzen Sinne des Tieres waren auf unser Gepäck gerichtet.

Nachdem das Nashorn gerade zurückgezuckt war, begann es erneut, näher zu rücken. Wieder schob sich der Kopf aufmerksam nach vorn, neigte sich vor und zurück, vor und zurück, wieder vor, nahm eine tiefe Prise und schnaubte kurz auf, als wäre etwas Unangenehmes in die Nase geraten. Einmal wollte es sich schon vollends umdrehen, aber aufs Neue siegte die Neugier und zog das Rhino magisch an. Mit dem Horn machte es Stoßbewegungen zum Gepäck hin.

Ganze fünfundzwanzig Minuten dauerte die Inspektion, die wir so nah vor uns, begeistert und aufgeregt, mit ansahen. Dann zog das Rhinozeros mit leicht gesenktem Kopf weiter, im Winkel nach rechts, ruhte nach dreihundert Metern einige Minuten, kam dann auf uns zu, lief jedoch zügig in ein langes Flusstal hinein und folgte diesem der Länge nach. Währenddessen hatten wir uns natürlich unseren nashornbeschnüffelten Rucksack aufgeladen, um dem Rhino nachzugehen. Es war ganz klar, dass dieser Nashornbulle nicht querfeldein lief, sondern einer genauen, bereits ausgetretenen

Trasse folgte. Ob es damit jedoch einem eigenen Wechsel folgte oder dem anderer Tiere, bleibt dahingestellt. Es war aber zu vermuten, dass der ausgetretene Pfad von zahlreichen verschiedenen Tieren benutzt wurde. Vermutlich verlockten Wechsel geradezu, sie zu benutzen, denn auch wir gingen die verschiedensten von Tieren ausgetretenen Trassen bevorzugt entlang, da es sich auf ihnen wesentlich bequemer ging, als durch das Bultengras zu laufen.

Das Wetter begann sich zu ändern. Während wir dem Nashorn durch das Flusstal folgten, blies der Wind stark von vorn, und tiefschwarze Wolken zogen auf. Wie das Rhino so dahintrabte, wurde es von Büffeln bemerkt, die ihm neugierig entgegenblickten. Das Nashorn bemerkte sie endlich auch, hielt inne und stutzte, lief dann aber schnell weiter. Eine Viertelstunde später machte es eine Rast, um zu fressen, und hielt sich dreißig Minuten am gleichen Ort auf. Dann erst zog es weiter, unter dunklem Himmel, direkt auf eine weitere Gruppe Kaffernbüffel zu, die im trockenen Gras standen.

Das Rhino gesellte sich ihnen zu und blieb lange dort stehen. Offenbar fühlte es sich in deren Nachbarschaft sicherer, und es konnte abschalten, da Büffel sehr aufmerksame Tiere sind, die auch gute Augen besitzen. Sie wurden von einer Menge Madenhacker umflogen, die in ganzen Scharen ihre Rücken bevölkerten. Einige hatten ein gutes Dutzend von ihnen in langer Reihe entlang des Widerristes sitzen. Als der graue Dickhäuter sich dazustellte, gesellten sich einige der Vögel sofort zu ihm, um dessen Rücken nach dem Nahrungsangebot zu erkunden und eventuell von Parasiten zu befreien. An den Flanken kletterten sie umher, rund um die Ohren, ja einer steckte sogar seinen Kopf hinein, um auch das von innen zu untersuchen. Ab und zu schien es dem Nashorn darin zu kitzeln, es wackelte mit dem Ohr, und herausgeflogen kam ein kleines Vögelchen.

Dem Kenge gefiel der Ort. Deutlich beobachteten wir, wie es müde zu werden begann, ja sogar mit den Hinterbeinen einknickte, aber doch lieber gleich wieder aufstand. Schläfrig stand es herum. Die Uhr war nun auch auf halb zwei vorgerückt. Als die Madenhacker den Rhinorücken verlassen hatten, gesellte sich ein leuchtend roter Scharlachspint zu ihm, hockte sich hinter den Nackenhubbel und blieb dort sitzen. Selbst als es schließlich weiterwanderte, blieb der Spint hocken und ließ sich spazieren tragen. Sogar wir wurden von den hübschen Spinten, die zu den Bienenfressern gehören, umflogen, wobei sie von uns aufgescheuchte Insekten geschickt abfingen und verspeisten. Noch eine ganze Zeit lang verfolgten wir das Weiße Nashorn in den frühen Nachmittag hinein, bis plötzlich Moorantilopen auftauchten. Wir sahen sie und versuchten ihnen aus dem Weg zu gehen, doch die aufmerksamen Tiere warnten, was dem Nashorn natürlich nicht entging und es sofort argwöhnisch machte. Es beschloss, sofort schnell davonzulaufen, beruhigte sich dann aber schon bald. Ein Fluss wurde durchquert, dann begann hohes Gras, an dessen Rand das Rhinozeros entlangtrabte. Schließlich bog es hinter einem Vorsprung ab, drang in das Grasfeld ein und verschwand darin.

Wir liefen ebenfalls zum Grasfeld hinüber, das wie eine Mauer aufragte, und versuchten die Stelle zu finden, an der der Bulle, den wir inzwischen als solchen identifiziert hatten, unseren Blicken entschwand. Bald meinten wir, am richtigen Ort zu sein, wollten auch gerade dort eindringen, als sich urplötzlich vor uns ein grauer Schatten löste und auf uns zugesprungen kam, dann jedoch, uns standen die Haare zu Berge, abrupt abbremste und seitlich ins Gras davonlief, und sicherlich so schnell nicht wieder stehen blieb. Es zeigte erneut, dass Nashörner normalerweise nur Scheinangriffe durchführen, wenn ich auch schon glaubhaft Gegenteiliges gehört habe.

Nun wurde es höchste Zeit, nach Mulinda zu gelangen. Sehr zufrieden mit dieser spannenden Beobachtungsreihe, die uns gleich etwas über das Neugierverhalten frei lebender Kenge zeigte, gelangten wir nach Mulinda. Durch die anhaltende Spannung hatten wir unseren Durst gänzlich vergessen und wurden jetzt auf dem Marsch darauf aufmerksam. Mulinda ist eine steile Schlucht, deren ebener Grund mit kurzem abgeweideten Gras wie mit einem gepflegten Rasen bedeckt war. Alles befand sich unter alten schattigen Laubbäumen, die eine dieser typischen Inseln in der Savanne bildeten. Ganz am Ende der dort schmal gewordenen Schlucht befand sich zwischen engen und steilen Hängen die Quelle. Alles sah düster und dämmerig aus. Genau über dem Quellteich befand sich ein weiteres Schattenvogelnest. Aber alles war total verdreckt und aufgewühlt von einem Hippo, so dass das Wasser wie eine schmutzige trübe Brühe aussah. Auch ein Krokodil hatte sich hier angesiedelt, wie nur zu deutlich den Kriechspuren zu entnehmen war. Unfern befand sich schräg gegenüber auf der anderen Schluchtseite eine zweite Quelle. Wie enttäuscht waren wir, als wir auch diese vom Kiboko zerwühlt und untrinkbar vorfanden. Ebenso trübe guckten wir in den schwarzen Schlamm. Aber nach Klein-Mulinda waren es ja nur noch drei Kilometer.

Dort endlich durstig angekommen, schlugen wir unsere Zelte am schon bekannten Ort unter dem Baum auf, der inzwischen in vollem Grün schattenspendend den kleinen Platz im Grasmeer überragte. Wir zogen gleich hinab in die flache baumfreie Talsenke, die sich daneben erstreckte und in der sich die hiesige Quelle befand. Zum Glück war diese rein und klar, und vorsichtig füllten wir unsere Gefäße bis zum Rand. Einen interessanten Krallenfrosch konnten wir gleich in der Nähe mit fangen und setzten ihn dazu. Dann zogen wir mit den Flaschen und Töpfen zum Lager hinüber, da sahen wir auch hier ein Hippo unfern der Senke grasen. Gelegentlich tun sie es auch am Tage. Wir fanden den blasentangartig aussehenden Fußabdruck, der ja wirklich sehr markant aussieht. Es wehte noch immer und blieb bewölkt. Erst gegen Abend wurde es ruhig.

Eine halbe Stunde vor Sonnenuntergang saßen wir am Feuer und erzählten von unseren Abenteuern des Tages. Das Essen kochte, und wir lachten gerade, dass Mbadis Geschichte mit dem Jäger, dem das Kenge mit dem Rucksack über dem Horn davonlief, heute fast Wirklichkeit geworden wäre und wir ihr jetzt eine Fortsetzung anhängen konnten, da sprang Tandu auf und sagte: »Ich glaube, da kommt ein Rhino.« Tatsächlich kam hinter dem Camp eines daher. Schnell suchten wir die Karteikarten durch. Es war M 4 und hieß Bac. Irgendetwas schien es am Hornansatz zu haben. Es war dort ganz weiß gefärbt und sah fast so aus, als wäre es dort losgebrochen. Nach starken Seitwärtsstößen kann es durchaus einmal vorkommen, dass ein Nashorn sein Horn verliert. Es wächst dann aber sofort wieder nach und ist nach drei Jahren so groß wie vorher. Unablässig war Bac am Fressen und näherte sich im Abendrot, das die ganze Savanne in rötliches Licht tauchte, bis auf fünfzig Meter unseren Zelten. Auf dem Rücken trug es mehrere Scharlachspinte spazieren. Unablässig war es am Grasfuttern und blickte nicht einmal hoch. Um Viertel nach sechs wurde es dann von der Dunkelheit verschluckt.

Nun kamen die Rhinos bereits ans Camp. Das wurde ja immer besser. Da verschwand es langsam mit dem Sonnenuntergang hinter der Höhe, ging quasi mit der Sonne zusammen unter. Das war ein fantastischer Tag, an dem wir die Rhinos M 4 und M 5 sahen. Hier ganz in der Nähe hatte Charles einmal sieben Nashörner am gleichen Platz angetroffen. Demnach versammelten sie sich also auch bei günstiger Gelegenheit noch mal in Gruppen, was bei ihrer minimalen Population nur noch selten der Fall sein dürfte.

Da hatten wir nun also M 4 am Rucksack und M 5 am Lager. Noch ahnten wir nicht, dass wir Bac schon bald wiedersehen sollten. Es dauerte nicht lange, und die Nachtschwalben gluckerten rund um uns durch die afrikanische Nacht.

Roulette mit einem Nashorn

Bereits am nächsten Morgen kurz nach dem Aufbruch stießen wir auf die Fährte eines Weißen Nashorns, die jedoch nicht von Bac stammte. Tandu war ja ein fantastischer Spurenleser, als läge dort ein aufgeklapptes Buch, woraus er mir vorlas. Er erkannte gleich, dass die Fährte relativ frisch war, so frisch, dass es sich lohnte, ihr zu folgen, denn es bestand die Chance, das Rhino einzuholen. Ich maß die Werte 20 x 27 cm und 23,5 x 30 cm. Eventuell ein weibliches Tier. Aber das würde sich zeigen, wenn wir uns ranhielten. So machten wir uns an die Verfolgung der Spur.

Es ging über viele Kilometer hinweg, und überall fanden wir mehrfach benutzte Kothaufen, die oftmals zerwühlt waren, und stießen dann auf den Schlafplatz eines Kenge aus der letzten Nacht. Sehr häufig waren sie ja nachtaktiv, aber nicht in diesem Fall. Der Schlafplatz befand sich an einem vom Rhino total zerbrochenen Termitenhaufen. Wahrscheinlich zerbrechen diese, wenn die Nashörner sich mit ihrer großen Kraft und Körpermasse daran scheuern. Es besteht aber auch die Vermutung, dass ein Nashorn sie absichtlich aufbricht, um an die Termiten als Nahrung heranzugelangen, was jedoch noch nicht nachgewiesen werden konnte, aber auch bei Grasessern nicht ausgeschlossen werden kann. Gleich daneben war deutlich die breite Druckstelle am Boden zu sehen, wo das Kenge zum Schlafen gelegen hatte. Jetzt erkannten wir auch genau, dass die Fährte bis hierher von gestern Abend stammte und während des leichten Regens entstanden war, wogegen sie ganz frisch und sauber von hier wegführte, so als wäre sie soeben erst getreten.

Erst nach langer Verfolgung holten wir das Nashorn ein. Mit einem Mal tauchte es vor uns auf. Wir hatten jetzt zehn Uhr dreißig und sahen, dass es gerade dabei war, sich unter einem Baum zur

Rast einzurichten. Als wir nahe heran waren, lag das Nashorn schon am Boden und ruhte. Allerdings befanden sich wieder Büffel in der Gegend und warnten, was das Kenge sogleich registrierte und zum Aufstehen veranlasste. Als sich aber darauf nichts Besonderes tat, legte es sich wieder nieder. Es war tatsächlich ein weibliches Tier. Bei der Durchsicht der ID-Karten stießen wir bald auf Paque, was Ostern bedeutet, weil es da erstmals entdeckt wurde, als es noch jung war. Das Horn stimmte mit der Form exakt überein, auch die Spurenkartei erwies sich als identisch. Es war F 6.

In den siebziger Jahren, als die Weißen Nashörner noch häufiger waren und sogar in den Gegenden der umliegenden Dörfer erschienen, vollführten die Asendejungs aus alter Tradition ein Spiel mit dem Kenge als unfreiwilligem Partner. Zunächst suchten sie ein schlafendes Nashorn. War ein solches gefunden, so schlich man gegen den Wind ziemlich nahe heran. Dann musste einer mit einem Stein in der Hand zum Kenge hinkrauchen und dem schlafenden Tier den Stein auf den Rücken legen, um dann wieder vorsichtig zurückzukehren. Ein anderer Asandejunge musste dann hin, um den Stein abzuholen. Den übergab er dann einem seiner Freunde, der ihn erneut dem Rhino auf den Rücken legen musste, der Nächste ihn wiederbringen. So ging es eine Weile hin und her, bis das schlafende Nashorn aufwachte. Das war natürlich ein lebensgefährliches Spiel, das die kleinen Jungs da trieben, denn war womöglich gerade einer dabei, den Stein auf den Rücken zu legen, so konnte es in der ersten Überraschung mal kurz mit dem Horn zustoßen, und dann wäre für den Kleinen Feierabend, bei der unvorstellbaren Kraft, die Rhinozerosse selbst bei unscheinbaren Bewegungen ausüben. Das war das reinste zairische Roulette.

Paque unterdessen versuchte auch zu schlafen, gähnte, aber sie war wohl nicht müde genug, was auch nicht verwunderlich war, hatte sie doch schon die ganze Nacht hindurch am demolierten Termitenhaufen geschlafen. So stand die Nashornkuh mehrmals auf und legte sich wieder, was das auf dem Rücken hockende gelbrotschnäbelige Madenhackerpärchen gleichmütig hinnahm. Zeitweise waren auch wir so dicht am Rhino, ohne die geringste Deckung, dass ich durch die Spannung der Nähe verstärkt atmete. Eine ganze Zeit lang ging es so, bis Paque nach mehrfachem Gähnen schließlich des Aufenthalts überdrüssig wurde und mitsamt den Vögelchen in einer so schnellen Gangart losmarschierte, dass wir ihr unmöglich folgen konnten.

Nach dem Regen der letzten Nacht blieb es auch den Tag über bewölkt. Es war Mittag, und so suchten wir uns einen Teich, um Fische für das Abendmahl zu besorgen. Bald hatten wir einen gefunden, allerdings lagen zwei Flusspferde darin, die wir erst durch Rufe und Grassodenwürfe vertreiben mussten. Endlich trollten sie sich, wenn auch recht zögernd. Während die beiden Kollegen angelten, beobachtete ich Elefanten. Es gab hier richtige kleine Berge, welche die Termiten angelegt hatten, mit bis zu fünf Meter Höhe, sämtlich mit Gras bewachsen. Dazu war die ganze Umgebung des Gewässers von niedrigen Steilkanten durchbrochen, die in langen Reihen kreuz und quer verliefen. Eine sehr breite Talwelle dehnte sich mehrere Kilometer breit dahin. Die ganze weite übersichtliche Niederung war über und über mit zerstreuten Elefantengruppierungen durchsetzt. Noch nie sah ich es so eindrucksvoll. Es erschien wie eine Zeit, in der Menschen noch keine Rolle auf dem afrikanischen Kontinent spielten, als die Welt noch den Tieren gehörte, die in unübersehbaren Scharen die Savanne bevölkerten.

Ich hoffe, man versteht, wenn ich schreibe, dass ich tief beeindruckt war, in diesem entlegenen Winkel Zentralafrikas so ein Bild sehen zu dürfen. In einem Land zu leben, wo man keine Ehrfurcht vor der Größe der Natur mehr kennt, wo bereits jede Schöpfung der Fantasie auf Video oder CD-ROM in die Wohnzimmer zu holen ist, traut man sich kaum noch, so zu schreiben, wie man fühlt, und bedauerlicherweise sind so ziemlich alle Tierbücher heutzutage so dermaßen rational und wissenschaftlich kalt, dass sie wie Universitätslehrbücher erscheinen und man sich schon fast entschuldigt, wenn in einem Satz doch einmal ein Ausdruck des Gefühls auftaucht. Es ist ja auch kein Wunder, wenn man die hartgesottene Wissenschaftlerclique in Afrika oder sonstwo sieht, für die Tiere und Natur in Formeln und Schemata zu steckende Freilandobjekte sind und wie neidisch und eifersüchtig sie ihren kleinen engen Forschungsbereich gegenseitig bewachen und doch die Wirklichkeit überhaupt nicht begreifen, von ganz wenigen Ausnahmen einmal abgesehen. Ich habe von keiner Universität gehört, in der man etwas über das wahre Wesen der Natur und Ökologie vermittelt bekommt, sondern nur mit einer unendlich trockenen Stoffmenge ermüdend voll gestopft wird, ohne hinterher die globalen Zusammenhänge über sein spezialisiertes Fachgebiet hinaus begriffen zu haben.

Ausgerechnet eine Größe wie Konrad Lorenz meinte, dass gefühlsmäßige Beziehungen in der Tierforschung eine wichtige Rolle spielten, was auch Hans Hass vor Jahrzehnten ganz richtig erkannte. Das ist auch gut zu verstehen, denn schließlich sind wir Wesen, die auch gefühlsmäßige Begeisterung für die schönen Dinge des Lebens aufbringen sollten. Obwohl Albert Schweitzer in *Natur und Ethik* und Konrad Lorenz verschiedentlich recht ausführlich auf den ethischen Verfall der zivilisierten Menschheit hinwiesen, ist doch kaum jemand dabei, die starren Formen zu lösen und das Schöne wieder zu entdecken. Wie sagte doch auch J. W. Goethe: »Die Natur allein ist unendlich reich, und sie allein bildet den großen Künstler.« Aber was nützt es dem Blinden, der den Reichtum der Natur nicht mehr sehen kann. Ist es da nicht allzu verständlich, dass bei der heutigen Naturentfremdung und Vergewaltigung die

Künstler Kunstwerke schaffen, bei denen sich einem die Haare sträuben und man sich unwillkürlich fragt, was derlei Unfug soll? Es ist leicht zu erklären. Sie drücken die seelische Krankheit unserer Lebensumwelt aus. Und somit haben auch sie ihre Berechtigung.

Der Anblick, der sich mir bot, erinnerte auch an die wunderbaren beeindruckenden Bilder mit außergewöhnlicher Ausdruckskraft von Zdenek Burian, dem großen tschechischen Meister, der längst vergangene Urzeiten so eindrucksvoll und lebendig in die Gegenwart zu holen verstand. Und doch war ich auch im Garamba, wo vor allem das Kenge Pate stand, das Symbol, das durch dieses Buch führt, nicht im Paradies. Elefanten überall. Ruhig standen sie da, die sympathischen Riesen, mampften große Mengen Gras in sich hinein, das sie büschelweise mit dem Rüssel ergriffen und zum Maul führten. Ganz locker sah ich die Rüssel sich schwingend bewegen, völlig gleichmäßig und ohne Anstrengung, elegante, beinahe von selbst ausgeführte Bewegungen. Die Schwänze waren lang und hingen fast bis auf den Boden. Die elfenbeinernen Stoßzähne waren schmal und zeigten gerade nach unten. Über allem flogen Rotbauchschwalben dahin und gaben dem Ganzen eine lebhafte Bewegung.

Ich sammelte einige Pflanzen, Blüten von Bäumen und Gräsern, für die Sammlung und fand dabei auch das Skelett eines Elefanten sowie den Schädel einer Hyäne. Nachtreiher und Rohrdommeln befanden sich an dem Teich, und Stelzenläufer mit langen roten Beinen wateten am Rand, wo die beiden Hippos gelegen hatten, durchs flache Wasser. Als ich zu meinen Gefährten zurückging, lief mir erneut eine ganz kleine Mohrenralle vor die Füße, um sich rasch zu verstecken. Man sah eigentlich nur ein flinkes dunkles Knäuel eiligst dahinhuschen. Tandu und Dama hatten inzwischen schon um die dreißig Welse geangelt, genug, dass es bis zum Frühstück reichte. Die Krokodile in der Nachbarschaft lagen träge herum.

In Klein-Mulinda beim Fischschlemmen beobachteten wir dann einen kleinen grauen Falken mit gelben Beinen, der die großen Milane geschickt verjagte. Geier saßen in den Bäumen und beobachteten uns mit gelassener Ruhe. Wahrscheinlich hofften sie, irgendwelche Reste ergattern zu können, irgendwann, denn sie übernachteten bei uns mit der größten Selbstverständlichkeit, mit unerschütterlicher Ruhe. Im Dunkeln näherten sich uns die Tüpfelhyänen mit ihren schaurigen Rufen. Wir hatten wirklich die ideale Nachtmusik. Leuchteten wir sie an, verstummte ihr fragendes ›huui‹, und zahlreiche Augenpaare erstrahlten gespenstisch weiß in der Finsternis, hoben und senkten sich, und alle blickten sie zu uns. Fledermäuse huschten dahin. Da vernahmen wir ein seltsames Geräusch, womit ich zunächst gar nichts anfangen konnte, nur schwer definierbar. Tandu wusste gleich Bescheid. Es war der Ruf eines Warans. Da wäre ich nie drauf gekommen. Afrika hat doch viele Geheimnisse. Später hörten wir Löwen in der Ferne rufen.

Wir folgen M 4

Gleich nach dem Hellwerden um zehn nach sechs sahen wir plötzlich wieder Bac am Lager auftauchen. Er ging denselben Weg wie das letzte Mal und war auch wieder am Fressen, urinierte diesmal aber öfter, um seinen Wanderpfad zu markieren. Auch eine Hyäne näherte sich ganz frech unserem Lager, sah uns an, als verlangte sie, dass wir ihr etwas zu fressen hinwarfen. M 4 wanderte vorüber, begleitet von einer Schar Kuhreiher, die um ihn herum im Gras einherstelzten. Grasend, ohne irgendwie unser Camp zur Kenntnis zu nehmen, verschwand er im hohen Gras. Das war die Chance für uns, ihm gleich nach dem Essen zu folgen. Wie gut, dass die Bohnen schon vorgekocht waren. Den Frühstücksfisch kochten wir diesmal, und dann machten wir uns hinter Bac her.

Wir wussten nicht, dass es unsere längste Rhinobeobachtung wurde, die von Sonnenaufgang bis Sonnenuntergang dauern sollte. Als die Sonne gegen acht Uhr stark und heiß wurde, begannen die trockenen Grashalme zu knacken und zu wispern. Durch die Wärme dehnte sich die ausgetrocknete Substanz, wodurch die Geräusche entstanden und die Savanne mit geheimnisvollem Leben erfüllt zu sein schien. Dazu tönte wieder der Flügelschnappende Cystensänger mit seinem lustigen ›klapp klapp‹. Allerlei Schmetterlinge gaukelten umher. Bald im April würden auch die Termiten ausfliegen. Ein Ameisenheer zog bereits quer durch unser Camp, in disziplinarischer Ordnung eine lange Kolonne bildend.

Nach neun Uhr holten wir Bac wieder ein. Der frankophone Name bedeutet Fähre, weil es sich als Kalb viel bei Bac Garamba, der Tonnenfähre über den Fluss, aufgehalten hatte. Er trug zwei deutliche Rückenhubbel weiter hinten am Rückgrat, woran wir ihn auch leicht erkennen konnten, weil das nicht der Regel entspricht. Das Nashorn stand direkt vor uns in einem tiefen frischgrünen Bachtal an einem Wasserschlammloch. Es war über und über schlammbedeckt und leuchtete schwarz glänzend, hatte also gerade erst ein ausgiebiges Bad genommen. Da M 4 sich noch aufzuhalten gedachte, nahmen wir die Chance wahr, einen grasbewachsenen Termitenhügel zu erklettern, der uns dreien gerade ausreichend Platz bot. Von hier aus war Bac gerade noch vierzehn Meter entfernt, und wir hatten einen idealen Aussichtspunkt auf ihn hinab. Da wir uns nur in Zeitlupe bewegten, der Wind günstig war und wir auch nur flüsterten, konnte Bac uns nicht erkennen und als Menschen ausmachen. Vielleicht sah er uns schon da oben, hielt uns aber in seiner Kurzsichtigkeit wohl für die Verlängerung des Termitenhaufens.

Das Kenge ließ sich Zeit, während die Sonne heiß auf den Körper schien und langsam der feuchte Schlamm zu trocknen begann. Die Nashornhaut ist ja völlig mit Falten und Vertiefungen versehen, wo sich natürlich zahlreiche Parasiten festsetzen können. Da wurde nun der ganze Schlamm beim Wälzen hineingedrückt, begann hart zu werden, wobei die Parasiten mit einbuken. Das Ganze fiel dann nach dem Trocknen von allein durch die Bewegungen ab, wurde am Baumstamm oder Termitenhügel abgescheuert oder, wie es bei Gruppen der Fall ist, gegenseitig mit dem breiten Maul reibend entfernt, was gleichzeitig einen idealen Körperkontakt darstellt.

Wir geduldeten uns und beobachteten die kleinen Bewegungen. Sonst tat sich nicht viel. Madenhacker waren keine anwesend, sie mochten wohl auf dem nassen Tier mit ihren Federn nicht herumklettern. Die Zeit verstrich, wir hockten auf dem Hügel, da setzte Bac sich in Bewegung, lief durch das Bachtal, und wir folgten aufrecht vorsichtig nach, schnell stehen bleibend, wenn er sich umblickte. Nach mehreren hundert Metern vernahm das Kenge doch eine Bewegung von uns, konnte aber nichts Genaues damit anfangen und eilte sicherheitshalber einhundert Meter fort, rechts das Bachtal hoch, drehte sich um und sah uns direkt an. Natürlich unterließen wir jegliche Bewegung, so beruhigte es sich und ging gewöhnlichen Schrittes weiter vom Tal ins hohe Gras hinein und verharrte dort abwartend.

Wir hatten nun zehn Uhr fünfundreißig, die Zeit, wo die Rhinos müde zu werden begannen. Auch Bac wurde müde. Da hörte er plötzlich ein Geräusch, ein Brummen. Auch wir vernahmen es bald, es war wieder die Parkmaschine. Systematisch flog sie den Park ab, immer hin und her, und schließlich entdeckte man uns, kreiste über uns, über dem Nashorn. Wie wir wohl von da oben aussahen, drei Menschen stehen irgendwo in der Wildnis einem Nashorn gegenüber. Es horchte auch ganz genau dem Geräusch, das laut dröhnte, guckte hoch, ehe die Cessna davonflog, noch einige Male vorbeigeflogen kam, hin und her, und dann verschwand. Man machte Monitoring, systematische Tierzählung aus der Luft, ehe das Gras demnächst zu hoch wurde und nichts mehr zu entdecken wäre.

M 4 begann zu fressen und stand dann müde herum. Wegen der hohen Halme konnten wir meistens nur den Kopf mit den Ohren erkennen, gelegentlich auch ein Stück des Rückens, sonst nichts weiter. Nach einer Weile lief das Rhino weiter, kam in niedriges Gras hinein und suchte sich dort einen der einzelnen Bäume, stellte sich darunter und begann gleich erneut schläfrig zu werden. So verging die Zeit, wir pirschten herbei. Zwischendurch bewegte sich Bac leicht vorwärts, nickte auch mehrmals mit dem Kopf, und dann konnten wir gar laut und vernehmlich ein Knurren hören, das mit hoher Wahrscheinlichkeit vom Magen stammte. Ich kroch auf den Knien noch dichter heran, um auch weitere Geräusche wahrnehmen zu können. Und nun, so nahe dran, hörte man auch gelegentliches Schnauben, was ebenfalls als Lautäußerung charakteristisch ist.

Was mir wiederholt auffiel, war, dass die Nashörner zur Mittagszeit erstaunlich hell aussahen, ja beinahe schon weißlich, wenn die Sonne senkrecht vom Zenit herabschien. Und das erklärte meines Erachtens auch, warum sie Weiße Nashörner heißen. Es gibt ja drei gängige Theorien, die die Namensgebung erklären sollen. Einmal soll einer der ersten Europäer, der sich mit den Südlichen Weißen Rhinos des südlichen Afrikas beschäftigte, White geheißen haben. Eine weitere Erklärung ist die, dass sich die Rhinos im hellen Schlamm wälzten und dadurch vorübergehend weißlich wirkten. Die gängigste ist jedoch eine sprachliche Verwechslung zwischen Burisch und Englisch. Auf Burisch heißt nämlich breit wijde, sprich weide, basierend auf Breitmaulnashorn, woraus die Engländer, des Burischen nicht mächtig, white gemacht haben sollen. Das würde aber in keinem Fall erklären, warum die kleineren Spitzmaulnashörner dann Schwarze Nashörner heißen. Die simpelste Erklärung, die ich habe, ist die, dass die Kenge tatsächlich in offener sonnendurchfluteter Savanne um Mittag herum ungewöhnlich hell aussehen, wobei sie sonst jedoch normales Grau tragen, wie die Black Rhinos auch. Letztere leben jedoch häufig im Buschland, sind also dem Schatten ausgesetzt, wo man eben dunkler erscheint.

Nur von einigen niedrigen Grasbulten gedeckt, befand ich mich nun schon ganz nahe bei Bac. Er hatte die Augen offen, schien aber verträumt zu Boden zu blicken. Der Wind stand gut, so näherte ich mich noch mehr, während Tandu und Dama schon längst zurückgeblieben waren. Unendlich langsam bewegte ich mich, auf allen Vieren rutschend, voran. Jetzt hatte ich die Gelegenheit, es ausführlich und in Ruhe aus nächster Nähe zu betrachten, sieben Meter entfernt, soweit man von Ruhe sprechen konnte, denn mein Herz klopfte vor Aufregung über die faszinierende Nähe. Sogar riechen konnte ich das Rhinozeros nun deutlich, denn der Wind säuselte genau auf mich zu. Langsam hob ich die Kamera ans Auge und drückte auf den Auslöser. Das Klickgeräusch, das der niederfallende Spiegel erzeugte, ließen M 4 kurz mit dem Kopf rucken und die Ohren bewegen. Beim zweiten Mal war es nicht anders. Sicherlich hielt es die Töne für ein Insekt oder Ähnliches, brachte es jedoch nicht mit Gefahr in Verbindung. Ich kroch noch etwas heran. Die Nähe zum Rhinozeros war unheimlich fesselnd. Unwillkürlich hatte man den Eindruck, als wäre doch noch alles zwischen Mensch und Tier in Ordnung, aber es war natürlich nur eine Illusion, denn das Nashorn wusste ja nicht, dass ich mich in der Nähe befand.

So langsam wurde mir die ungeheuerliche Nähe zum Kenge bewusst, denn ich saß ihm inzwischen völlig frei und offen gegenüber, dass es fast kaum glaublich erschien. Schließlich hatte ich keine Hauskuh vor mir, sondern ein wehrhaftes wildes Tier, von dem man nicht mit Sicherheit sagen konnte, wie es reagieren würde, sollte es mich entdecken. Es gab nichts, wohinter ich im Fall eines Angriffs in Deckung gehen könnte. Das wurde mir mit einem

Mal ganz klar, und die Vorstellung davon nahm mir ein gutes Stück meiner inneren Sicherheit, so dass ich den Drang verspürte, mich ein Stück zurückzuziehen. Da ich mich noch nicht umgedreht hatte, wusste ich auch nicht, was meine beiden Begleiter taten. Aber wie es dann so ist, ich machte eine unvorsichtige Bewegung, die das Rhino aus dieser Distanz sah, es schnaubte auf und kam sofort zwei Meter auf mich zu. Im gleichen Augenblick richtete ich mich halb auf, das Nashorn warf sich herum, dass es aufstaubte, und rannte, so schnell es konnte, davon. Kurz darauf meinte Tandu, es sei außerordentlich unvorsichtig gewesen, so nahe heranzukriechen, ich musste ihm Recht geben. Aber die Faszination war zu groß und forderte mich einfach heraus.

Um Bac wiederzufinden, folgten wir der Spur. Es war uns klar, dass er sehr weit laufen würde, ehe er langsamer wurde und sich wieder zur Ruhe begab. Zunächst sahen wir ihn noch laufen, im riesigen Bogen zu einem weit entfernten Höhenrücken, er lief oben auf dem Kamm entlang und verschwand schließlich dahinter. Nach über einer Stunde sahen wir Bac wieder. Er stand unter einem Baum und döste. Also war er demnach wieder völlig beruhigt. Wir wollten diesmal jedoch vorsichtiger sein und wahrten einen größeren Abstand, postierten uns an einem Termitenhaufen, beobachteten mit dem Fernglas und warteten, bis er weiterwandern würde. Jetzt merkten wir wieder einmal, dass es viel anstrengender sein kann, am selben Ort auszuharren, abwartend, was da käme, als den ganzen Tag hart zu marschieren, sei es, um ein Rhinozeros zu finden, sei es, um es zu verfolgen. Wir hatten heute nämlich einen nicht zu verachtenden Nachteil, wir standen in der heißesten Mittagssonne, hatten kein Trinkwasser mehr und dörrten vor uns hin. Das Rhino dagegen stand wunderbar schattig unter dem einzigen Baum hier weit und breit. Leider war für uns keiner da. So vergingen die Stunden qualvoll langsam. Zunächst hofften wir ja noch, es würde bald seines Wegs ziehen, aber Bac war ein Nachtwanderer und dachte gar nicht daran, seine Gewohnheit auzugeben. Er war aber ein typischer Pistengeher, markierte sein Wandergebiet regelmäßig, erschien aber nicht zu gleicher Zeit am selben Ort, sondern so, wie es gerade kam. Deswegen erschien er auch mal abends, dann aber wieder morgens bei uns im Camp.

Endlich tat Bac einmal etwas. Er begann, sich sein Horn und die eine Seitenflanke am Baumstamm zu scheuern, kraftvoll und ausdauernd. Aber als wäre diese Tätigkeit der Anstrengung genug, wurde daraufhin erneut gedöst. Einmal machte er noch eine bogenförmige Schleifspur mit dem Vorderfuß. Unabhängig voneinander drehten sich die Ohrentrichter beständig nach allen Seiten. Als die Sonne weiterwanderte und sich der Schatten verschob, rückte Bac nach. Er legte großen Wert darauf, nicht in der Sonne zu stehen, was wir gut verstehen konnten. Die Situation blieb auch weiterhin unverändert, ein einsamer Baum in der Savanne, darunter ein Nashorn, und fünfzig Meter davon entfernt ein Termitenhaufen mit drei Leuten drumherum. Es war uns nicht möglich, Wasser zu suchen, denn in der Zwischenzeit könnte das Kenge ja fortwandern. Das wollten wir natürlich nicht riskieren. Der heiße Wind blieb konstant und günstig, bewegte die reetartigen harten Halme, dass sie klapperten, gelegentlich gab es eine Windpause. Es wurde unerträglich heiß, sogar das Ambodensitzen wurde zur Tortur. So trampelten wir umher, rund um den Haufen, traten einen Gang in die Halme, schlenderten diesen auf und ab, umrundeten den Haufen der Termiten, wieder den kurzen Trampelpfad zurück, um den Haufen und so fort. Es war zum Verrücktwerden.

Doch da tat das Nashorn etwas. Es legte sich hin. Und nun füllte sich mein Beobachtungsblock. Um 15.08 Uhr stand es wieder auf, legte sich aber bereits vier Minuten später wieder hin, nur um sich um fünfzehn Uhr siebenundzwanzig hochzustämmen. Dann zeigte die Uhr 15.32 Uhr, als es sich erneut plumpsen ließ. Als es 15.44 Uhr wurde, stand es allerdings wieder.

Inzwischen hatte sich Tandu doch auf den Weg gemacht, Wasser zu suchen. Nach über einer Stunde kam er enttäuscht zurück, das einzige Gewässer, das er fand, war von einer Büffelherde total zerstampft und als Jauche ungenießbar geworden. Das war ja nicht gerade motivierend für unser Durchhaltevermögen. Seit Sonnenaufgang verfolgten wir Bac nun schon den ganzen Tag hindurch. Dann, es war gerade um 16 Uhr herum, begann unser Nashorn aufmerksam den Kopf nach links und nach rechts zu schwenken. Das war doch schon etwas und fand Aufnahme auf dem Block. Nur die Hitze blieb unveränderlich, und die Zunge klebte mir am Gaumen. Die ersten Sprechschwierigkeiten erschienen, und bald würden wir nur noch Grunzen und Schnauben können wie die Nashörner. Bac, was tust du uns an. Wenn das so weiterging, würde uns auch noch ein Horn auf der Nase wachsen.

Gegen fünf Uhr hielten wir es nicht mehr aus und schwankten los, gen Camp, das wir beflügelt durch das dort befindliche Wasser schließlich erreichten. Aber wie staunten wir, als um 18.35 Uhr Bac durch die Dunkelheit herannahte, auf seinem gewohnten Pfad mit gesenktem Kopf, und fressend vorüberwanderte und kurz darauf in der Finsternis verschwand. Er musste unmittelbar nach uns aufgebrochen sein. So konnte es einem ergehen.

Löwen besuchen unser Camp

Der neue Tag begann mit viel Löwengebrüll und Geraunze, während in der Nacht Hyänenspektakel ablief. Alles, was nicht niet- und nagelfest war, steckten wir in die Zelte, damit die Tüpfelhyänen nichts davontrugen, ehe wir in die Brousse entschwanden. Den ganzen Tag hindurch war es dicht bewölkt und unheimlich schwül. Überall rundherum donnerte es, und manchmal zuckten Blitze durch die geladene Atmosphäre, schlugen wie ein gigantisches übermächtiges Schwert in die Erde, um dort zu verzucken. Zwischendurch fegte eine unheimliche Windböe über uns hinweg, aber es fiel kein Tropfen Regen zu uns herab. Über dem Sudan hing eine gefährlich aussehende rabenschwarze Wolkenmasse. Aus einem einsamen Savannenbaum kamen zwei Eulen geflogen, lautlos und federleicht entschwebten sie.

Wir zogen zum Nambira, einem sehr tief eingeschnittenen Flüsschen, um zu angeln, hatten aber zunächst kein Glück. Endlich bissen dann doch noch ein Elektrizitätsfisch, ein Tilapia und eine ›Sardine‹, so sah sie jedenfalls aus. Aber der Elektrizitätsfisch, wie passend zum Gewitter, war schon etwas Besonderes. Tandu, der ihn mit Mühen aus dem Wasser zog, denn er war sehr wehrhaft am Haken, hütete sich, ihn anzufassen. Da lag er im Gras, sah welsartig aus, während Dama einen Knüppel suchte und ihn dem Fisch kräftig über den Kopf schlug. Mehrere solcher Schläge waren notwendig, bis er völlig tot war. Aber auch dann traute man sich nicht, ihn mit der Hand zu berühren. Der Haken musste umständlich mittels eines Stöckchens herausgestochert werden.

So ein E-Fisch ist ein ziemlicher Brocken. Unser war einen guten halben Meter lang, damit sogar noch klein für seine Art, und besaß eine grün bräunlich dunkle Farbe sowie kleine schwarze Punkte, die ganz dicht auf die Haut gesprenkelt waren. Das Maul war, wie bei Welsen üblich, breit, mit kurzen Barteln versehen und besaß an den Seiten je eine starke Linie, der Elektrizitätsnerv, der üblicherweise zum Betäuben kleiner Beutefische dient, aber ohne weiteres einen Menschen, der im Wasser mit ihm in Berührung kommt oder ihn anfasst, lähmen kann, ja angeblich unter Umständen sogar töten. Deswegen konnten wir ihn, solange er lebte, und eine Weile danach nicht anfassen. Sehr interessant, was man alles so aus dem Wasser zog.

Überhaupt war der Ort, wo wir uns befanden, nicht gerade sicher. Zunächst ahnten wir es aber nicht. Wir steckten drei bis vier Meter tief im Flussbett des Nambira, der von schmalen Steilwänden eingefasst wurde, die sich etwa vier bis fünf Meter voneinander entfernt befanden. Direkt unten am Ufer des Flüsschens befanden sich schmale Simse, auf denen man entlangbalancieren konnte. Während wir arglos angelten, näherten sich Elefanten dem Nambira. Erst hörten wir nur ihre Geräusche, doch als wir neugierig den Hang erkletterten, um drüber hinwegzulugen, waren sie schon ganz nah. Beeindruckt zogen wir uns zurück und verhielten uns ganz ruhig, bis sie ein Stück vorüber waren. Wir beobachteten sie, wie sie gemütlich ihres Wegs zogen, und widmeten uns wieder der Angelei.

Plötzlich sagte Tandu, da vorne sei ein Hippo, und behielt den Ort scharf im Auge. »Wo?«, fragte ich, denn es war absolut nichts zu sehen, was wie ein Flusspferd aussah. Er erklärte mir die Stelle ganz genau, etwa acht Meter entfernt. Ganz vorsichtig bewegte ich mich darauf zu, und tatsächlich, da war es, tief untergetaucht in dem schmalen Flüsschen, und ich bekam jetzt erst die richtige Vorstellung von der beachtlichen Tiefe des Wassers. Man sah gerade nur noch den großen Kopf unter Wasser schimmern, ein nicht sehr angenehmes Gefühl. Immerhin hatte ich ja schon meine Erfahrungen mit ihnen gemacht. Ganz vorsichtig zog ich mich zu Tandu und Dama zurück. Wir blieben hier nicht mehr lange, es war einfach zu gefährlich. Würde es zu uns herantauchen und uns urplötzlich angreifen, hätten wir keine Chance zu entkommen, zwischen den steilen Wänden saßen wir in einer Falle, wie es schlimmer nicht sein konnte. So räumten wir den Platz, es war sowieso nichts zu angeln hier, erkletterten den Hang und wollten davonziehen, doch da standen in weitem Bogen Elefanten vor uns. Sie hatten uns regelrecht eingekesselt. Verflixt, wie kamen wir da wieder heraus. Ganz ruhig versuchten wir uns zu verhalten, duckten uns etwas, und langsam, ohne viele unnötige Bewegungen, schlichen wir ganz eng am oberen Abhang des Nambira entlang, an den Elefanten vorbei, die von uns nichts ahnend lässig mit den Ohren wedelten. Unten am Fluss konnten wir uns mangels ausreichender Trittmöglichkeiten nicht ausreichend fortbewegen. So krochen wir am Boden dahin und atmeten auf, als alles hinter uns lag und wir uns endlich im Rücken der großen Tiere befanden.

Etwas später angelten wir an anderer Stelle noch ein Dutzend Welse. Zahlreich lagen Hippos in einem Tümpel durcheinander, völlig kreuz und quer. Früher muss die Garambalandschaft von vielen breiten Flüssen durchzogen gewesen sein, gegen die die tief eingeschnittenen Flüsschen wie Rinnsaale erschienen. Wir zogen bis an den Garambafluss, der in Mäandern, von Sandbänken durchsetzt, zum Dungu fließt. Es war ein schöner Blick hinweg in den Sekteur Rouge. Die jungen Früchte des Kigelia, die wir fanden, sahen nun wahrhaftig wie grüne Salatgurken aus, in Größe, Gestalt und allem, bevor sie zu dicken schweren ›Leberwürsten‹ heranreiften.

Im Lager Klein-Mulinda begannen wir sogleich mit der Zubereitung des Essens und vor allem des Elektrofisches. Er musste gehäutet werden wie ein Stück Wild. Die Haut war außergewöhnlich schwer und sehr dick, dazu kam noch eine 0,5 Zentimeter dicke Fettschicht, wohl um ihn vor seinen eigenen Stromstößen zu schützen. Es war bestes festes Fleisch am Fisch. An der fettigen Hautinnenseite verlief deutlich sichtbar je ein dicker E-Nerv, mit wenigen Seitensträngen nach oben und unten führend. Es war ein äußerst schmackhaftes, prall saftiges Fleisch, in das man herzhaft mit den Zähnen beißen konnte, das beste, was ich je aß. Eine wahrliche Delikatesse inmitten der Wildnis, womit kein Spezialitätenrestaurant gleichziehen kann.

Zwischen 17 Uhr und 17.30 näherten sich drei Gruppen Löwen laut rufend unserem Camp, das direkt unter einer einzelnen Kigelia inmitten drei Meter hohem Gras lag. Die erste Gruppe zog an uns vorüber und verschwand unter mehrmaligem Rufen. Die anderen versteckten sich im flacheren Gras hinter der Quellensenke und beobachteten unser Treiben. Wir waren deswegen an diesem Abend sehr vorsichtig. Ein Geier saß auf einem abgestorbenen Baum in der Nähe. Rasch senkte sich die Sonne. Ein letztes Mal blickten wir mit dem Fernglas zu ihnen hinüber, dann verschluckte sie die Dunkelheit. Es war eine tolle Atmosphäre im Finstern am Lagerfeuer, während die Löwen ums Camp schlichen und immer wieder in Intervallen riefen. Hyänen waren noch keine da. Jeder Nationalpark ist eine wunderbare Arche Noah.

Wieder kamen wir ins Erzählen. Ugandische Flüchtlinge hatten im Sudan ihre Gewehre verkauft, womit die Sudanesen wiederum auf Jagd nach den letzten verbliebenen Garambarhinos gingen. Es ging ihnen ausschließlich um die Hörner, alles andere blieb liegen. Das Horn ging dann an Aufkäufer weiter, nicht bloß im Sudan, sondern auch durch Zaire und über den Tanganyikasee nach Bujumbura, der Hauptstadt des kleinen Ländchens Burundi. Die Sudanesen verkauften wohl meistens nach Khartoum im Norden, jagten jedoch gemeinsam mit ugandischen Bürgern im Park. Diese Gruppierungen wurden von den zairischen Guards Niam-Niam genannt, was so viel wie Vielfresser bedeutet. So wurden bereits vor über hundert Jahren die hiesigen Menschenfresserstämme bezeichnet, als Georg Schweinfurth und andere Europäer hier durchzogen. Der zairische Wilderer Baro hatte ja sogar auf die Guards im Park tödliche Schüsse abgegeben, um sie zu vertreiben.

Es herrschte nun dunkle Nacht. Die Löwen waren ruhig, aber sicher beobachteten sie uns am Feuer. Finster erhoben sich die Silhouetten der ferner stehenden Kigelia. In der Senke quakte ein Froschchor. Insekten sirrten, quietschten und piepsten. Zwei Hyänen erschienen nur wenige Meter vom Feuer, und als wir sie anleuchteten, blinkten ihre Augen auf. Dann rannten sie blindlings davon. Als wir dann schlafen gingen und das Feuer herabbrannte, kamen sie zahlreich herbei und riefen ›hmmm‹ und ›huuih‹ wie Gespenster. Einige inspizierten das Camp, und wir hörten, wie sie die Fischköpfe und Gräten mit ihren kräftigen Gebissen zerknackten.

Gegen 23 Uhr erwachte ich. Zwei Löwen begannen direkt hinter dem Lager gewaltig zu brüllen. Die Nacht war völlig windstill und dunkel. Ein Hippo meldete sich aus der Ferne. Die Hyänen hörte man immer noch im Camp herumschleichen. Das Feuer glomm nur noch ganz wenig. Einer der Guards schnarchte. Ab und zu knurrte einer der Löwen. Mücken brummten zwischen den doppelten Zeltbahnen unter dem Dach. Da röhrte wieder einer der Löwen. Tambo werden sie hier genannt.

Ich musste wieder eingeschlafen sein. Ein ohrenbetäubendes Röhren ganz nah hinter den Zelten im hohen Gras riss mich aus dem Schlaf. Ich lauschte angestrengt. Sie röhrten sich immer wieder zu, der andere war jedoch noch etwas weiter entfernt. Es klang sehr imposant. Um Mitternacht begann ein schaudererregendes Löwenspektakel. Gewaltiges Geröhre aus heiseren Kehlen dröhnte nun von allen Seiten herbei, wir waren regelrecht umzingelt. Auch Tandu und Dama waren nun wach, und ich hörte, wie sie ihre Flinten klarmachten, um notfalls in die Luft zu schießen. Hier, zu diesem Zeitpunkt, dachte ich noch mit einem leichten Schauer, »wenn das nicht ein herrlich wildes ursprüngliches Wildniskonzert ist«.

Doch schon bald wurde das Brüllen der Löwen immer dringlicher und lauter. Ich sah auf die Uhr. Schon 0.45 Uhr. Was die bloß vom Camp wollten? Nun brüllten sie laut und wild ganz nahe. Da kam der eine zügig und röhrend auf das Zelt zu und lief brüllend ganz dicht daran vorbei. Was geschah da bloß? Ich saß jetzt angespannt aufrecht in der Mitte des Zeltes und fand die stundenlange Belagerung gar nicht mehr so spaßig. Kaum dachte man, sie wären weg, da begannen sie nach einer Pause direkt beim Zelt erneut mit einem gedrängten Herausgrollen, dass das Zelt erzitterte, dem ein einsilbiges Grollen folgte. Es klang, als wären sie heiser. Es waren nun mindestens zwei Löwen direkt neben meinem Zelt, und ich traute mich nicht, die Wände zu berühren. Eine Weile blieb es ruhig, und so entschloss ich mich, zum Zelt meiner Gefährten hinüberzufragen. Ich hörte sie antworten, konnte es aber nicht mehr verstehen, denn es wurde von einem furchterregenden Doppelbrüllen verschluckt. Sicher nahmen sie auch Kontakt zu Löwen draußen in der Savanne auf, denn von dort wurde prompt geantwortet.

Die Löwen hockten nun schon lange Zeit dicht neben den Zelten und belauerten uns. Da es sich so lange hinzog, gewöhnte man sich sogar daran. Gebannt blickte ich durch die Gazetür nach draußen, wo ab und zu einmal Sterne schwach leuchteten. Da sah ich, wie die Silhouette eines Löwen auftauchte, durch unser Camp schritt, genau da, wo wir am Feuer saßen, zum Zelt von Tandu und Dama hinüberging, es umrundete, wieder zu meinem Zelt kam, auch das umging und wie eine Acht das Gleiche wiederholte. Ich saß starr und wie gebannt da und schaute nur auf das Geschehen, das mir wie ein Zaubertraum erschien, wenn es nicht so real wäre.

Gegen zwei Uhr wurde ich sehr müde und konnte kaum noch die Augen aufhalten, draußen schien es ruhig zu sein. Ich konnte nichts erkennen, keine Bewegung, nichts. Aber um drei Uhr waren sie immer noch da, nur etwas weiter entfernt. Es war unmöglich, noch länger wach zu bleiben. Ich hörte die Löwen kehlig röhren, als ich zu Boden auf die Matte sank und auf der Stelle einschlief. Ich schlief bis zum Morgengrauen. Da kamen wir drei aus den Zelten gekrochen, übermüdet, aber gehobener Stimmung, als hätten wir etwas ganz besonders Großes erlebt. Und ich glaube, das war es auch.

Wir waren noch nicht lange auf, das Kaffeewasser kochte noch am Feuer, da erschienen Charles, Josef und Vukuiu im Lager. Gespannt lauschten sie unseren Berichten von den Geschehnissen der Nacht. Wir zeigten ihnen die Fußabdrücke der Löwen, die sich überall rundum fanden. Sie hatten unser Lager schon aus der Luft vom Flugzeug entdeckt und erzählten uns auch, wie faszinierend es aussah, wie wir neulich einsam dem Rhino in den Grasmeeren gegenüberstanden, als sie über uns beim Monitoring hinwegflogen.

Pistenrhino und Langhorn

Eine schöne Überraschung stand uns noch bevor. Als wir auf einer ausgedehnten Wanderung auch unsere alte Piste berührten, entdeckten wir in der Ferne ein Rhino. Wir sahen viele große Kenge, aber dieses hier hatte wirklich gewaltige Ausmaße und musste wohl fast zwei Meter hoch sein. Das war unser geheimnisvolles Pistenrhino. Endlich sahen wir es, das erste und gleichzeitig letzte Mal. Das gewaltige Tier war fern, aber durch das Fernglas konnten wir es recht gut ausmachen. Es war schon spät, und wir wären erst im Dämmern bei dem Kenge angelangt. Wir mussten es ziehen lassen. Wir blickten ihm noch lange nach, dann mussten wir schleunigst zurück. Da zog es dahin, unser Pistenrhino, über den weiten Wellen seiner Heimat, der Brousse.

Wir befanden uns wieder in NaZege Zege. Kaum standen die Zelte, begann ein gewaltiger orkanartiger Regensturm. Anschließend befanden sich tausende Termiten in der Luft, die erstenn die in diesem Jahr auftauchten. Langsam sanken sie auf unser Lager herab und flatterten uns in die Hemden und nervten uns überall. Zahlreiche afrikanische Mauersegler durchstreiften dann bald die Lüfte. Immer häufiger wurden die Segler, schossen blitzartig mit schrillen Pfeiftönen durch den Talkessel von NaZege Zege. Auch sie waren heute die ersten des Jahres. Ein Trupp von ihnen schoss ganz eng gedrängt schnell über unsere Köpfe hinweg. Die grüne Schlange befand sich noch immer im Baum droben. Jetzt begann auch die Zeit, wo die Asande die Termiten fangen, um sie zu verspeisen, die blassen Höhlenbürger verließen in Scharen ihre Burgen, und man konnte sie dort schon gleich abfangen.

Mit jedem Tag rückte die bevorstehende Regenzeit näher herbei. Immer mehr häuften sich die Regenschauer, es war teils recht frisch, gerade morgens, und Schwalben erschienen zahlreich. Dafür waren die nur kurz aufgetauchten eleganten Segler schon wieder fort. In der Talöffnung standen drei Elefanten ganz ruhig und unbeweglich wie steinerne Monumente. Wachteln riefen, und Perlhühner bewegten sich durchs Gras. Bei der hiesigen Quelle sahen die Hänge fast wie eine Kiesgrube aus.

Gleich nach dem Regenschauer befanden wir uns wieder unterwegs in der Samba. Dabei begegnete uns ein Sekretär auf hohen kräftigen Beinen, und fast schien es, als trüge er eine Schreibfeder hinter das Ohr geklemmt. Federn waren es schon, aber nicht zum Schreiben, sondern sie gehörten zu einem besonders seltsamen Vogel des Garamba, der zu den Greifvögeln zählt, aber hauptsächlich zu Fuß unterwegs ist und bekannt für seinen Werkzeuggebrauch ist, nämlich dann, wenn er mit einem Stein Eier aufzuschlagen beginnt, um sie auszutrinken. Erneut sahen wir einen Callao, die nicht häufig, aber auffällig in der Brousse waren.

Wie wir so dahinzogen, kam mit einem Mal ein Rhino von links im rechten Winkel auf uns zu. Gerade war es neun Uhr. Es bedurfte keines Blicks in die Karteikarten, um zu erkennen, wer da kam, das Horn war so dermaßen lang, dass es unverwechselbar war. Es handelte sich um Langhorn mit der Kennziffer M 6. Seine Spurenabdrücke waren 25,5 x 23 und 27 x 22,5 Zentimeter. In ganz gerader

Linie strebte M 6 seinem Ziel zu, und es schien es richtig eilig zu haben hinzukommen. Jeder Termitenhaufen am Weg wurde schnell mit Harn besprenkelt, Langhorn ließ sich gerade noch die Zeit, ein paar Halme zu grasen, und schon ging es weiter, den Schwanz nach oben geringelt, auf uns zu, genau auf eine Schlammsuhle zuhaltend.

Wir standen hinter einem niedrigen Termitenhügel als Deckung und beobachteten, wie Langhorn im selben Moment, als er die Suhle erreichte, sich auch schon mit zufriedenem Brummton schwer ins Schlammloch plumpsen ließ und sich zu wälzen begann, so dass die begleitenden Madenhacker ganz aufgeregt herumflatterten. Das Rhino wälzte sich ausgiebig auf jede Seite, rollte sich dabei auf den Rücken, ohne jedoch überzurollen, wobei die plumpen Beine hoch in die Luft ragten und sich zappelnd bewegten. Es sah sehr lustig aus bei diesem Riesentier, es sich so ausgelassen wälzen zu sehen. Nach knappen fünf Minuten stand es auf und ging schnurstracks davon, völlig mit Schlamm überdeckt und feucht glänzend, besprenkelte erneut einen Termitenhaufen, während wir in gehörigem Abstand folgten. Da kam plötzlich Wind auf. Langhorn witterte uns sofort, wendete sich uns zu, um sich vollends von unserer Anwesenheit, seiner Totfeinde, der Menschen, die ja fast sämtliche Rhinos ausgerottet hatten, zu überzeugen, und rannte mit hoher Geschwindigkeit davon.

Es war klar, dass die Rhinos nicht blind querfeldein liefen, subadulte Tiere vielleicht ausgenommen, sondern selbst auf der Flucht ihren Weg beibehielten. Ab und zu wollten sie absolut wieder zurück in eine bestimmte Richtung, auch wenn sie uns schon wahrgenommen hatten. Deutlich bemerkte man ihr Bemühen. Ihre Wanderwege waren allerdings sehr unterschiedlicher Länge, und somit brauchten sie verschiedene Zeiten, um wieder an einen Ausgangspunkt zu gelangen. Gewöhnlich gingen sie in die gleiche Richtung, einige Pfade wurden auch von verschiedenen Rhinos angelegt und benutzt, allerdings nur abschnittsweise, so dass zwei Wanderreviere sich ab und an überschnitten, was insbesondere ein gemeinsames Anlegen eines Toilettenplatzes zur Folge hatte, wo auch vor allem subadulte Rhinos mit dazustoßen. Lange regelmäßige Wanderwege besaßen meist nur adulte Bullen, an deren Pfaden sich Grasungsflächen und Suhlplätze befanden. Kühe, insbesondere mit Kälbern, hatten gewöhnlich ein bestimmtes Areal mit guter Nahrungsgrundlage, wo sie sich, ohne genau vorgeschriebenen Wegen zu folgen, aufhielten, diese aber in regelmäßigen Abständen wechselten. Wenig bekannt sind immer noch die Bewegungen der subadulten Bullen, denen schwer zu folgen war, und ihre langsame Revierausbildung. Sie wanderten große Strecken durch den Südpark und konnten quasi überall auftauchen. Hier wäre es notwendig, mit Telemetrie zu arbeiten, um ihnen folgen zu können.

Nachdem Langhorn hinter den Bodenwellen verschwunden war, suchten wir ein Gewässer, um zu angeln, fingen auch schnell ausreichend Welse und Tilapia. Laufend gab es gewaltige Wolkenbrüche, man sah sie regelrecht in der Nähe herunterstürzen in dunklen Streifen aus den düsteren Wolken heraus. Die Regenzeit hatte begonnen. Durch die windgepeitschte finstere Savanne kamen wir, mit Brennholz beladen, ins Lager zurück. Es wurde ein kalter ungemütlicher Nachmittag, es gab aber ein herrliches Schlemmeressen, die Welse waren wirklich fett und wohlschmeckend, was wir sicher den Flusspferden zu verdanken hatten, die so ausgiebig düngten. Aber wir spürten, dass die Zeit im Garamba zu Ende ging. Bald würden die Savanne so aufgeweicht, die Flüsschen reißend angeschwollen und das Gras so frisch und hoch sein, dass man kein Nashorn mehr zu Gesicht bekommen könnte. Abends war da ein besonders entnervendes Insekt, welches mir mit einem fürchterlich schrillen Geräusch den Schlaf raubte. Die Wolken sorgten für berauschend schöne Sonnenuntergänge. In der Ferne der Savanne riefen erneut Löwen.

Irgendwann war es schließlich so weit. Wir verließen den Garamba-Nationalpark, zogen zurück nach Nagero. Gerne war ich nie nach Nagero zurückgegangen. Viel lieber wäre ich durchgehend im Park geblieben. Es waren lästige Unterbrechungen, aber nur für wenige Tage. Das war jetzt anders. Nun hieß es vorerst Abschied nehmen von der Wildnis, die mir hautnah so zahlreiche Impressionen, Abenteuer und Ergebnisse offenbarte, von denen ich kaum ahnte, dass man sie so ursprünglich heute noch erleben konnte. Trotzdem hatte ich nicht im Paradies gelebt. Es war der Schauplatz einer Tragödie, von Menschen hervorgerufen, bei der ein Tier um sein Überleben kämpfte, völlig abseits des Weltgeschehens und der Touristenströme. Es sind die letzten ihres Stammes, und niemand kann erahnen, wie die Zukunft aussehen wird. Wird es überleben oder untergehen? 1981, als ich das erste Mal in den Garamba kam, lebten noch rund fünfundvierzig der Kenge, rin Jahr später schon nur noch fünfundzwanzig. Der Tiefstand wurde 1984 erreicht, als nur noch ganze vierzehn Exemplare den Metzeleien entkommen konnten. Doch dann begann es aufwärts zu gehen. 1987 waren es neunzehn, im Februar 1989 bereits dreiundzwanzig und ein Jahr darauf, im Februar 1990, sechsundzwanzig Exemplare. Neunundzwanzig waren es 1991. Im Februar darauf, 1992, konnten zweiunddreißig Nördliche Weiße Nashörner festgestellt werden. Wahrlich nicht viel, aber doch immerhin ein steter Aufwärtstrend. Erst ab 1997 wurden aufgrund der Bürgerkriegswirren wieder neun Nashörner abgeschossen, so dass der Bestand im Jahr 2000 bei ganzen vierundzwanzig liegt.

Es war immer ein Fest, wenn ein weiteres junges Kälbchen vom Flugzeug aus entdeckt wurde, bedeutete es doch die Vergrößerung der Population. Irgendwo da draußen kamen sie zur Welt, einer

Welt, die ihnen zum Leben keine Berechtigung mehr ließ, denn sie tragen einen sichtbaren Fluch auf sich, der sie zum Sterben verdammt: das Horn. Aber sie sind geboren zum Überleben. Sie sollen ihre Art erhalten, vermehren und damit den Bestand sichern. Jedes Einzelne stellt eine Hoffnung dar, dass dies geschieht. Und unbewusst tun die Nashörner es. In nur acht Jahren vermehrten sie sich schon auf weit mehr als das Doppelte, und es wird immer schneller gehen. Vorausgesetzt, man lässt sie. Durch einen großen Aufwand an Wildhütern, Geldern und Instandhaltung des technischen Equipments könnte dies gelingen, doch dann ist da noch die zweite ganz große Gefahr: die Inzucht. Vermehren sich die vierzehn Ausgangstiere, Gründerpopulation genannt, immer weiter untereinander, muss damit gerechnet werden, dass in Zukunft genetische Schäden auftreten. Im nächsten Kapitel werden wir uns noch näher damit befassen. Vor einigen Jahren tauchte eine Meldung auf, man hätte vom Flugzeug aus im Southern-Nationalpark des Sudan zwei Nashörner gesichtet, was aber nie bestätigt wurde. Theoretisch könnte die Möglichkeit bestehen, dass irgendwo in den endlosen Weiten des Südsudan sich noch einzelne Exemplare versteckt am Leben erhalten haben. Aber diese, falls sie überhaupt existieren, zu finden, ist unendlich schwierig.

Das letzte Mal brachen wir in NaZege Zege die Zelte ab, packten alles zusammen, hinterließen dem Colobus-Affen traditionsgemäß etwas Zucker, dann ging es los. Wir stiegen aus dem Talkessel heraus, verschwanden in der Savanne, aus der überall das frische Gras spross und jeden Tag höher emporwuchs. Einmal drehte ich mich noch um, sah die Kronen des NaZege-Zege-Baumes, des Gungi-Baumes und des Gero-Baumes. Ein großer Kleinvogelschwarm von etwa dreihundert Gefiederten flog über sie hinweg, direkt nach Norden. Ich hielt sie für Zugvögel auf dem Weg nach Europa, konnte aber die Art nicht erkennen.

Als wir die Piste erreichten, folgten wir ihr nicht, sondern zogen drüber hinweg und gingen querfeldein. Es war das letzte Mal. Wir kamen durch die ›Lüneburger Heide‹, sahen noch einmal Elefanten und zwei fort trollende Löwen. Bei Naguga erreichten wir erneut die Piste und gingen auf ihr bis Nagero. Wir sahen den Waldstreifen, der dem Dungufluss folgt, in der Ferne erhoben sich im Jagdgebiet zwei große Bergzüge, wo sich auch die Bergwerke von Tora und Kilo Moto befinden. Ein bisschen wehmütig war mir schon zumute. Was machten wir wieder für Beobachtungen und welche Erlebnisse hatten wir hinter uns. Wie langweilig war Nagero dagegen und wie wundervoll jede Minute im Park. Dama würde demnächst wieder im Park auf Patrouille gehen, Tandu das Lager verwalten. Ich hoffte darauf, im nächsten Jahr wieder zurückzusein, konnte jedoch nicht ahnen, dass die Grenzen Zaires sich bis dahin schließen würden, alle Ausländer geflüchtet waren und das Land unter dem Namen Kongo einer ungewissen Zukunft entgegensehen würde.

Ausklang vom Garamba

Nagero erreichten wir gegen zwölf Uhr. Ich bezog mein Rundhäuschen, später kamen Tandu und Dama noch einmal zu mir, und ich gab ihnen diverse Kleidungsstücke, die ich nicht mehr benötigte, sowie Angelhaken und einige andere nützliche Dinge. Das Zelt und weitere Ausrüstungsgegenstände schenkte ich der Parkverwaltung. Die Ausrüstung der Guards war wirklich schlimm. Allein schon die vielfach notdürftig geflickten Schuhe und die zerrissenen Hemden und Hosen. Tandu erzählte mir, zurzeit liefe gar nichts mehr, alle Bestände seien aufgebraucht. Nur gut, dass ich noch einen Sack Kleidungsstücke aus Poko mitgebracht hatte, damit konnte ich wenigstens meine Mitarbeiter und Bediensteten ausstatten. Patrick Rogers von der FAO kam 1983 mehrmals nach Nagero, immer nur kurz, um die Auslieferung von Ausrüstung an die Guards durchzuführen. Er verteilte Rucksäcke, Seife, Zigaretten, Kaffee, Kleidung und gründete die *Equipe des Rhinos*, die Sonderbewachungstruppe. Alte Landrover kamen von der *Hilfe für die bedrohte Tierwelt* der ZGF. Damals waren noch nicht wieder Europäer im Park tätig, es war so die erste Hilfe, die anlief, bis die ZGF 1984 permanent ein Hilfsprojekt begann. Mitte der achtziger Jahre erreichte ein riesiger LKW, aus Kenia kommend, Nagero und brachte wertvolle Hilfsgüter von Weltnaturschutzorganisationen. Seitdem kam nicht mehr viel. Ausrüstung und Verpflegung muss wieder anlaufen, es war total eingeschlafen.

Gleich in Nagero erreichte mich eine Funknachricht vom Repräsentanten des IZCN, Wesse Yoela, aus Kisangani. Es gab noch immer Ärger mit den Behörden betreffs Schenkung meines Landrovers an die zairische Naturschutzbehörde für den Park. Aber demnächst käme der PDG Mankoto nach Kisangani, dann ließe es sich vielleicht regeln, sagte die Message aus. Ein paar Briefe lagen auch vor. Meine Bryophyllen, die Brutblätter aus Amadi, waren inzwischen kräftig gewachsen. Der Pastor aus Angwe kam mich besuchen. Ich zeigte ihm die ganze Station. Ich musste nun noch nach Dungu, wo ich bei Schwester Gertrud, die aus Poko dorthin kam, noch Sachen liegen hatte, um diese abzuholen. Da kein Fahrzeug mit Treibstoff zur Verfügung stand, lieh ich mir von einem Guard ein Fahrrad und radelte zusammen mit dem Pastor in Richtung Angwe. Unterwegs hielten wir bei Bekannten zum Essen an. Es gab braungrünen Termitenbrei. Es schmeckte körnig und streng. Überall lagen deren ausgerupfte Flügel großflächig auf dem Boden vor der Lehmhütte herum. Dann radelten wir weiter und traten ziemlich in die Pedalen. Unterwegs trafen wir viele Leute, Bekannte, und ich bemerkte, wie bekannt ich bereits in der Gegend war. In Angwe rastete ich noch ein wenig bei meinen Asandefreunden, dann fuhr ich allein weiter durch die Hitze Richtung Dungu.

Als die Nacht anbrach, wurde es angenehm, nur hatte das Fahrrad keine Lampe, und ich hatte Schwierigkeiten, Löcher und Steine rechtzeitig zu erkennen. Ansonsten schien der Mond recht hell. Um halb zehn abends erreichte ich schließlich das Dorf Gangala na Bodio, wo bereits alles in tiefem Schlaf lag. Ich wollte niemanden mehr wecken, deswegen suchte ich mir ein leeres Pavillonhäuschen und legte mich schlafen. Morgens um fünf Uhr radelte ich schon wieder. Es war noch alles dunkel, doch dann ging die Sonne über der Savanne auf, und bald war es wieder kochend heiß. In einem Dorf unterhielt eine Mama ein kleines Restaurant für vorbeiradelnde Reisende, wo ich frühstückte. Hier fand ich einen Mitfahrer, der auch nach Dungu wollte. Ich nahm ihn gerne mit, denn er bot sich an zu treten, während ich auf dem Gepäckträger saß. Er trat ganz schön in die Pedale. Mehrfach hatten wir eine Reifenpanne, und ich staunte, auf welche Weise uns ein entgegenkommender Wandersmann half. Zunächst schnitt er von einem alten Schlauch, den er als Gepäckschnur bei sich führte, ein Stückchen Gummi ab, das als Flicken dienen sollte. Dann lief er in die Brousse, und ich wunderte mich, was er dort bloß wolle. Offenbar suchte er etwas. Als er wiederkam, trug er einen biegsamen Zweig in der Hand, schnitt ihn sauber ab und presste einen weißen zähen Saft heraus, schmierte den auf das Loch, drückte den Flicken an, wir montierten alles zusammen und pumpten den Reifen auf, bis er fast zu platzen drohte, damit der Flicken sich richtig anpresste, und schon konnten wir weiterradeln. Es hielt fantastisch.

So erreichte ich denn am Nachmittag bereits Dungu und erhielt bei Schwester Gertrud Brot mit Käse und Orangensaft, und ich schwelgte in den ungewohnten Genüssen. Ich traf auch die *Flying Doctors*, die mit einem Landcruiser gerade in Dungu waren und versuchten, zu ihrer Basis in den Sudan zu gelangen. Es war immer eine abenteuerliche, nicht ganz ungefährliche Fahrt ins Krisengebiet. Der junge Mechaniker hatte einen guten Führer aus dem Südsudan dabei. Alle Flying Doctors, die ich während der Jahre traf, machten einen sehr fähigen, solidarischen Eindruck. Manche von ihnen waren geprägt durch das Elend, mit denen sie auf der anderen Seite der Grenze konfrontiert wurden.

Ich wollte auf jeden Fall heute noch Richtung Nagero zurückradeln, um den kühlen Abend zu nutzen. So packte ich meinen Kram auf das Rad, und versehen mit einem Fresspaket von Schwester Gertrud, fuhr ich los. Die Sonne war bereits untergegangen, und es war so dermaßen dunkel geworden, dass ich absolut nicht sehen konnte, wo ich überhaupt hinfuhr. Hinter der Dungubrücke zog sich der Ort noch mehrere Kilometer in die Savanne hinein, wo die Piste von großen Bäumen überdacht wurde. Ständig knallte ich gegen Steine, und dann war die Fahrspur wieder so schräg, dass ich davon abrutschte. Schließlich fiel ich auch noch mit dem Fahrrad um und musste zu meinem Leidwesen feststellen, dass die Kette gerissen war. Das ging ja gut los. So humpelte ich angeschlagen zu einem Feuer, das vor einem Häuschen loderte und einige Leute beleuchtete. Man war überrascht über den späten Besuch, aber wie es in Zaire so üblich ist, nahm man mich freundlich auf. Das Fahrrad konnten wir allerdings nicht reparieren und wollten bis zum Tagesanbruch damit warten. Inzwischen war auch die Luft aus einem Reifen entwichen. Mit der Technik ging ja wahrlich mehr schief als inmitten von Löwen und Elefanten. Der Gastgeber erwies sich als sehr origineller Mensch. Er trug einen ungewöhnlichen und endlos langen Namen und sprach mit einem sonderlichen Dialekt, der bestimmt nicht aus der Gegend stammte und wie der säuselnde Singsang klang, den man in Luxemburg spricht. Man ließ mich in einem Lehmhäuschen schlafen.

Bereits in aller Frühe hörte ich gegen halb vier Uhr das Geräusch eines Lastwagens nahen und wollte hinausstürmen, um ihn zu stoppen, denn es war die Richtung nach Faradje, aber die verdammte Tür klemmte, und fast riss der ganze Rahmen aus dem Lehm. Da hörte ich schon den ›Luxemburger‹ rufen, ich solle warten, er hielte den Camion schon an. Als die Tür endlich auf war, stand der Wagen schon, und wir arrangierten den Transport für 2.000 Zaire. Wir hoben das Fahrrad auf die Ladefläche, ich setzte mich dazu, ein letzter Handschlag mit dem wortgewandten Gastgeber, und schon ging es los. Mitten am Vormittag gelangten wir nach Gangala, rasteten dort, zusammen mit zufällig anwesenden Kenianern, die versuchten, mich auf Kisuaheli anzusprechen, da sie mein Lingala mit den Zairern vernahmen und mich für heimisch hielten. Leider konnte ich damit nicht dienen, und so mussten wir uns auf Englisch unterhalten, was wiederum die Zairer nicht verstanden. Dann erreichten wir noch vor Mittag die Abbiegung nach Nagero. Meine Bekannten, die dort wohnten, kamen gleich herbei, mich zu begrüßen. Der Fahrer wollte natürlich seine 2.000, und ich wühlte in den Hosentaschen, brachte 1.350 Zaire zusammen. Das ist alles, was ich habe, meinte ich und legte es auf den Kotflügel. Lachend über den heimischen Mundele nahm er es, reichte mir die Hand zum Abschied und fuhr gen Faradje. So arrangierten wir das Rad, mein Froschsammler brachte mir einige interessant aussehende Neufänglinge, dann radelte ich die letzten fünf Kilometer bis zur Station.

Am nächsten Morgen würde ich mit Charles und Josef nach Kigali, der Hauptstadt Ruandas, fliegen. Charles war ungewöhnlich vergnügt, wie ich ihn gar nicht kannte. Er hatte für ein neues Wildlifemanagerprojekt im tansanischen Selous-Wild-Reservat keine Aufenthaltsgenehmigung erhalten, da er als Weißer die Staatsangehörigkeit Simbabwes besaß. Das bedrückte ihn zunächst ziemlich, nun bekam er in seiner Heimat Simbabwe einen Auftrag. Nagero wurde nun von Josef gemanagt, der Chef blieb natürlich Muhindu. Ich aß zu Mittag mit den beiden. Ich glaube, Charles war froh, von

Garamba wegzukommen. Die isolierte Gegend verschaffte so manchem schon einen Koller, es gab sowieso schon genug Querelen. Kes und Charles vertrugen sich nicht sonderlich, und ich war froh, immer im Park gewesen zu sein und damit nichts zu tun gehabt zu haben. Charles witzelte unheimlich. Auch Grzimek kam dran, den er mal über ganz Simbabwe geflogen hatte. Die Touristen dort sollten ganz high beim Namen Grzimek gewesen sein, und Charles machte runde Augen und drehte die Hand über dem Bauch. »For tourists he is like a god.« Grzimek, nichts wie hin. Ich wusste nicht, dass Charles so vergnügt sein konnte. Natürlich wussten wir alle, dass Grzimek eine große Persönlichkeit für den Artenschutz war.

Den ganzen Nachmittag kamen Wildhüter zu mir, um sich zu verabschieden. Es wurde ein melancholischer, nachdenklicher Abend, vorläufig der letzte im Garamba. Was hatte ich während der vergangenen Jahre nicht alles erlebt, mehr als jemals zu erwarten war. Es war ein großer Abschnitt, der zu Ende war. Und doch nicht ganz. Denn auch in Europa gab es Nördliche Weiße Nashörner, die Kenge. Zehn waren es jetzt, und denen galt mein nächstes Ziel. Und im nächsten Jahr wollte ich schon wieder zurückkehren, nach Garamba. Ich hoffte, dass bis dahin weitere Jungtiere geboren waren. Ich hoffte für das Überleben dieser Tiere, die zu einem Symbol aussterbender Arten geworden sind. Sie lebten nur noch um zu überleben. Noch hatten sie eine Chance, eine ganz kleine, wenn Menschen sie ließen.

In der Nacht wieherten die Hippos wie Pferde neben ihrem gewohnten Grunzen, was beinahe gespenstisch klang. Eine Hyäne summte ihr ›hmmmh‹. Als ich aufstand, tobten Glanzstare um mein Rundhaus. Geraume kam und Banda-Mburu, der Koch, um mir vier gekochte Eier zum Abschied zu schenken. Gegen acht Uhr erhob sich das kleine Flugzeug. Josef steuerte, und ein allerletztes

Mal fiel mein Blick über die weiten Grasmeere des Garamba. Nagero blieb zurück, wir nahmen Kurs auf Aru, wo wir ausklarieren mussten. Einsame Gehöfte und Häuschen lagen wie Zipfelmützen auf kahlen Dorfplätzen in der Savanne. Aru war ein weltverlassener Ort, der da in der Einsamkeit auftauchte. Es herrschte starker Wind, als wir niedergingen. Die Beamten freuten sich über die Abwechslung von ihrer Langeweile, zogen alles in die Länge. Josef radelte mit einem in den Ort, nahm unsere Pässe mit. Endlich kam er wieder. Wir verließen Zaire, überflogen Forstpflanzungen, einsame Gehöfte in unendlicher Weite, Uganda lag unter uns.

Es wurde ein wunderschöner fantastischer Flug über Afrika. Eingezwängt in so einem kleinen Kasten, durchschwebten wir die Lüfte. Bevor wir den Albert-See erreichten, überflogen wir noch einmal ein Stück Zaire. Ein hohes Gebirge ragte auf, steile Berge erhoben sich eng, zwischen denen wir traumgleich hindurchflogen. Wolken umschwebten uns, nahmen mal die ganze Sicht, ließen dann wieder die Blicke auf die gespenstischen Hänge fallen. Uns umgab eine Märchennebelwelt über verwunschenen Bergzügen. Es kam zu erheblichen Turbulenzen. Da eröffnete sich mit einem Mal ein riesiger See, die Wolken waren abrupt aufgebrochen, das Bergmassiv fiel steil zu ihm ab, und plötzlich befanden wir uns schon über der blauen Fläche des Albert-Sees, brummten wie ein großer Vogel dahin, während man zu allen Seiten nur Wasser sah. Dort ganz hinten an seinem anderen Ende lag der Murchison-Falls-Nationalpark von Uganda, wo bis 1979 noch einige Nördliche Weiße Rhinos gelebt hatten. Heute sind sie sämtlich ausgerottet.

Wir befanden uns jetzt endgültig über Uganda. Scheinbar ganz langsam schwebten wir über das südöstliche Ufer des großen Sees, flachere Berglandschaften tauchten auf. Später flogen wir links am Ruwenzori-Gebirge mit seinen schnee- und gletscherbedeckten Gipfeln vorüber, die sich über fünftausend Meter über den Schwarzen Kontinent erheben, die legendären Mondberge. Wolken fassten sie ein. Welch ein Anblick, diese alpine Hochgebirgskette vom Flugzeug aus zu sehen. Es war traumhaft, und ich war völlig hingerissen von Afrika.

Unbeschreibliche Ausblicke boten sich, wie man sie als Kind erträumte, Zauberwelten, die einem vorgelesen wurden und die die Kinderfantasie weiterspönn. Jetzt wusste ich, es gab sie tatsächlich. Es waren unbeschreibliche Gefühle, die in mir wühlten. Uganda ist ein paradiesisches Land. Dann kam schon bald der George-See, und man konnte den gesamten Kazinga-Kanal entlangsehen, bis zum Edward-See und der Mweya Lodge. Wir sahen Straßen, endlose Hügellandschaften, wie Almen mit grünen Matten bedeckt, Bergrücken und Ebenen. Dann überflogen wir die Grenze zu Ruanda, das Land der tausend Hügel. Ein hübsches sympathisches kleines Ländchen war es damals, allerdings über und über mit terrassierten Feldern bedeckt. In weiter Schleife wurden wir zum Hauptflughafen Kaybanda-Gregoire gelotst und landeten die Cessna auf dem modernen Flughafen. Mit dem Taxi fuhren wir in die Stadt, ich begab mich in mein gewohntes Hotel, nahe der deutschen Botschaft. Charles und Josef würden später weiterfliegen nach Nairobi.

Ein langes Abenteuer lag hinter mir. Kigali selbst war ein nettes Bergstädtchen, wirkte so gar nicht wie eine Hauptstadt. Ich befand mich wieder in der Zivilisation, ohne zu ahnen, dass hier bald ein grausamer Stammeskrieg toben würde, der in seinen Ausläufern zum Sturz der Regierung Zaires führen sollte und dort bis heute den Kongo in einen Bürgerkrieg verwickelt, ohne dass ein Ende im neuen Jahrtausend absehbar wäre. Ein neues Gefühl umgab mich. Ich genoss die guten Restaurants, das kühle Bier am Abend, traf mich mit Bekannten. Das Wetter war hier in den Bergen bewölkt und angenehm kühl, gelegentlich gab es einen Regenschauer. Dr. Böhme sandte ich die Amphibien über den Botschaftsdienst. Dort lag auch erwartete Post von Daphne Sheldrick und Papa Dia Munda aus Kinshasa vor. Ein paar Tage gönnte ich mir in Gysenyi am Kivu-See, faulenzte am Strand, schwamm und begab mich täglich einmal nach Goma in Zaire, um noch letzte abklärende Dinge zu erledigen, insbesondere wegen des Landrovers. Dabei hörte ich auch, dass zwei vom WWF gespendete nagelneue Toyota Landcruiser für den Virunga-Nationalpark seit fast zwei Jahren im Depot des Zolls standen und der Papierkrieg noch immer nicht geregelt sei. Es ist schon ein starkes Stück, was die Hilfsorganisationen sich in Zaire bieten lassen mussten.

Der IZCN lud mich noch für Besuche der Berg- und Flachlandgorillas ein. Es waren noch einmal beeindruckende Höhepunkte. Schließlich saß ich hoch oben auf der Kraterkante des Nyiragongo, blickte in den schwarzen Schlund, der in mehreren Stufen tief in den Vulkan hineinreichte. Als ich mich umblickte, die steilen Hänge des 3.500 Meter hohen Kraters entlangschweifend, hinab in die Ebene und dann über das herrliche Zaire, da kamen mir wieder die Gedanken an die Kenge, und ich erinnerte mich der Worte: »Komme wieder und setze die Forschungen fort.« Besonders das Leben der subadulten Males ist noch völlig unzureichend bekannt, sagte Charles. Und es galt die Nördlichen Weißen Nashörner im Zoo von Dvur Kralove kennen zu lernen. Das war mein nächstes Ziel. Es ist noch so viel zu tun.

Nachlese

Nashörner im Kongo
1900 entdeckt – 2006 ausgerottet?

Einige Jahre schwelgte die Wissenschaft in dem Hochgefühl der Entdeckung einer neuen Großsäugerunterart, bis das Okapi in den Urwäldern des Kongo ihm den Rang ablief. Unglaublich jedoch, was danach geschah. Die nördlichen Nashörner lösten eine unübersehbare Reisewelle aus. Keine Jäger, sondern Schießwütige aus etlichen Ländern zogen in die Savannen nördlich des Äquators. Schon bald wurden weitere Vorkommen von Rhinos im Kongo, in Uganda, der Zentralafrikanischen Republik und gar im Tschad vermeldet. Die Anzahl im Südsudan war unübersehbar groß. Dann begann das große Schießen. Zu Tausenden und Abertausenden wurden die Rhinos erlegt, etliche Tonnen Rhinohorn wurden davongeschafft. Endlich – bereits fast zu spät – stoppten die zuständigen Kolonialbehörden die Brutalität des blutigen sinnlosen Gemetzels und begannen Schutzgebiete für die letzten wenigen Überlebenden zu schaffen. Zwar ging es seitdem wieder mit dem Bestand aufwärts, bis jedoch in unserer Zeit ein erneutes Abschlachten begann, das den Tiefststand 1984 mit ganzen vierzehn überlebenden Exemplaren erreichte. Erst als dieser als Tatsache erkannt wurde, begann man damit, zu retten, was noch zu retten war. Ein Wettlauf um den Erhalt der Genvielfalt und der Abschirmung von Wilderern begann, zunächst noch mit bescheidenem Erfolg, um dann in den fast ausweglosen Niedergang zu treiben. Der Bürgerkrieg im Kongo begann 1997. Die verheerende Folge, in Kürze neun Abschüsse, inzwischen noch mehr. Die Lage vor Ort ist unübersichtlich und hochgradig brisant. Ein Ende des Krieges ist nicht in Sicht.

Internationale Institutionen haben ihre Hilfe eingestellt. Ausländisches Personal, finanzielle, logistische und materielle Hilfsleistungen stehen nicht mehr zur Verfügung, die Wiederaufnahme ist nicht absehbar. Chaos und Anarchie sind als Normalität eingekehrt. Die letzten Nördlichen Weißen Nashörner sind zum Spielball der Machtpolitik geworden, irren ohne Schutz in den Weiten der Savanne umher, ständig der Gefahr ausgesetzt, bewaffneten Menschen der drei großen Gruppierungen, die im letzten Rückzugsgebiet, dem Garamba-Nationalpark im Kongo, unterwegs sind, zu begegnen. Ihr einziger Schutz: die extreme Seltenheit. Je weniger noch am Leben sind, desto schwieriger sind sie aufzufinden. Der kürzlich erneut gebrochene Waffenstillstand zwischen den Bürgerkriegsparteien lässt wieder jegliche Hoffnung schwinden, dass das Mindestmaß einer geregelten Normalität einkehren könnte. Die Ausrottung der Nördlichen Weißen Rhinos steht unmittelbar bevor.

Nur neun leben noch im Zoo von Dvur Kralove, in der Tschechischen Republik. Niemand kann genau sagen, wie viele heute im Kongo überlebt haben. Fast ein Dutzend Kadaver wurden vom Flugzeug aus gefunden, nur vierzehn Nashörner lebend gesichtet. Ein schwerer Schlag für das seltenste Tier der Erde, das auch aus genetischer Sicht außerordentlich gefährdet ist, spricht man doch von einem Mindestbestand von etwa 70 Exemplaren, um Inzucht ausschließen zu können.

Nach dem Sturz des ehemaligen Präsidenten Mobutu und der Machtübernahme durch Kabila ist durch die Kriegswirren jegliches Mindestmaß an Ordnung und Stabilität nicht nur für die Bevölkerung, sondern auch für die Nationalparks des innerafrikanischen Riesenlandes gänzlich zusammengebrochen. Gleich drei unterschiedliche Parteien haben sich im Nationalpark verschanzt. Zuerst kamen die versprengten Truppen von Mobutu, die im wildreichen unbewohnten Garamba einen vorläufigen Unterschlupf sahen, der Nahrung und Versteck bot. Dann kamen Kabilas Soldaten, die, nachdem sie die nahen Bergbaugebiete von Kilo Moto eingenommen hatten, ebenfalls eine Nahrungsquelle im Wildreichtum sahen. Dazu gesellte sich nun auch wieder die Soldateska aus dem benachbarten Sudan, die ja bereits für das Massenabschlachten der ehemals großen Nashornbestände verantwortlich waren und jetzt das Chaos aufs Neue nutzten, frei ein und aus zu gehen. Wird zufällig ein Rhino gesichtet, so hat das Tier gegen die Maschinengewehre und Handgranaten kaum noch eine Chance des Entkommens.

Die umliegenden Stämme der Mangbetu und Asande halten sich aus dem ganzen Getümmel heraus. Sie stellten einen Großteil der einst 200 Mann zählenden Wildhütertruppe zur Bewachung des Gebietes und seiner Tierwelt, insbesondere der Rhinos. Nachdem jedoch die letzte Organisation, der WWF mit der IUCN, sich gänzlich zurückgezogen hat und alles ausländische Personal den Park aus Schutzgründen verlassen musste, begaben sich auch die Wildhüter zu ihren Familien in die Dörfer zurück.

Ein harter Stand, befindet sich doch die Verwaltung, das ICCN, das Kongolesische Institut für Naturschutz, fern im Westen des Landes gelegenen Kinshasa, der Einsatzort jedoch im Nordosten, einem Gebiet, wo Präsident Kabila keinen Einfluss mehr ausübt, seit die von Uganda und Ruanda aus gesteuerten Rebellen den Osten des Kongo erobert haben und eine eigene Art von Regierung in Goma und Bukavu unterhalten, die Naturschutz jedoch nicht im Programm hat.

Dabei sah es Anfang 1998 noch ganz hoffnungsvoll aus. Ein Treffen internationaler hochrangiger Vertreter des Naturschutzes mit Laurent Kabila, mit dem Ziel, zumindest die Wiederbewaffnung der

Wildhüter zu erreichen, damit sie in der Lage sind, ihre Bewachungsaufgaben für die Nashörner überhaupt einigermaßen effektiv durchführen zu können und den Unberührbarkeitsstatus des mit dem World Heritage Site ausgezeichneten Garamba-Nationalparks wiederherzustellen, wurde erfolgreich durchgeführt. Kabila zeigte sich erstaunlich kooperativ und persönlich interessiert, sprach die mit der Sache vertrauten ausländischen Wildlifebiologen selbst an und stimmte allen nötigen Vorschlägen zu. Freilich konnte zu diesem Zeitpunkt noch niemand ahnen, dass schon bald eine neue Rebellenallianz sich bilden und den gesamten östlichen Kongo mit ausländischer Hilfe aus Uganda und Ruanda in seine Gewalt bringen würde und Kabila selbst nur im letzten Augenblick noch durch ebenfalls ausländische Hilfe insbesondere aus Simbabwe gestützt werden konnte, so dass jegliche Durchführung der Beschlüsse unmöglich wurde. Mittlerweile bekämpfen sich nun auch die östlichen Bürgerkriegsparteien und Stämme untereinander, was zur wesentlichen Verschlechterung für irgendwelchen Einsatz für Garambas Tierwelt und insbesondere den kleinen Bestand an Nördlichen Weißen Nashörnern beiträgt.

Inzwischen wurde im Garamba alles zerstört, was in mühevollen Jahren nach einem zu Beginn der achtziger Jahre stattgefundenen Kollaps, der fast zur gänzlichen Ausrottung der Rhinopopulation führte, wieder aufgebaut worden war. Ein schwerer Schlag, nachdem die letzten damals überlebenden vierzehn Nashörner der nördlichen Unterart sich bereits auf 34 vermehren konnten. Zwar ist es sehr schön, dass selbst während des Bürgerkrieges Geburten stattfanden, aber enthusiastisch für eine erneute rasch anwachsende Population darf das wohl nicht unbedingt stimmen. Der kriegsbedingte zweite äußerst schwere Schlag von getöteten Rhinos lässt selbst die optimistischsten Artenschützer in Hoffnungslosigkeit geraten.

Dann hat die letzte der Bürgerkriegsparteien dem in Lusaka beschlossenen Friedensabkommen zugestimmt. Das lässt zumindest hoffen, dass vielleicht ein Wiederaufbau des schwer heimgesuchten Garamba bald beginnen könnte – falls sich überhaupt noch jemand bereit erklärt, zum zweiten Mal große Geldmengen und Engagement einzubringen. Denn besonders für die letzten Nashörner sieht es nun schlechter aus als jemals zuvor. Da werden auch die wenigen Zootiere aus Tschechien kaum genetische Hilfe bringen können. Die gesamte Infrastruktur muss wiederhergestellt werden. Pisten müssen neu angelegt, der Fuhrpark wiederbeschafft werden. Wildhüter müssen neu motiviert und ausgebildet werden. Aber selbst wenn all diese ersten Maßnahmen vielleicht bald beginnen könnten, bliebe die große Sorge, als wie sicher sich Friedensabkommen gestalten werden. Mit Sicherheit ist damit der Kongo noch nicht befriedet. Es wird ein langer beschwerlicher Weg sein, der für die letzten Kenge ein Weg in den Untergang sein kann.

Wie sehr das Misstrauen berechtigt ist, zeigen erneute schwere Kämpfe, die während des Waffenstillstandes stattfanden. Schwere Luftangriffe der Regierungsarmee auf die von Rebellen besetzte Stadt Makanza stellten alles neuerliche Bemühen wieder in Frage. Kurz darauf kam es zu den bisher schwersten Gefechten zwischen Truppen aus Ruanda und Uganda in Kisangani, die ja zu beträchtlichen Teilen die gegen den neuen Präsidenten Joseph Kabila, nachdem sein Vater ermordet wurde, gerichtete Bewegung ausmachen, sich aber untereinander ebenfalls mit aufflackernden Kriegen bekämpfen. Flüchtlingsmassen erschweren nur noch die ohnehin unübersichtliche Lage.

Inzwischen sind in diesen Tagen weitere schwere Kämpfe entbrannt, nachdem die Rebellen das Friedensabkommen für null und nichtig erklärten. Angriffe durch Regierungstruppen im Nordwesten des Landes seien zurückgeschlagen worden, sagte ein Sprecher der Bewegung zur Befreiung des Kongo. So wird jede kleine Spur von Hoffnung sofort wieder zerstört. Die Situation könnte kaum bedrohlicher sein.

Im Jahr 2005 ziehen kleine Transportkarawanen, bestehend aus Eseln, durch den Garamba. Sie verschwinden, beladen mit Fleisch von gewilderten Büffeln und Antilopen, in den Süden des Sudan. Nach und nach wird der Park im Kongo leer geschossen, wie es die weiten Savannen des Sudan bereits seit Jahrzehnten sind. Endlich ließen dann die Friedensabkommen für den Sudan hoffen. Doch nur wenig später stürzte der Vizepräsident der Südprovinzen, John Garang, auf ungeklärte Weise mit einem Hubschrauber, von einem Kongress aus Kampala kommend, ab. Sein Tod löste erneute blutige Unruhen aus. Der Frieden ist in akuter Gefahr. Und ohne ihn ist auch kein Artenschutz erfolgreich durchzuführen.

Epilog

In holperiger Fahrt beschleunigt das kleine Parkflugzeug, erhebt sich von der Piste, und die letzten Europäer verlassen den Garamba, Nationalpark gen Uganda. Die politische Lage hat sich derart zugespitzt, dass ein Aufenthalt nicht mehr ratsam erscheint. Die Botschaften haben ihre Staatsbürger aufgerufen, das Land Zaire-Kongo baldmöglichst zu verlassen. Zurück im Garamba bleiben die letzten Nördlichen Weißen Nashörner und einige Wildhüter. Werden sie in der Lage sein, Unruhen durchzustehen und die seltensten Tiere der Erde am Leben zu erhalten? Oder werden die Jahre des Überlebenskampfs für die Kenge umsonst gewesen sein? Bange Fragen bleiben zurück, und ob eine Rückkehr möglich ist, bleibt dahingestellt.

»Kommen Sie doch gleich noch einen Augenblick in mein Büro«, sagte der Direktor des Gymnasiums von Glückstadt. Soeben hatte ich einen Schulvortrag über die Nashörner beendet, packte meine Sachen zusammen, während eine Schar Schüler mich noch umlagerte. Dr. Einbrod erzählte mir wenig später: »Ihr Vortrag war ja außerordentlich interessant. Auch dass drei der tschechischen Nashörner nun nach San Diego gekommen sind. Einer unserer ehemaligen Schüler ist dort nämlich jetzt einer der Zoodirektoren.« Ich horchte auf. In San Diego? Ein Glückstädter? Es handelte sich um Professor Kurt Benirschke, der nach dem Krieg in die USA auswanderte und sich dort zu einer prominenten Wissenschaftlerpersönlichkeit hochgearbeitet hatte.

Es dauerte nicht lange, bis ich Post aus Kalifornien bekam. »Rufen Sie mich gleich nach Weihnachten in Glückstadt an,« hieß es da.

Das tat ich. Prof. Benirschke war am Apparat, auf Deutschlandbesuch bei seinen Verwandten, und wir verabredeten uns für den Silvestervormittag. Ein anregendes Gespräch begann, und ich erfuhr, dass er eine interessante Kombination aus Mediziner und Zoologe war. Einige Literatur über die Nashornzuchtgruppe aus Escondido bei San Diego brachte er mit, ebenso ein Buch, das er zusammen mit seinem inzwischen verstorbenen Freund Andy Warhol verfasst hatte, und bedrohte und seltene Tiere zum Thema hatte, wo Warhol diese in Pop-Art malte und Benirschke den Text schrieb.

Im Wild Animal Park bei San Diego lebte immer noch ein alter Bullengreis der Nördlichen Weißen Rhinos. Dazu ist dieser Zoo mit seinen wissenschaftlichen Einrichtungen einer der wichtigsten und erfolgreichsten, wenn es um die Züchtungen hochbedrohter Arten geht, bei denen das genetische Potential bereits sehr gering ist. Der Vorteil in San Diego besteht gegenüber Dvur Kralove nicht nur in der hervorragenden wissenschaftlichen genetischen Betreuung, sondern vor allem auch darin, dass die Rhinos dort in einem sehr großen Freilandgehege in subtropischem Klima sich aufhalten und sie dadurch womöglich zu besseren Zuchterfolgen motiviert werden würden. So wurden der Bulle Saut und die beiden Kühe Nadi und Nola aus Dvur Kralove ausgeflogen und dem Altbullen Ben zugesellt. Doch blieb dort der Erfolg aus, bis zur Rückkehr nach Tschechien, wo Saut sich mit dem Weibchen Najin paarte und im Jahr 2000 Fatu geboren wurde.

Es sind bereits von Oliver Ryder und seinem Team umfangreiche Analysen der mitochondrischen DNA sämtlicher *Cottonis* durchgeführt worden, jedoch ist es noch zu früh, diese Untersuchungen als maßgeblich zu betrachten, da Probleme der Inzucht sich erst nach langer Zeit, ja nach Jahrzehnten, auswirken. Unter Umständen besteht jedoch bei geschickter Mischung der einzelnen Tiere zu Zuchtgruppen eine reelle Chance, die *Cottonis* über Generationen hinweg am Leben zu erhalten. Allerdings können weder Theorie noch Laborversuche, sondern nur die Praxis in Zukunft darüber Auskunft geben.

Zwischenzeitlich sind Jean Marc Froment und Fraser Smith sehr kurzfristig mit dem Flugzeug im Park gewesen, und sie konnten die außerordentlich erfreuliche Neuigkeit von Neugeburten in freier Wildbahn mitbringen. Gleichzeitig aber auch, dass es Probleme mit dem Management in Nagero gab, die nur in vagen Informationen noch über die geschlossene Grenze drangen, und es ist davon auszugehen, dass die politischen Schwierigkeiten sich noch Jahre dahinziehen könnten. Schon mehrmals wurde vorgeschlagen, die Garamba-Rhinos einzufangen und auch in ein großes Freigehege in die USA zu transportieren, doch ließ die Regierung in Kinshasa es nie zu. Dies ist zum einen sicherlich auch von Vorteil gewesen, wenn man berücksichtigt, wie schnell sich die letzten verbliebenen vierzehn in ihrem angestammten Lebensraum wieder vermehrt hatten, und man darf davon ausgehen, dass dies an einem anderen Ort niemals der Fall gewesen wäre. Allerdings kann die prekäre Instabilität des Landes unter Umständen für die völlige Ausrottung sorgen. Von daher stehen die Chancen im Kongo wirklich außerordentlich schlecht. Dazu der Druck der Wilderer im kriegführenden benachbarten Sudan.

Leider sind all die Jahre hinweg nie Rhinos im Garamba mit Sendern versehen worden. Das geschah erst, kurz bevor alle Ausländer das Land verlassen mussten, indem drei der Tiere mit Peilsendern ausgestattet wurden, leider zu spät, um Langzeitbeobachtungen durchzuführen. Für die Finanzierung eines solchen Immobilisierungsprojektes, wozu ein Spezialist vonnöten wäre, einschließlich der benötigten Geräte, hatte sich jedoch niemand mehr zuständig gefunden. Heute hätte man die Überlebenden damit über Satellit in Europa orten können.

Auch war im Gespräch, eventuell dem Beispiel südafrikanischer Länder zu folgen und betäubten Tieren das Horn abzusägen, damit somit der Anreiz auf Wilderei verloren geht. Jedoch müsste auch dazu wieder ein großer Aufwand finanziert und, was noch ungünstiger ist, alle zwei Jahre wiederholt werden, da die Hörner bis dahin wieder nachgewachsen wären. Da das Horn nur aus gepresster Haut besteht, stellt es keine Verletzung dar. Ein Problem könnte freilich eventuell noch im Verhalten liegen, dass ein enthorntes Rhino in irgendwelcher Weise beeinträchtigt sein könnte. Widersprüchliche Ergebnisse dazu liegen aus Namibia vor, wo der Amerikaner Joel Berger diesbezügliche Untersuchungen an Spitzmaulnashörnern vornahm, die jedoch nicht die Zustimmung der dortigen Regierung fanden. Allerdings zeigte es sich, dass auch enthornte Rhinos abgeschossen wurden.

Heute sind die Daten der *Cottonis* zusammen mit anderen bedrohten Arten in einer Weltdatenbank gespeichert, die den Namen ISIS (International Species Information System) trägt, und sich in Minnesota, USA, befindet. Für das europäische Erhaltungszuchtprogramm EEP, dem auch Dvur Kralove angeschlossen ist, ist Professor Gunther Nogge vom Zoologischen Garten Köln zuständig, der den Vorsitz trägt, zusammen mit seinen vielen Kollegen aus fast allen Ländern Europas. Heute stellen Zoos nicht nur Anschauungsobjekte für Besucher dar, sondern sind sehr oft zu letzten Oasen hochgradig bedrohter Tiere geworden, ein kleiner Wildpark ebenso wie ein weltberühmter Tiergarten. Das Züchten von Arten und diese in die Freiheit zu entlassen, sind bereits häufig wichtige Aufgaben von hoher Priorität in Zoologischen Gärten und haben teilweise gute Erfolge aufzuweisen.

Erschreckend mag erscheinen, dass auf der Internationalen Rhinokonferenz in San Diego aus Naturschutzkreisen aus Simbabwe der Vorschlag gemacht wurde, die Nashörner wieder vom absoluten

Handelsverbot auszunehmen und einen beschränkten Handel mit Rhinohorn zuzulassen. Dies wurde sogar auf der Washingtoner Artenschutzkonferenz in Kyoto beantragt. Es erscheint sehr befremdlich, wie man auf die Idee kommen kann, solche bedrohte Arten wieder in den Anhang II der Artenschutzverordnung aufnehmen zu wollen, wo gerade in Simbabwe Anfang der neunziger Jahre die Nashörner innerhalb kurzer Zeit von 3.500 auf unter 300 dezimiert und nun gänzlich ausgerottet wurden. Man hatte auch eine Referenz vorzuweisen, und zwar die wissenschaftliche Untersuchung von den Chinesen Pui-Hay But, Lai-Ching Lung und Yan-Kit Tam, die 1990 feststellten, dass Rhinohorn eine fiebersenkende Rolle innehaben soll. Davon abgesehen, ob dies zutrifft oder nicht, ist es grober Unfug, in Anbetracht der hervorragenden modernen Medikamente zu diesem Zweck auf Nasenhornpulver zurückgreifen zu müssen, ganz davon abgesehen, dass die vom Schweizer Pharmakonzern Hoffmann-La Roche diesbezüglich durchgeführten Analysen keine Bestätigung erbrachten und eine wenn überhaupt nur äußerst schwache Wirkung vorwiesen.

Derartige dem Artenschutz widersprechende Anträge sind gerade für Länder wie Simbabwe als grober Unfug zu bezeichnen, wo dieses Land regelrechte Kriege gegen Wildererbanden führt, Nashornbestände kontinentweit auf geradezu dramatischer Weise auf ein Minimum dezimiert wurden und Wildererorganisationen gut ausgerüstete Verbrecherbanden darstellen, die nur nach Lücken suchen, um wieder mit voller Kraft zuzuschlagen. Immerhin sind mittlerweile bereits 100.000 US-Dollar für ein einziges Kilogramm Rhinohorn gezahlt worden. Die Republik Südafrika, die guten Nashornschutz betreibt, hat inzwischen ›freundlicherweise‹ sein jährliches Nashorngrillfest eingestellt, das aus alter Tradition seit vielen Jahrzehnten durchgeführt wurde, da gegrillte Nashörner mit dem Naturschutzgedanken nicht mehr vereinbar sind.

Der Kampf um die Nashörner Afrikas und Asiens ist nicht beendet. Menschen können brutal und rücksichtslos mutieren, wenn es darum geht, finanzielle Gewinne zu erzielen. Aber wir haben auch Verstand, dies zu erkennen, uns dessen bewusst zu sein und gegen solche Machenschaften anzukämpfen und mit den Verantwortlichen abzurechnen. Es ist ein Kampf für uns Menschen, für unsere Ethik, für unser Wohlbefinden auf der Welt, die so viel mehr Schönes zu bieten hat als Massen an Geld und himmelschreiendem Scheinreichtum. Wir alle müssen die Erde gestalten, aber so, dass sie lebenswert bleibt und wir uns nicht vor zukünftigen Generationen zu schämen brauchen. Auch die Nashörner müssen leben. Das ist ihr Recht, das alle Arten weltweit zu beanspruchen haben. Menschen mit ihren immensen Möglichkeiten der Machtausübung haben die ethische Pflicht, sich dafür einzusetzen, dass die Vielfalt unserer Mitwelt erhalten bleibt. Und dazu gehören ebenso die Nashörner, deren urtümlich anmutende Gestalt mit dem so oft verkannten Wesen uns auf faszinierende Weise weit in die Geschichte der Säugetiere zurücksehen lässt.